Legal and Political Philosophy Review
法哲学与政治哲学评论
——第 10 辑——

刑法的哲学基础

（上）

吴　彦　主编

同济大学出版社
TONGJI UNIVERSITY PRESS
·上海·

《法哲学与政治哲学评论》编委会

目　录

专题研讨：刑法的哲学基础

研究论文

争鸣

专题研讨：
刑法的哲学基础

惩罚的表达功能

乔尔·范伯格[*] 著

张峰铭[**] 译

The Expressive Function of Punishment

Joel Feinberg

Zhang Fengming trans.

摘要：惩罚的责难性象征意义与严酷措施往往彼此相伴，但我们也可以构想某种不伴随额外严酷措施的仪式性谴责，以及由于象征性惯习不同而没有责难性的痛苦施加和利益剥夺。可是，① 惩罚的严酷措施面向和责难性功能都必须作为法律惩罚**定义**第一部分；并且② 这两个方面各自都为**证成**作为一般性实践的法律惩罚带来了独特类型的问题。只有①为真，我们才能合理描述惩罚所完成的一些工作以及惩罚所带来的一些概念性问题；同时只有准确理解②，人们才能融贯地理解有关刑罚的报应理论。

关键词：刑罚；表达功能；责难性；严酷措施；报应理论

对于沉浸于相关经典文献的道德哲学家，或是对不公与苦难十分敏感的道德主义者而言，有关惩罚（punishment）问题的近期哲学性研究在

---

* 乔尔·范伯格(Joel Feinberg)，美国亚利桑那大学哲学与法律教授。

** 张峰铭，中央党校（国家行政学院）政治和法律教研部副教授。本文摘要与关键词为编者所加。

一定程度上偏离了他们的关注点。近期的哲学论文[①]十分明确地区分定义问题和证成问题、区分证成一般规则和证成个别实践以及区分道德罪责和法律罪责。这些都是有益的工作。然而,在定义"惩罚"时,这些文章似乎完全忽视了那些使得惩罚在理论上令人困惑和不安的要素。惩罚在实际上被定义为由权威对个人所施加的、针对其先前过错(通常是对规则或命令的违反)的严酷措施。[②] 这一定义很好地表达了"惩罚"一词可能具有的一种非常普遍的意义;即使是这样,我们仍可以识别出这一定义所忽视的一种更加狭窄的、更具着重程度的惩罚意义。针对重罪的苦役监禁是这种着重程度意义上的惩罚的明确例子;但我想我们会不太愿意用同样的术语去指称停车罚单、越位处罚、开除、评估不合格以及取消资格。我提议将后面这些例子称为(单纯)**处罚**(penalties),以便于我可以进一步探究到底是什么将那些道德主义者感兴趣的、严格和狭窄意义上的惩罚与其他类型的处罚区别开来。[③]

---

① 重点参见下述文献:A. Flew, *The Justification of Punishment*, 29 Philosophy 291-307 (1954); S. I Benn, *An Approach to the Problems of Punishment*, 33 Philosophy 325-341 (1958); and H. L. A. Hart, *Prolegomenon to the Principles of Punishment*, 60 Proceedings of the Aristotelian Society 1-26 (1959-1960).

② 哈特和本都借用了弗卢的定义。根据哈特的释义,惩罚"(1)……必须包含痛苦或其他那些通常令人不快的后果。(2)惩罚必须针对违反法律规则的违法行为。(3)惩罚必须针对违法行为的实际实施者或被认定的实施者。(4)惩罚必须由违法行为人之外的其他人有意施加。(5)惩罚必须由法律体系所建构的权威施加和执行,而该法律体系正是违法行为所针对的对象。"(op. cit., p. 4.)

③ 康涅狄格大学的安妮塔·弗里茨博士(Anita Fritz)最早提醒我注意到了惩罚与处罚之间的区别。在不同的术语中也有许多类似的区分。波洛克(Sir Frederick Pollock)和梅特兰(Frederic Maitland)提到了"真正的痛苦性惩罚"与流放、私人复仇、罚款和矫正之间的对比。(*History of English Law*, 2nd ed., Ⅱ, pp. 451 ff.)"痛苦性惩罚"这个短语是由边沁(Bentham)发明的(*Rationale of Punishment*, London, 1830):"这些[肉体]惩罚几乎总是伴随着一定程度的羞辱,而这并不总是随着身体痛苦的增加而增加,而主要取决于罪犯的条件[社会阶层]。"(第83页)詹姆斯·斯蒂芬(James Stephen)谈到法律惩罚时说,它"应该总是意味着……道德上的耻辱"。(*History of the Criminal Law*, Ⅱ, p. 171.)拉斯韦尔(Lasswell)和唐纳利(Donnelly)区分了"谴责制裁"和其他类型的剥夺。[*The Continuing Debate over Responsibility: An Introduction to Isolating the Condemnation Sanction*, 68 Yale Law Journal (1959).]普通法传统区分了"耻辱性的"和"非耻辱性的"犯罪和惩罚。被判"耻辱性犯罪"的人可能会在惩罚后被剥夺一些民事能力,例如不能出庭作证。

回答这个问题的一种方法是，将注意力放在非惩罚性处罚类型上，尝试发现它们所共有的，但所有惩罚都不具有的一些可明确识别的特征，将其作为区分二者的依据。然而，这一方法背后的假设不太经得起细致推敲。例如，有人可能认为单纯处罚相比惩罚在程度上不那么严重。虽然很多情形下的确如此，但这并不是一个必然和普适的现象。我们还可能倾向于将处罚解释为实施那些通常不受欢迎的行为类型的“价格标签”，使得只有那些有非常强的动机去实施这些行为的人才愿意支付该价格。[①] 因此，举例来说，美国西部一些州故意让从城市中心通往荒野地区的道路数量少、质量差，这与各种停车罚款和足球处罚本质上没有区别。在这些例子中都存在虽然不受鼓励但并非完全禁止的一类行为：任何人如果非常想去郊野地区(或超时停车、干扰传球)，只要他愿意支付相应的处罚(价格)，就可以这么做。根据这一观点，处罚实际上是一种事后支付的许可费，不同于那些事前支付的购买许可。既然将类似的解释运用于惩罚之上似乎是不合理的，人们可能认为这就是处罚与惩罚的差别所在。然而，虽然很多处罚都无疑可以被合理解释为事后许可费，但并非所有处罚都可以这么解释。例如，大部分降等处分、开除和评估不合格都难以被解释为针对已经获得的利益而支付的“价格”；即使是停车罚款也是针对违反“意在被作为行为标准严肃对待”[②]的规则的制裁，因此不仅仅是公共停车费用。

比起通过寻找一个所有处罚共有且独特的特征来区分处罚与惩罚，我认为我们更应该将注意力聚焦于惩罚的例子。处罚和惩罚都是针对过错的权威性剥夺；但除了这些共同特征，处罚的特征是混杂多样的，惩罚则有一个共同的额外重要特征。我主张这个特征或具

① 有一种经常与霍姆斯法官(O.W. Holmes)相关联的观点认为，即使是严格意义上的惩罚也应当被解释为对特定类型的行为征税。对霍姆斯在这一问题上的观点变化的杰出分析，参见 Mark De Wolfe Howe, *Justice Holmes*, *The Proving Years*, Cambridge University Press, 1963, pp. 74-80.关于惩罚与税收的启发性比较和对照，也可参见 Lon Fuller, *The Morality of Law*, Yale University Press, 1964, Chap. Ⅱ, part 7，以及 H. L. A. Hart, *The Concept of Law*, Oxford University Press, 1961, p. 39.

② H. L. A. Hart, loc. cit.

体区别是一种表达性功能：惩罚是一种惯习性手段，用以表达惩罚权威本人或那些"以其名义"实施惩罚的人的怨恨(resentment)和愤慨(indignation)态度以及反对(disapproval)和责难(reprobation)的判断。简言之，惩罚具有一种其他类型处罚很大程度上所不具有的**象征性意义**。

惩罚的责难性象征意义和其"严酷措施"特征，虽然在实践中从未分离，但为了分析的目的必须仔细区分。责难本身就会带来痛苦，不论其是否伴随额外的"严酷措施"；而像罚款或监禁这样的严酷措施，由于其惯习性的象征意义，本身也可以具有责难性；但我们仍然可以构想某种不伴随额外严酷措施的仪式性谴责，以及由于象征性惯习不同而没有责难性的痛苦施加和利益剥夺。我在本文中主张的命题是：① 惩罚的严酷措施面向和责难性功能都必须作为法律惩罚**定义**第一部分，以及② 这两个方面各自都为**证成**作为一般性实践的法律惩罚带来了独特类型的问题。我将主张除非①是真的，否则我们难以合理描述惩罚所完成的一些工作以及惩罚所带来的一些概念性问题；同时主张一种被人们所熟悉的报应理论形式的内在不融贯源于其未能准确理解②的重要意义。

一、作为谴责的惩罚

许多法学家都承认对共同体谴责的表达是法律惩罚的一个核心要素。例如亨利·哈特(Henry M. Hart)雄辩地强调了这一点：

将刑事制裁与民事制裁区别开来的特征，可以说正是实施刑事制裁时所伴随着的共同体谴责判断。正如不久之前加德纳教授(Gardner)在一篇不同但类似的文章中写道：

> "针对道德过错的惩罚的本质在于刑事定罪本身。一个人在证券市场中的损失可能大于在法庭中的损失；一个身处战争集中营的囚犯可能比在国家监狱中经受更严酷的环境；战场上的死亡与法律宣判的死刑具有相同的物理特征；只有表达共同体对罪犯

的憎恨、恐惧或蔑视才使得身体痛苦变为惩罚。”

> 如果这是刑罚的意义，那么我们就可以轻易说出什么是犯罪……如果一个行为一旦实施就会遭受共同体正式和严肃的道德谴责，那么这就是犯罪……因此谴责加上［令人不快的身体性］后果就可以被简明合理地视作构成惩罚。[①]

哈特教授的简明定义需要在一个方面做出限定。他正确地将道德谴责与“令人不快的后果”界定为惩罚的核心要素，但这两个要素并不像他所设想的那样是相互区别和独立的。被定罪的囚犯并不总是先接受严肃谴责，然后经受令人不快的身体痛苦。在许多情形中，更精确的说法是令人不快的措施本身表达了谴责，并且其监禁的表达面向正是将之视作惩罚而不仅仅是处罚的理由。面对一名认真负责但事故频发的驾驶员，执法人员可以遗憾地吊销他的驾照，并不加任何明示或暗示的责难。但是，被送进监狱六个月的鲁莽驾驶员却因此不可避免地受到羞辱和鄙视——牢房的墙壁本身就是对他的谴责，他的犯罪记录也成了一个污点。

说身体痛苦本身表达了谴责也就是说特定形式的严酷措施已经成为公共责难（reprobation）的惯习性象征。这一说法并没有什么自相矛盾之处，就像我们会说特定词汇在我们的语言中是表达特定态度的惯习性载体，或者说香槟在传统上是用于庆祝重要事件的酒精饮料，或者说黑色是哀悼的颜色。进一步说，特定类型的惩罚常常被用作表达不同的具体态度（宽泛地说，这是它们的“意义”的一部分）。例如注意以下惩罚的区别：对贵族的斩首和对农民的绞刑，对异教徒的火刑和对叛国者的绞刑，对敌国士兵的绞刑和对行刑队处决。

比起展示惩罚具有象征性意义，说清楚惩罚究竟表达了什么要难得多。我们最多能说，在文明的民主国家中，惩罚的确表达了共同体对罪犯行为的强烈**反对**（disapproval）。的确，我们可以说惩罚表达了共

---

① Henry M. Hart, *The Aims of the Criminal Law*, 23 Law and Contemporary Problems, Ⅱ, A, 4 (1958).

同体的以下**判断**(不同于情感):罪犯的行为是错误的。然而我认为在我们的共同体中,惩罚通常不仅仅表达了反对的判断;它同样是一种向罪犯表达报复性怨恨的象征性方式。我敢大胆地说,对于任何在监狱中待过的读者来说,即使是哈特教授的强烈用语——"对罪犯的憎恨、恐惧或蔑视"——在描述监狱所表达的意义时也并不显得过分。不仅罪犯会感受到来自看守者和外部世界的赤裸敌视(这已经足够恶劣了),而且这种敌视是自认为正义的。他所受的惩罚具有正当报复的面向;因此斯蒂芬爵士(J.F. Stephen)的以下著名评论在很大程度上是正确的:"刑法合乎复仇的激情,正如婚姻之合乎性欲。"①

如果我们保留用"怨恨"(resentment)这一不那么戏剧化的术语来指称各种报复性态度,并且用"责难"(reprobation)来支撑坚决的反对判断,那么或许我们可以将谴责(condemnation)[或斥责(denunciation)]界定为一种怨恨和责难的融合。法律惩罚中通常都包含了这两个要素,皇家死刑委员会报告的作者们很好理解了这一点:

> 对报应原则的讨论常常是混乱的,因为这一词语并不总是在单一意义上使用。有时这一词语被用作表达复仇,有时则表达责难。在前一个意义上,这一观念是指被侵犯个体的国家的复仇欲望的满足;在后一个意义上,这一观念是指国家通过与罪行严重程度相适应的惩罚来**彰显**对违法行为的**反对**。②

二、惩罚的一些衍生性象征功能

惩罚的表达功能与其诸种核心目的之间的关系并不那么容易说清楚。剥夺措施所附加的象征性公共谴责可能有助于威慑、改造和矫

① *General View of the Criminal Law of England*, 1st ed. (London, 1863), p. 99.

② (London, 1953), pp. 17-18.

正——相关证据并不明确。另一方面，惩罚还有另一些功能，这些功能常常因人们过度聚焦威慑和改造而被忽视，且这些功能预设了表达功能，只能通过表达功能实现。

1. 权威性否定(Authoritative Disavowal)

考虑一项国际性标准实践：要求某国惩罚自身的代理人，该代理人非法侵犯了他国的权利。例如，假设一架A国的飞机向正在公海上空飞行的B国飞机开火。B国高层很可能向A国高层提交一份抗议信，要求A国惩罚发动攻击的飞行员。惩罚飞行员是**谴责**并进而**否定**飞行员行为的一种坚决的、戏剧性的且易于理解的方式。惩罚飞行员能够向全世界宣告飞行员无权实施该行为，且该行为由其自发实施，他所属的政府并不施加宽恕。由此能够证明A政府承认了B政府在涉事地点的权利被侵犯，并因此承认了飞行员行为是错误的。不惩罚该飞行员则是向全世界宣告A政府不认为飞行员个人具有过错。这反过来是在宣称政府本身对该行为负责，实际上使得该行为被界定为“国家审慎政策的实施手段”，因此是一种战争行为。在这种情形下，几乎可以肯定的是，其中一方要么正式采取敌对态度，要么会颜面扫地。只有理解了惩罚的责难象征意义，才能理解上述现象。类似的情形也发生于老板通过惩罚来否定其雇员的行为(即使这些行为没有民事责任)，以及父亲通过惩罚来否定其孩子的破坏行为。

2. 象征性不承认(Symbolic Non-Acquiescence)：“以人民的名义发声”

惩罚的象征性功能也能解释为什么一些放弃仇视罪犯并且通常不太支持刑法的个人也会要求惩罚某些类型的行为，即使法律已经放这些行为一马。在得克萨斯州，所谓的“情杀”在法律上不仅仅可以减轻责任，甚至完全可以被正当化。[①] 但我相信很多人道主义者会自发地

① 《得克萨斯州刑法典》第1220条规定：“当丈夫在捉奸现场杀死与妻子通奸的人时，杀人行为是正当的，前提是在行为双方分开之前发生杀害。如果丈夫在通奸关系中有纵容或同意的行为，那么这些情况就不能作为杀人的正当理由。”新墨西哥州和犹他州有类似的法规。要了解一些关于得克萨斯州完全合法的情杀的惊人描述，见John Bainbridge, *The Super-Americans*, Doubleday & Company, Inc., 1961, pp. 238 ff.

感觉这些行为不被惩罚是一种严重的不正义。进一步说,这种正义被侵犯的感觉并不源自于对杀人犯幸灾乐祸的态度、血腥复仇的欲望或是避免宇宙"不和谐"的形而上学考虑没有得到满足。相反,在这些情形中,惩罚的要求可能代表了以下感受:情杀应受谴责,法律在宽恕甚至认可这种行为时,代表了所有公民对情杀表达了一种完全不恰当的态度。因为从实际效果上看,这样的法律以得克萨斯州人民的名义表达了如下判断:被出轨的丈夫之报复欲的满足比他妻子情人的生命更重要。惩罚情杀则体现了以下要求:撤回上述带有偏见的价值判断,体现该州公开反对情杀,以及法律证明自己承认情杀是错误的。惩罚当然也会威慑杀人犯。这也是一个具有密切相关性的考量因素,但不能与责难相混同,因为威慑也能通过其他许多技术来实现,从简单的处罚与没收到劝告与宣传等。但是,有效的公共斥责及其所表达的对犯罪行为的象征性不承认似乎事实上需要通过惩罚来实现。

惩罚的这一象征性功能被康德所特别强调,甚至过度强调了。康德论证说,即使一个荒岛上的共同体即将解体,共同体成员也应当首先处决监狱里剩下的杀人犯,"因为否则他们就会被视作[未受惩罚的]谋杀参与者……"[①]这样的康德式理念,即一个社会若不惩罚邪恶行为就意味着认可这些行为并成为共犯,的确(哪怕是隐约地)反映了潜藏在人们常识中的观念。类似的观念也合理地反映在"所有公民都要为政治暴行分担责任"这一广为传播的观念之中。存在主义者和文学家们对责任分配所做出的这类夸张表述背后一定程度上也有着融贯的论证,可以被合理重构如下:一个政治行为在何种程度上是"以某主体的名义"做出,该主体就在何种程度上对该行为负责。一位公民要想规避责任,可以提前明确否认政府是他的发言人,或是事后公开抗议、反对,等等。否则,如果一个人对以自己名义所做的事情"默许",那么他将为此承担责任。这背后的基础性观念是,政府对其公民拥有一种"代理权"。

---

① *The Philosophy of Law*, trans. W. Hastie, Edinburgh, 1887, p. 198.

3. 法律的确证(Vindication of the Law)

有时国家通过法律条文公开表态,这么做会使其代表的有责任心的公民感到满意,但同时国家却通过官方回避和不可信赖的执行使人们怀疑法律是否真的如其所说的那样。密西西比州和其他州一样将白人故意杀害黑人视作谋杀;但如果大陪审团拒绝发出起诉书,或审判陪审团拒绝定罪,那么说在密西西比州白人杀害黑人违法只具有纯粹形式的空洞意义。法律仍然留在纸面上,为崇高的道德判断提供了不那么令人信服的口头支持。一项受尊重的法律会在被违反的过程中开始丧失其法律的属性,除非法律如本文所说被**确证**(着重重申)了;显然这么做的(实际上是唯一的)方式就是惩罚那些违反法律的人。

类似的,所谓的**惩罚性赔偿**,有时会作为损害赔偿的补充使民事诉讼原告获益。有什么方法比通过象征性惩罚机制来有力谴责侵权行为更能使人印象深刻地确证原告被侵犯的权利?

4. 宣告他人无罪(Absolution of Others)

当一些可耻的事件发生且不法行为人一定在少数嫌疑人之中时,国家通过惩罚其中某人来使得其他人摆脱嫌疑和责备。此外,在刑事审判中,对原告责任的洗清往往与对被告的定罪一样重要。詹姆斯·古尔德·科曾斯(James Gould Cozzens)的小说《情铸》(*By Love Possessed*)中有一个恰当的例子。一名年轻女孩某夜与他的男朋友发生了性行为,她的强势母亲坚持要求她通过对该男孩发起刑事指控来洗清自己的名声。女孩指控男孩使用了身体暴力;男孩则回应说女孩自愿同意。如果陪审团认定男孩犯有强奸罪,那么这也意味着女孩洗清了(道德)责任;他们两人的名声都取决于审判结果。国家能否无需惩罚就实现这一功能?或许可以,但若国家用惩罚发声,其传达信息会更加洪亮、广泛。

三、法律惩罚定义涉及的宪法性问题

如果一个关于惩罚的哲学理论因为不充分的定义而忽略了惩罚的

谴责功能,那么这不仅会使道德主义者和道德哲学家们失望;这也会使宪法领域的法律人不满地觉得这样的理论与他们无关,他们对惩罚的核心关切既是概念性、哲学性的,也具有实践紧迫性。惩罚与单纯处罚的区分在刑法中很常见,这一领域的学者们长久争论杰罗姆·霍尔(Jerome Hall)所说的"关于区分'民事处罚'与惩罚性制裁以及'公共不法'与犯罪之间的可疑区分"[①]。我们的法律现在(根据定义)认定所有刑事规定都是惩罚性的(仅仅将一个行为标注为犯罪,并不真正使之成为犯罪,除非规定了相应的制裁);但反过来是否所有包含了制裁的规定都属于刑事规定,法院并不愿意给出一个肯定性回答。许多允许对某人施加"负面后果"的规定显然都不是刑事规定——例如税法的目的在于管理而不在于禁止特定活动。如何界定"管理性"和"惩罚性"的边界情形不仅仅是一个无聊的概念谜语;这会将法院引向一些具有巨大宪法重要性的问题。针对面临惩罚的个体,存在着一些复杂的宪法性保护规定;但这些保护规定不适用也不需要适用于人们面对那些仅仅用于"规制活动"的严酷措施的情形。

1960年最高法院弗莱明诉内斯特案(Flemming v. Nestor)[②]令人印象深刻甚至令人震惊地显示了个人的命运可能取决于政府所施加的剥夺被解释为"规制性"还是"惩罚性"制裁。内斯特1913年从保加利亚移民至美国,1955年有资格领取社会保障法案所规定的老年津贴。但在1956年,他被依据移民与国籍法案的规定驱逐出境,因为他在1933年至1939年间是共产党党员。对于一名在美国生活了43年而且现在已不再是共产党员的老人来说,这真是艰难的命运;但至少他仍可以在被驱逐的老年岁月里领取社保津贴以维持生计。至少他是这么认为的。然而,修订后的社会保障法案第202条宣称"如果一个外国人在1954年9月1日(该条通过的日期)之后被依据移民与国籍法案中的任何理由驱逐出境(包括过去曾做过共产党员),那么他将无法获

---

① *General Principles of Criminal Law*, 2d ed., Indianapolis, 1960, p. 328. 下文引作GPCL。

② Flemming v. Nestor 80 S. Ct. 1367 (1960).

得老年、幸存者以及残疾人保险津贴”[①]。据此，内斯特被通知他的津贴会取消。

内斯特在地方法院起诉要求撤销这一行政决定。法院支持了他的主张并认为社会保险法案第 202 条违宪，理由是“取消(内斯特的)津贴相当于未经司法审判对他施加惩罚，这构成通过立法行为将第 202 条变为剥夺公民权法进而施加惩罚；这一惩罚针对的是他实施时尚不违法的行为，因此违反了宪法上关于法律溯及既往的禁令”[②]。

卫生、教育、福利部长弗莱明先生将这一判决上诉至最高法院。

地方法院论述中的关键是依据第 202 条取消老年津贴构成事实上的惩罚，因为如果这一措施被归类为非惩罚性剥夺，那么上述宪法性保障就与之无关。举例来说，宪法并不禁止所有溯及既往的法律，仅仅禁止那些有关惩罚的法律溯及既往。(溯及既往的税法也可能是严苛和不公平的，但并不违宪。)最高法院所面对的问题是第 202 条所规定的严酷措施是不是惩罚。这难道不会使最高法院直面“什么是惩罚”这一完全哲学性的问题？这难道不是清楚显示了，如果根据不区分惩罚和单纯处罚的常见定义，这一独特的司法问题根本就不会出现？

在此简要回顾被上诉人内斯特接下来的命运。最高法院 5 名大法官支持的多数观点认为他并没有被惩罚——虽然布伦南大法官(Mr. Justice Brennan)在不同意见中雄辩地将内斯特描述为“一位被剥夺了谋生手段的老人，他与自己的家庭骨肉分离，被驱逐到 47 年前生活的岛屿上与陌生人为伴”[③]。撰写多数意见的哈兰大法官(Mr. Justice Harlan)主张取消津贴就像驱逐出境一样，是在行使议会管理活动的全权。“类似的，国家对医疗实践施加限制以及不断修正这些限制，都属于国家保护公民健康和财产的权力，当国家决定将某些实施或曾实施

① Flemming v. Nestor 80 S. Ct. 1367 (1960), p. 1370.

② Ibid., p. 1374(省略插入的引注)。

③ Ibid., p. 1385.

重罪的个体排除于这些实践之外时,其意图在于使用这种规制性权力,而不是意图对罪犯增加额外的惩罚。”[①]

同时,布伦南大法官主张“他想象不出除了打击那些因实施了立法者不满的行为而被驱逐的外国人,这一条款究竟还可能服务于什么其他目的”[②]。布伦南大法官似乎是正确的,这一制裁包含了议会的责难表达,因此具有“惩罚性意图”;但这一制裁本身(用哈兰大法官的话说,“单纯拒绝给予非契约性的政府利益”[③])并不是表达谴责(censure)的惯习性载体,因此完全处于刑法的机构之外。由此一般而言,它缺乏对惩罚十分重要的责难性象征意义(reprobative symbolism),并因其混合性特征而产生困惑和司法上的分歧。这就像国会私下里小声“谴责”(condemn)一部分个体,而不是给他们打上罪犯的耻辱标签并以这种公开和公共的象征性方式表达谴责。毫无疑问,国会“意图”惩罚这一部分外国人并事实上为此选择了适当程度的制裁;但国会所选择的剥夺措施并不是一种适于实现公共谴责功能的适当方式。如果一个孩子实施了他父亲并未提前禁止的不当行为,而他的父亲为了“惩罚”他而偷偷走到他背后将他抱起丢到墙边,此时这名父亲的处境就和修订社会保险法案的立法者类似,特别是如果这名父亲事后否认他对孩子所施加的身体攻击具有任何“惩罚性意图”,并宣称这只是在行使他重新布置家居用品和客厅里其他物体的家长特权。这么做将败坏家长权威并以空洞的伪善玷污所有那些真正的惩罚。当立法者通过刑法之外的手段来行刑法之实时,发生的也是同样的事情。

1961年,纽约州议会通过了所谓的“实施颠覆活动的驾驶者法案”,要求“中止和取消那些根据史密斯法案被认定支持推翻联邦政府的个体的驾照”。根据《记者》(*The Reporter*)杂志[④]的引述,这一议案的倡议人承认其主要意在针对共产主义者本杰明·戴维斯(Benjamin

---

① Flemming v. Nestor 80 S. Ct. 1367 (1960), pp. 1375 - 1376.

② Ibid., p. 387.

③ Ibid., p. 1376.

④ *The Reporter* (May Ⅱ, 1961), p. 14.

Davis），此人刚刚在法庭中胜诉，在五年的刑期之后重获了他的驾照。《记者》杂志预计，最多有几十人会因为这项新法案而被吊销驾照。这是惩罚吗？议案倡议人保罗·泰勒（Paul Taylor）议员认为完全不是。议会仅仅是在行使其为了公共安全而规制机动车交通的权力：

> 泰勒议员解释说，驾照并不是一种“权利”（right），而是一种“有价值的特权”（valuable privilege）。毕竟，史密斯法案中所说的共产主义者已经被判决认定通过强迫、暴力或暗杀的方式来支持颠覆政府。（“他们常常遗漏暗杀”，他评论说，“我倾向于加上这一点。”）任何被判决认定实施了上述行为的人一定是“一个相当执着于特定立场的个体”，泰勒议员继续说，而且任何接受了那一特定立场的个体“无法关心他人的权利”。他的结论是，关心他人的权利是“成为一名好司机的前提条件”。①

这展示了掩盖惩罚性意图的伎俩可以多么明目张胆。违反了史密斯法案的前科犯被如此严厉地对待，而且在这一情形中任何非惩罚性的立法意图都无法**合情合理地**站住脚；但这一**类型**的措施（抛开其严厉性不论）缺乏对明确的公共斥责（public denunciation）非常重要的责难性象征意义。毕竟，年长人士、伤残人士以及盲人也会失去驾照，所以这一制裁并不**必然**附带责难（reprobation）要素。所以我们可以理解残酷法律的受害者主张他们被溯及既往地惩罚了，但严格来说他们并没有被**惩罚**，他们遭受了更加恶劣的对待。

四、严格刑事责任问题

惩罚与单纯处罚之间的区别，以及对前者十分关键的责难性功能，也有助于澄清学者们关于刑法中严格责任犯罪的争议，这些犯罪类型

① Loc. cit.

的定罪并不需要证明嫌疑人的“过错”或“罪过”。如果能证明他们实施了条文中禁止的行为，那么不论他是否具有正当化事由或宽恕事由，他都会被定罪。或许最为人们所熟知的例子来自交通法：在特定区域内超时停车会自动违反法律，不论车主能提供多好的辩解，他都会遭受处罚。许多严格责任条款甚至都不要求公开行为；这些禁令不针对特定行为，而是针对特定**结果**。许多法律将单纯无意识地携带走私品、火器以及麻醉药品规定为犯罪，另一些法律则将销售有误导性标签的物品或不洁的食物规定为犯罪。针对所谓“公共福祉犯罪”的责任可能格外严苛：

> 除了极少数例外，可以十分确定地说犯意并不是公共福祉犯罪的核心要素，甚至极高程度的注意都不能免责。因此虽然一名牛饲料经销商雇佣了声誉卓著的化学家对产品进行分析，甚至他可能保守估计了化学家的判断，但他仍然因为对产品中油含量比例虚假陈述而被判有罪。①

公共福祉犯罪条款中的严格责任背后的原理在于，无条件责任比起可以被宽恕事由所免除的责任更可能有效保护公共利益；虽然无需“过错”的责任是严苛的，但这对生意人来说是已知的风险；除此之外，这些制裁**仅仅是罚款**，并不真正具有“惩罚”属性。另一方面，监禁刑的严格责任(或者“真正的惩罚”)“已经被许多人认为与英美世界乃至任何文明社会的法律原理的基本要求不相容。”②为什么应当是这样？在上面两种情形中，被告都可能在没有任何过错的前提下遭受制裁；二者的区别不可能仅仅在于监禁通常乃至必然比罚金更加严苛，因为的确并非如此。相反，之所以监禁刑(惩罚)的严格责任比起罚金(处罚)的严格责任更与我们的正义感相冲突，仅仅是因为在现代社会中监禁刑

① Jerome Hall, GPCL, p. 329.

② Richard A. Wasserstrom, *Strict Liability in the Criminal Law*, 12 Stanford Law Review 730 (1960).

具有公共责难的象征意义。用布兰戴斯大法官(Justice Brandeis)的话说,“如今正是在监狱中坐牢使犯罪行为令人不齿”[1]。我们都熟悉在一些情形中人们因无法控制的“罪行”而遭受处罚。这每天都在足球比赛、公司经营、交通法庭等情景中发生。但若是因这些公认的无过错行为惩罚他人,就会显得奇怪且具有冒犯性;因他人(公认)无过错的行为而谴责他人不仅是武断和残忍的,同样也是自我挫败和非理性的。

尽管法定犯的大量激增[2]是相对晚近的现象,但与非惩罚性制裁关联的法定犯对法律评论家们来说十分熟悉,且一直是他们不安的一个源头。这“表现在他们一直尝试为这类行为寻找一个合适的标签,例如‘公共侵权’‘公共福祉犯罪’‘禁令法’‘禁止性行为’‘规制型犯罪’‘警察规制’‘行政轻罪’‘类犯罪’或‘民事犯罪’”[3]。这些名称都旨在取代一种不可接受的分类方式:将交通违章、非有意违反商业规则等行为归为犯罪,将肇事者归为罪犯,将针对他们的处罚归为惩罚。新模范刑法典的起草者已经定义了一类违反刑事法但不属于实质刑法的违法行为。他们将这类行为称为“违规行为”(violations),并将针对这些行为的制裁称为“民事处罚”(civil penalties)。

1.04 款. 犯罪类型:违规行为

(1) 本法或本州任何其他法规所界定的违法行为,如可判处[死刑或]监禁,即构成犯罪。犯罪分为重罪、轻罪和轻微轻罪。

[(2),(3),(4)定义了重罪、轻罪和轻微轻罪。]

(5) 本法或本州任何其他法规所界定的违法行为,如果本法

---

① United States v. Moreland, 258 U.S. 433, 447-48. Quoted in Hall, GPCL, p. 327.

② “1956年的对威斯康星州法规的深入研究显示,在1953年生效的1113条构成犯罪行为的法规中(这些行为可被处以罚款、监禁或二者兼施),至少有660条在定义犯罪行为时使用了省略了所有主观要素的语言,因此,根据已经形成并用以指导这些问题的解释原则,法院可以自行决定是否施加严格责任。”引自 Colin Howard, *Not Proven*, 1 Adelaide Law Review, p. 274 (1962). 该研究被引为:Remington, Robinson and Zick, *Liability Without Fault Criminal Statutes*, Wisconsin Law Review pp. 625, 636 (1956).

③ Rollin M. Perkins, *Criminal Law*, Brooklyn, 1957, pp. 701-702.

> 或界定该违法行为的法律中有这样的规定，或者定罪后只判处罚款、罚款加没收或其他民事处罚，或者本法以外的法规规定该违法行为不构成犯罪，则构成违规行为。违规行为不构成犯罪，对违规行为的宣判不得导致任何以刑事犯罪为基础的能力剥夺或法律上的不利地位。①

因为违规行为不像犯罪那样具有社会耻辱意义，常常有人主张如果为了快速和有效的法律执行利益而让违规者承担无条件的责任，那么这么做并没有什么严重的不正义。如果我们仅仅考虑违章停车和轻微交通违规、各种违法销售以及违反健康和安全法规的行为，那么上述论证很有说服力，因为在这些例子中只涉及轻微的警告和罚款。但若是涉及的“民事处罚”十分严厉，例如高额罚款、剥夺财产、开除公职、中止许可、撤销重要的“利益”等，那么上述论证就丧失了全部说服力。对无过错行为的谴责可能是最公然的不正义，但对无辜者施加态度温和的、非谴责性的严厉处罚也并不更好。将违规行为及其民事处罚与犯罪及其惩罚相区别是有用的；但这并不意味着与后者相关的罪过条件和正当程序保障等正义要求对于前者而言不适用。下面两种情形在道德上都是错的：① 谴责无过错的个体并对其施加哪怕十分轻微的痛苦或剥夺(不正义惩罚)；② 对无过错个体施加虽无谴责性但不必要且严厉的痛苦(不正义民事制裁)。然而，对一名倒霉的司机处以两美元的超时停车罚款并不属于上述两种情形，即使这名司机无论如何无法避免违法。

五、证成法律惩罚：使罪与刑相适应

公共谴责，不论是通过惩罚的耻辱性象征意义公开表达，还是未公开表达但仍可以清晰识别(单纯“惩罚性意图”)，都会显著增强其所伴

---

① American Law Institute, *Model Penal Code*, Proposed Official Draft, Philadelphia, 1962.

随的严酷措施模式所带来的痛苦。萨缪尔·巴特勒(Samuel Butler)敏锐注意到责难性严酷措施(惩罚)与不具有责难性的严酷措施之间的差异:

> ……如果医生是出于帮助我们摆脱困境的愿望,和蔼可亲、彬彬有礼地施行截肢,而且医生也完全意识到,他自己之所以没有陷入同样的困境,只是因为偶然的原因,那么,我们对单纯的惩罚性鞭打的痛恨就会超过对截肢的痛恨。因此,埃里温人每周都要接受一次鞭打,而且只要他们的矫治师建议,他们就会连续两三个月只吃面包和水。[①]

甚至鞭打和强制性禁食还不构成惩罚,因为根据社会惯习这些措施并不表达公共谴责(巴特勒称为"侦察");作为矫正性措施而非惩罚,这些措施更容易被实施。

然而鞭打和禁食的确具有伤害性,而且其伤害性远远超出了埃里温人的(矫正性)目的所能证成的限度。当实施了犯罪行为的精神病患者被以"矫正恢复"的名义送到我们自己的州精神病院时,情况也如出一辙:当把单独监禁称作"静室"、将高压灭火器喷头冲击称为"水疗"时,这些措施带来的伤害可能不是那么非常强烈[②];但将这些措施施加于病人仍然可能十分残酷(不论它们貌似医疗的名称是否掩盖了惩罚性目的),因此需要充分的证成。

因此,严酷待遇和象征性谴责不仅都是一个完整的"惩罚"定义的必要部分,二者也分别为刑罚的证成提出了独特的问题。惩罚的责难性象征意义不仅被指责单独构成苦难的根源,也被指责为一种不应得的回应性态度和不公平的责备判断的载体。有一类怀疑主义者虽然承

---

① Erewhon (London, 1901), Chapter 10.

② 这两个例子引用于 Francis A. Allen, *Criminal Justice, Legal Values and the Rehabilitative Ideal*, 50 Journal of Criminal Law, Criminology and Police Science 226 (1959).

认处罚对于法律规则的实施是必要的,也承认社会的存续依赖于人们对这些规则的一般性可预期遵守,但仍然质疑对制裁添加额外的谴责是否必要。他可能承认对违法者施以严酷措施虽令人不快却是必要的,但对违法者的责难却是自以为是和残忍的;在必要的伤害之上添加无端的侮辱并无法实现任何有用目的。上文的讨论已经对这种怀疑主义给出了部分回答。惩罚的谴责性面向的确可以服务一类有用的社会目的:惩罚中的谴责要素使得通过惩罚实现否定、不承认、确证、宣告无罪等表达性功能成为可能。

另一类怀疑主义者可能轻易承认惩罚的责难性象征意义对于实现上述表达性功能是必要的,也因此能够被证成。它们甚至可能将威慑加入功能清单,因为谴责性要素能清晰显示出处罚不仅仅是一个价格标签。但即使承认上述前提,这类怀疑主义者可能追问是否可能通过其他更不具有伤害性的象征机制来实现上述那些能够证成对罪犯施加公共谴责的目的。毕竟,曾几何时,绞刑架和拉锯刑架是标记耻辱和罪恶的通用方式。而现在我们通过让重罪犯承担刑事劳役来实现痛斥犯罪的谴责性功能。这难道不能用更加经济的方式来实现吗?难道不存在一种手段,既能够带来耻辱化效果,但同时不需要施加任何进一步的(毫无意义的)对人们身体、家庭以及创造力的伤害?

人们可以设想一种精妙的公共仪式,融合了最具真实感的宗教和神秘符号、音乐和戏剧,以一种最庄严的方式表达对实施了可鄙行为的罪犯的共同体谴责。这一仪式的谴责效果是如此有力,人们对其真实性不会有丝毫质疑,因此其他身体上的严酷措施在象征意义层面都是多余的。这样一种设计能够在保留惩罚的谴责性功能的同时摒弃其通常具有的物理形态——监禁和身体虐待。或许这只是不切实际的幻想;或许还需要考虑更多因素。这一问题的确是开放性的。我在这里想强调的仅仅是这一问题的性质。以这种方式所展现的惩罚证成问题实际上可能是关于如何证成我们施加耻辱的独特符号。

无论对惩罚制度的怀疑主义挑战采取哪种形式,有一种针对这些挑战的传统回答在我看来似乎是不融贯的。我指的是一种独特形式的

报应主义理论：这种理论不提及惩罚的谴责或报复面向，而是坚持认为惩罚的证成性目的是保持道德程度与痛苦之间的匹配，给违法者施以其违法行为的罪恶程度所对应的痛苦程度，这背后是一种所谓的正义原则，即恶人应当承担与其罪恶程度相匹配的痛苦。

我这里简单提及一些针对这种报应正义理论的人们熟知且有力的反驳。[①] 无辜者被认为不应得痛苦，就像罪犯应得痛苦一样；然而在伤害坏人的同时不伤害那些热爱或依赖这些坏人的无辜者是不可能的。在衡量施加何种程度的痛苦合适时，需要评估罪犯全部生活进程中所展现的人格，以及他整个生活中的快乐和痛苦，这显然是不可能的。更何况，正义可能会要求在惩罚个别化的过程中放弃一般性规则，因为犯同样的罪名必定会存在道德罪过上的不平等，同样的惩罚也必定会存在痛苦的不平等。然而，如果不选择放弃一般性规则，那么这些规则就必须根据道德恶性程度来排列所有犯罪，同时根据严厉程度排列所有惩罚，然后将二者的尺度相匹配。但道德恶性尺度必须列出动机和目的，而不仅仅是外在行为，因为一项犯罪的实施可能基于各种"主观状态"，特定情形下犯罪的"道德恶性"一定部分取决于其伴随的动机。在衡量惩罚的适当性时必须将痛苦与动机（欲望、信念等）相匹配，而不是与行为的危险性或产生的损害匹配。因此有些盗窃行为可能比谋杀应得更严厉的惩罚。我们可能不太希望授权法官和陪审团去做出这些困难的道德判断。更糟糕的是，这里所需要的判断不仅仅是"困难的"，更是在原则上不可能的。或许对一些道德主义者来说，激情杀人犯比起深思熟虑的杀人犯恶性更轻并因此应得更少的痛苦；但如果将危险程度比较问题放在一边，理性人不仅能够争论，实际上也仍在争论如何比较二者的可谴责性，而且似乎并没有一种合理方法能够解决这一难题。[②]

---

① 对这些论证更有说服力的阐述，见 W. D. Ross, *The Right and the Good*, Oxford University Press, 1930, pp. 56–65; J. D. Mabbott, *Punishment*, 49 Mind 498 (1939); A. C. Ewing, *The Morality of Punishment*, London, 1929, Chap. 1; and F. Dostoevsky, *The House of the Dead*.

② Cf. Jerome Michael and Herbert Wechsler, *Criminal Law and its Administration*, Chicago, 1940, Note on Deliberation and Character, pp. 170–172.

显然,并不存在一种合理方法可以证明一方应得的痛苦恰好是另一方的两倍、八分之三或十二分之九;但至少对于这种理论的某些形态来说,任何两种犯罪所应得的痛苦都应当正好与罪犯的恶性程度“总额”合乎比例。

尽管如此,报应主义的“痛苦—恶性”匹配版本的确将其道德迷信大厦建筑于一个道德常识之上,因为正义**的确**在某个(其他)意义上要求“惩罚与犯罪相匹配”。正义所要求的是惩罚的**谴责性面向**与犯罪相适应,以及犯罪类型必须具有真实的可责难性。进一步说,惩罚所表达的反对程度必须在下述无争议的意义上与犯罪“相适应”:越严重的犯罪应接受越强烈的反对,而犯罪的严重程度取决于其所产生的损害以及人们实施犯罪行为的意愿程度。这与下述观点完全不同:在不考虑惩罚象征性功能的前提下,惩罚中的严酷措施要素应当与特定犯罪行为的道德性质“相适应”,而对行为道德性质的评估相当独立于该行为与社会损害的关系。当然,根据我们的惯习,谴责经由严酷措施得以表达,并且后者的严厉程度表达了前者的责难程度;但这不应使我们无视下述事实:应当与犯罪相适应的不是痛苦本身,而是社会性反对及其适当表达。痛苦是公共谴责的象征性载体,仅仅在这一意义上痛苦应当与罪过相匹配。

什么是刑罚，谁说了算？
——读范伯格《惩罚的表达功能》

张峰铭*

What Is Criminal Punishment, and Who Decides?
— A Reading of Feinberg's *The Expressive Function of Punishment*

Zhang Fengming

摘要：范伯格的《惩罚的表达功能》一文在刑罚哲学史上具有开创性意义，为后续讨论开辟了广阔空间。范伯格认为，刑罚的法学定义受制于哲学定义，并且刑罚概念必然包含一个表达性的要素。这一论断在方法论层面和实质观点层面都有丰富内涵。在方法论层面，范伯格强调了对刑罚进行概念分析的重要性，试图将刑罚的概念问题重新引入相关法学和哲学讨论的中心。他提出了一个十分深刻也十分具有争议性的主张：如果立法者自身承诺刑罚权受到约束，那么刑罚的法学定义就受制于哲学定义。在实质主张层面，他强调表达功能是刑罚的概念性特征，是刑罚区分于其他非惩罚性严酷措施的关键所在，也是证成刑罚所应当关注的重点。范伯格的观点成为了当代刑罚概念讨论的起点，许多从事刑罚哲学研究的学者都将"谴责性"和"严酷措施"视作刑罚概念所蕴含的两项核心特征，众多刑罚证成理

* 张峰铭，中央党校（国家行政学院）政治和法律教研部副教授。

论也在此基础上展开。

关键词：刑罚；概念分析；表达功能；实践意义

引　言

什么是刑罚？这并不是一个纯学究的问题。如果某类强制措施被认定为刑罚，那么这对公民和公权力都会有重大影响。对于公民而言，遭受刑罚是一种十分令人不快的体验，自不必言。对于公权力而言，如果其权力行使被认定为制定或执行刑罚，那么其权力行使就会受到更多法律约束。这似乎意味着，什么是刑罚不单纯是一个立法者决定的问题，否则立法者就可以通过任意规定刑罚的概念来摆脱相应的法律约束。

那么，究竟什么是刑罚，谁说了算？乔尔·范伯格认为，刑罚的法学定义受制于哲学定义，并且刑罚概念必然包含一个表达性的要素。范伯格是已故著名美国哲学家，在道德哲学、政治哲学与法哲学领域都有卓越成就，其在刑法哲学领域的经典著作是四卷本《刑法的道德界限》(*The Moral Limits of the Criminal Law*)。《惩罚的表达功能》是其法哲学名篇之一，于1965年发表于著名哲学期刊 *The Monist*。在这篇文章中，范伯格试图论证刑罚与其他非惩罚性严酷措施（如税收、行政罚款）之间存在一项概念性区分特征：刑罚具有象征性的谴责意义，他称之为表达功能。在他看来，这一发现有两点重大现实意义：第一，将表达功能确立为刑罚的概念性特征有助于理解现实中的刑罚实践功能以及围绕这一实践产生的宪法性问题；第二，表达功能的存在为刑罚的证成提出了独特的问题，这些问题独立于刑罚的严酷措施面向所带来的问题。

范伯格的上述观点对刑罚哲学的后续讨论产生了深远影响。时至今日，许多从事刑罚哲学研究的主流学者都将“谴责性”和“严酷措施”视作刑罚概念所蕴含的两项核心特征，在此基础上展开论证，即使是持有不同立场的学者也必须为自己为什么不同意给出明确论证。一部分学者进一步发展出了刑罚证成的表达主义立场，即从刑罚的表达功能出发证成刑罚实践。[①] 表达主义立场在当代刑罚哲学中具有极大影响力。

范伯格这篇文章的开创性意义主要有两点：第一，在研究方法层面，他强调了对刑罚进行概念分析的重要性，试图将刑罚的概念问题重新引入相关法学和哲学讨论的中心；第二，在实质主张层面，他强调表达功能是刑罚的概念性特征，是刑罚区分于其他非惩罚性严酷措施的关键所在，也是证成刑罚所应当关注的重点。

本文的目的不是复述范伯格的上述两点论证，而是跟随范伯格一起思考他所面对的问题：第一，刑罚的概念分析真的是重要的吗，法律人和哲学家需要关注刑罚的概念吗？第二，表达功能是不是刑罚的概念性特征，如果是，这会产生什么影响？就此而言，范伯格这篇文章最大的意义不是给了我们正确的答案，而是为我们进一步的思考提出了合适的问题与讨论起点。

一、刑罚的概念分析是否重要

范伯格认为，刑罚的概念分析对于关注刑罚证成问题的哲学家以及关注实际法律问题（尤其是宪法问题）的法律人都是重要的。这并不是一个无争议的观点。许多学者都认为，概念分析本身可能具有独立的理论重要性，但对规范性的刑罚证成问题以及具体法律实践问题的解决都没有什么帮助。下文将分别从刑罚证成的视角和法律人视角考察相关可能的质疑以及范伯格的回应。

（一）刑罚概念与刑罚证成

关心刑罚证成工作的学者可能对刑罚的概念分析存在两种质疑。第一种质疑是，刑罚的概念分析对刑罚证成工作没有帮助，甚至可能产

① 参见安东尼·达夫：《刑罚、沟通与社群》，王志远、柳冠名、姜盼盼译，中国政法大学出版社2018年版。

生不必要的阻碍。第二种质疑是,不存在独立于刑罚证成的概念分析,“刑罚是什么”与“刑罚为什么正当”这两个问题之间不存在明确界限。下文将逐一考察。

哈特在其名著《惩罚与责任》(*Punishment and Responsibility*)中特别强调,在刑罚证成工作中要避免一种他称之为“定义性终止”的无效论证。[①] 具体而言,当人们询问“为什么不应当惩罚无辜者”时,如果回答“因为惩罚无辜者不是真正的惩罚,惩罚的概念只包含惩罚有罪者”,那么这就犯了“定义性终止”的错误。因为此时人们关心的是将无辜者作为替罪羊施加特定类型的严酷措施是否正当,不论这种严酷措施是否被称作刑罚。如果这种做法是正当的,那么人们就应当修正既有的刑罚实践,允许惩罚无辜者。如果这种做法是不正当的,那也不是因为这种做法不符合刑罚的定义,而是因为不符合刑罚实践背后的实质道德原理。

从上述论证中可以发展出一种本文称之为刑罚概念“无用论”的立场(虽然哈特本人并不一定支持):对于刑罚的证成而言,“刑罚是什么”并不重要,重要的是有待证成的实践蕴含哪些需要被证成的实质特征,直接针对这些特征展开讨论即可。

范伯格显然反对刑罚概念的无用论,他认为刑罚的概念分析对于刑罚证成工作是有用的,其用处主要在于明确了证成工作所要针对的目标和面临的主要挑战。《惩罚的表达功能》一文开头就说,“对于沉浸于相关经典文献的道德哲学家,或是对不公与苦难十分敏感的道德主义者而言,有关惩罚(punishment)问题的近期哲学性研究在一定程度上偏离了他们的关注点”。[②] “在定义‘惩罚’时,这些文章似乎完全忽视了那些使得惩罚在理论上令人困惑和不安的要素”。[③] 简言之,在范

---

① H.L.A. Hart, *Punishment and Responsibility*, Oxford University Press, 2008, p. 5.

② Joel Feinberg, *The Expressive Function of Punishment*, 49 The Monist 397, 397 (1965).

③ 同上注。

伯格看来,刑罚的概念分析会直接影响证成的对象,进而影响讨论的方向。要证成刑罚,首先需要界定刑罚的核心要素,其中哪些要素可能在道德上存在争议,进而展开证成。比如范伯格认为,刑罚的表达功能是刑罚的定义性要素,而且这一要素为刑罚证成带来了独特的挑战。如果在刑罚证成工作中忽视了这一要素,理论家就可能过于轻易地认为自己完成了刑罚证成工作,而这又会对实际法律运行产生影响。

本文认为上述对"无用论"的反驳是成立的,但这又会产生第二种质疑,即不存在独立于刑罚证成的概念分析。"刑罚是什么"与"刑罚为什么正当"这两个问题之间不存在明确界限,本文称之为刑罚概念分析的"依附论",即概念分析依附于刑罚证成。依附论认为,刑罚的概念分析本身就渗透了道德考量,是刑罚证成的一部分。范伯格没有直接回应这一观点。他在文中说,他所关注的是"到底是什么将那些道德主义者感兴趣的、严格和狭窄意义上的惩罚与其他类型的处罚区别开来",这看上去确实预设了一定的评价性立场。这是否意味着范伯格承认了刑罚的概念分析在一定程度上就是证成刑罚?本文认为并非如此。在选择刑罚的定义性要素时,范伯格的确特别关注道德主义者的视角,因此可以说概念分析本身带有道德评价。但这种评价不等于证成。恰恰相反,正是因为某些特征(如强制力和谴责)可能无法被道德证成,所以对于刑罚的概念分析才非常重要。

综上,范伯格认为,刑罚的概念分析对于关心刑罚证成的哲学工作者是重要的,因为刑罚的概念分析为刑罚证成锚定了讨论对象,确定了证成所面临的挑战。而且,概念分析工作也不会被证成工作所吸收。

(二) 刑罚概念与宪法问题

范伯格不仅认为刑罚的概念分析对哲学家重要,也认为这一工作对法律人非常重要。他直接指出:"如果一个关于惩罚的哲学理论因为不充分的定义而忽略了惩罚的谴责功能,那么这不仅会使道德主义者和道德哲学家们失望;这也会使宪法领域的法律人不满地觉得这样的理论与他们无关,他们对惩罚的核心关切既是概念性、哲学性的,也具有实践紧迫性。”[①]“如何界定‘管理性’和‘惩罚性’的边界情形不仅仅是一个无聊的概念谜语；这会将法院引向一些具有巨大宪法重要性的问题。针对面临惩罚的个体，存在着一些复杂的宪法性保护规定；但这些保护规定不适用也不需要适用于人们面对那些仅仅用于‘规制活动’的严酷措施的情形。”[②]

简言之，范伯格认为，美国宪法上为刑罚的启动施加了相对严格的约束条件和针对被惩罚个体的保护性规定，这就需要通过概念分析确定“刑罚”与非惩罚性“规制”的界限。这一观点可能面临一种反对意见。的确，许多国家都为国家刑罚权施加了宪法性约束，因此需要确定“刑罚”的内涵和外延。但反对者会指出，这需要的不是一个关于刑罚的哲学定义，而是一个法律定义，不同国家可能对刑罚的理解不同。刑罚的定义是一个实在法问题，不直接受制于相关的哲学探讨。本文将这种观点称为“实在法决定说”。[③]

范伯格显然不认同“实在法决定说”，本文也支持范伯格的观点。范伯格从来没有否认宪法上关于刑罚定义的争论所关心的是刑罚的法学定义，他否认的仅仅是刑罚的法学定义完全由实在法本身决定。他并非无根据地主张刑罚的哲学定义凌驾于法学定义之上，而是认为对刑罚法学定义的争论会将人们自然引向刑罚的哲学定义。他讨论了1960年弗莱明诉内斯特案的争论焦点：基于内斯特曾经的共产党员身份剥夺其获得养老津贴的资格是否是一种惩罚。他接着说：“这难道不会使最高法院直面‘什么是惩罚’这一完全哲学性的问题？这难道不清楚显示了，如果根据不区分惩罚和单纯处罚的常见定义，这一独特的司法问题根本就不会出现？”[④]如何理解他的这一论断？本文认为这

① Joel Feinberg, *The Expressive Function of Punishment*, 49 The Monist 397, 408 (1965).

② 同上注。

③ Gideon Yaffe, *The Norm Shift Theory of Punishment*, 132 Ethics 478, 487 (2022).

④ Joel Feinberg, *The Expressive Function of Punishment*, 49 The Monist 397, 411 (1965).

里有两种理解。第一种理解是，在刑罚的定义问题上，实在法文本本身并没有给出现成的答案，因此此时依赖于最高法院的法官造法，而造法本身就需要依赖刑罚的哲学定义，而不能由法官任意决定。第二种理解是，对刑罚权进行限制的宪法条款本身就承认了刑罚哲学概念的约束性，否则这一条款没有存在的价值。本文倾向于第二种理解。简单地说，并非任何法律概念的内涵都由实在法本身决定，否则对国家权力的约束条款将丧失意义。例如许多国家都在法律中规定了保障人权和法治，但如何理解人权和法治显然并不单纯由实在法决定。[①] 当然不同国家的理解和制度设计会有自身特殊性，但没有哪个国家会主张实在法可以任意规定人权和法治的概念。所以这些条款应当被解读为至少在一定程度上承认了特定哲学概念自身的重要性，并授权了在相关法律解释中引入哲学论证来理解相关概念。对刑罚权的约束与人权和法治密切相关，因此相关约束性条款也应当照此理解更为适当。所以，之所以刑罚的法学定义与哲学定义密不可分，不是因为哲学定义先天具有优先性，而是因为相关实在法许可了哲学定义的约束。

二、刑罚的表达功能及其实践意义

在刑罚概念的实质主张层面，范伯格认为刑罚的谴责性表达功能是刑罚定义的一部分，且该面向为刑罚的证成带来了独特的挑战。下文将首先阐述什么是刑罚的表达功能，然后就这两个论断分别展开讨论。

（一）刑罚是何种表达

范伯格对刑罚表达功能的完整表述如下："惩罚是一种惯习性手段，用以表达惩罚权威本人或那些'以其名义'实施惩罚的人的怨恨（resentment）和愤慨（indignation）态度以及反对（disapproval）和责难（reprobation）的判断。简言之，惩罚具有一种其他类型处罚很大程

① Gideon Yaffe, *The Norm Shift Theory of Punishment*, 132 Ethics 478, 488(2022).

度上所不具有的象征性意义。”①这一定义有两个关键部分需要进一步澄清。第一,刑罚是谁的表达?文中的表述是权威本人或“以其名义”实施惩罚的人。问题在于,刑罚是以谁的名义实施的。理论上看有很多可能:受害者、国家、一般公众、行刑者乃至罪犯本人。刑罚能够表达不同主体的立场,但优先顺位可能不同。这其中最重要的可能是国家和受害者,那么谁更优先呢?不同观点会对刑事诉讼的制度设计以及刑罚所表达的内涵产生直接影响。范伯格并没有明确表达自身立场,但从后文关于刑罚衍生性象征功能的讨论看,他认为刑罚优先表达国家的立场。

第二,刑罚表达了什么?笼统地说,刑罚表达了谴责。这里的谴责包含两层含义,一是怨恨或愤慨的态度,二是强烈反对的判断。简言之,刑罚所表达的谴责既有情感面向,也有认知面向。刑罚表达了强烈反对,这一点或无争议。但刑罚是否必然包含怨恨或愤慨的态度?是否可以想象只表达反对不表达愤慨的刑罚?本文认为很难存在。强烈反对本身就不是一个单纯的认知判断,而是包含了反对者的情感表达。如果仅仅是认知性判断某个人的行为是错误的,这并不构成一种反对。因此,如果刑罚必然表达强烈反对,那么也必然包含怨恨和愤慨的态度。承认这一点会对犯罪化的边界有指引作用:不是所有国家不认可的违法行为都会激发怨恨或愤慨的态度,因此就有必要在违法行为中进一步限缩,这是犯罪化理论的任务。

(二) 谴责性是否是刑罚的定义性特征

当范伯格说刑罚有谴责性时,他不仅仅是指惩罚本身附带了惩罚者的谴责态度,而是进一步认为① 谴责本身是通过惩罚所包含的严酷措施所表达出来的,且② 用以表达谴责的严酷措施是表达谴责的适格的惯习性载体。在此首先讨论特征②,因为这个特征更具有争议性。

---

① Joel Feinberg, *The Expressive Function of Punishment*, 49 The Monist 397, 400 (1965).

范伯格认为，如果立法者为了掩盖自己的惩罚性意图（从而回避惩罚权的宪法性约束），采取非典型的剥夺形式对待特定公民，那么这些公民并没有被惩罚，而是“遭受了更加恶劣的对待”。[①] 这一观点似乎站不住脚。这些公民当然遭受了更恶劣的对待，但同时这些恶劣对待仍然是刑罚，之所以他们受到的对待更恶劣恰恰是因为立法者尝试掩盖这一点。如果只要立法者采取非典型刑罚类型的严酷措施就不属于刑罚，那么对刑罚权的约束也就形同虚设。所以本文倾向于认为，如果立法者本身带有惩罚性谴责意图，且相应的制裁手段带有强制性时，即使该手段并非表达谴责的惯习性载体，仍然应被视作惩罚。

另一个问题是，如果立法者本身并不带有惩罚性意图，但采取的手段本身带有惯习性谴责意义，该手段是否属于刑罚？本文认为这同样属于刑罚，因为虽然此时立法者没有传达谴责的意图，但在一般公民的视角而言仍然传达了谴责。所以本文认为上述特征②应被进一步修正为“用以表达谴责的严酷措施是表达谴责的适格的惯习性载体，或者虽然严酷措施并非惯习性载体，但表达了立法者本身的谴责性态度”。

接下来看特征①“谴责本身是通过惩罚所包含的严酷措施所表达出来的”。范伯格对这一特征给出了两个理由。首先，范伯格认为，这一特征能够有效区分惩罚与非惩罚性处罚（例如停车罚单、开除、评估不合格等）。这看上去也存在争议，罚单、开除、低档评估同样可以表达谴责态度。但范伯格想说的可能是，非惩罚性处罚与谴责的关联是偶然的、程度是轻微的，可能表达也可能不表达，且不以特定行为的可谴责性为发动条件；但惩罚与谴责的关联是必然的、程度是严厉的，不存在非谴责性的惩罚。本文认为这种解读更为合理。但如何理解惩罚与谴责的关联是必然的？这是否意味着，只有那些被公认为具有谴责性的惯习性严酷措施才能被视作惩罚？这似乎又回到了前面的讨论，即立法者的谴责性意图本身是否能够使得相应的严酷措施具有惩罚属

① Joel Feinberg, *The Expressive Function of Punishment*, 49 The Monist 397, 414 (1965).

性？对此本文尚不能给出融贯一致的回答，留待读者思考。

其次，范伯格认为，刑法制度的许多特征都需要诉诸谴责性表达功能才能得到合理解释。一方面，范伯格提到刑罚的许多象征性功能都预设了谴责性表达功能。他重点谈了四项象征功能：权威性否定、表达人民态度、确证法律内容、宣告他人无罪。如果刑罚没有谴责性表达功能，那么这四项象征功能都无法实现。另一方面，范伯格认为刑罚的表达功能可以解释人们对刑法中的严格责任的排斥。美国刑法中存在一些严格责任犯罪，不需要证明嫌疑人的"过错"，这些犯罪类型往往会激发公民与学者的不安，模范刑法典的起草者也试图约束严格责任犯罪的定义与范围，同时将针对这类犯罪的处罚与严格意义上的惩罚区别开来。范伯格认为，之所以监禁刑的严格责任比起罚金的严格责任更与人们的正义感相冲突，不是因为监禁刑一定就更严苛，而是因为在现代社会中监禁刑具有公共责难的象征意义。本文认为，刑法制度的上述两项特征的确可以通过刑罚的表达功能解释，但表达功能并非唯一可能的解释。一方面，前述提到的诸多象征性功能，实际上通过刑事诉讼程序就可以实现，不必然要诉诸刑罚。也就是说，刑事诉讼程序本身就具有表达功能，能够表明国家和人民的立场、确证法律内容，等等。范伯格可能回应称，刑事诉讼的表达功能与刑罚的表达功能并不冲突，而且对于犯罪行为而言，只有刑罚才能表达充分的谴责。但这就需要解释为什么犯罪必须通过刑罚来谴责，二者在何种程度上具有必然关联。另一方面，人们之所以反感对与监禁刑相关联的犯罪适用严格责任，可能是因为严格责任下的监禁刑大大损害了公民的个体自治。由于监禁刑直接破坏公民的既有生活，因此法律应当保障公民有充分的选择能力避免违反相应的刑法规定，并合理预期自身行为的后果。严格责任将导致公民无法掌控自身的未来，随时有可能被强制性剥离既有的生活轨迹，严重损害公民的个体自治。① 同时，让公民为自身无法

① See H.L.A. Hart, *Punishment and Responsibility*, Oxford University Press, 2008, p. 23.

合理避免的行为和结果负责，也为公民施加了过于严苛的负担，不符合分配正义的理念。简言之，反对严格责任犯罪的理由不仅仅是这些犯罪可能缺乏道德上的可谴责性，也包含自治、正义等政治性价值。

范伯格观点的支持者可能回应称，虽然谴责性表达功能不是对上述刑法制度特征的唯一解释，但这一解释最为融贯、具有整体性。对此本文给出两点评论。第一，融贯性在何种程度上是一种理论美德，本身并非没有争议。或许对于证成性理论而言，融贯性会更为重要。但刑罚的概念分析旨在把握刑罚最为核心的概念特征，此时理解的精确性或许比融贯性更加重要。第二，范伯格本人未必将整体性、融贯性视作其立场的主要吸引力。他仅仅将谴责性视作刑罚的定义性特征之一，一个完整的刑罚定义还包含诸多要素，他并没有主张这些要素之间必定蕴含统一逻辑，相反他指出刑罚的谴责性本身会带来独立的问题，这些独立问题无法被其他定义性特征所涵盖。这也是下文要讨论的内容。

（三）谴责性面向是否带来独特挑战

许多学者认为，刑罚之所以需要证成，主要在于其包含严酷的强制措施。但范伯格认为这一看法并不全面。许多时候刑罚并不比非刑罚措施更加严酷。这并不难理解，现实中许多人宁愿坐牢也不愿意背负巨额的民事债务。但只要被标上刑罚的标签，哪怕措施本身较为轻微，在人们眼中也是十分严肃的事情。“下面两种情形在道德上都是错的：① 谴责无过错的个体并对其施加哪怕十分轻微的痛苦或剥夺（不正义惩罚）；② 对无过错个体施加虽无谴责性但不必要且严厉的痛苦（不正义民事制裁）。”[①]范伯格认为，这说明了刑罚所面临的证成压力在一定程度上源于其谴责性而非严酷性。

为什么谴责性会带来额外的证成压力？范伯格指出了两点。一是公共谴责所具有的耻辱性会显著增强严酷措施所带来的痛苦，二是刑

① Joel Feinberg, *The Expressive Function of Punishment*, 49 The Monist 397, 418 (1965).

罚谴责可能是"不应得""不公平"的,对个体施加不应得的谴责本身就是一种不正义。[1] 本文认为,这两点实际上是相互联系的。如果接受刑罚所表达谴责本身就是罪犯应得的回应,那么他所受到的痛苦也就得到了证成。反过来说,之所以不应得的谴责是一种不正义,也是因为谴责本身会带来额外的不应得的痛苦。

范伯格进一步指出,证成刑罚的难点之一,不在于证成罪犯应得谴责,而在于证成其应得以刑罚方式表达的谴责。[2] 难道不存在其他更温和的方式来表达对罪犯的谴责吗?一种回应是说,至少基于当下社会的惯习,只有严酷的刑罚才能配得上犯罪的罪恶程度。但社会惯习并不是一个好的回答。古代一些地方的刑罚更加残忍,包含更多肉刑,这也是当时的社会惯习,但显然不意味着这些刑罚都是可证成的。本文认为,有可能成功的论证路径有两条。一条路径是尝试论证刑罚与特定类型的谴责意义之间的关联不是基于偶然的社会惯习,而是基于某些行为意义上的必然联系。也就是说,犯罪具有某些特定的行为意义,而只有特定类型的刑罚才能有效表达特定类型的谴责意义。但这是如何可能的?这可能需要更多的理论资源,尤其是关于行为意义的哲学性研究。另一条路径则是走向一种更加多元主义的证成论证,这可能也更符合范伯格这篇文章的精神。范伯格并没有主张刑罚的谴责性和强制性背后蕴含着统一逻辑,可以通过同样的方式证成。那么,为什么不能考虑对二者分别予以证成呢?假设某项惩罚包含了程度为 x 的谴责和程度为 y 的严酷强制力,同时谴责 x 是通过强制力 y 表达出来的。那么此时只需要分别证成谴责 x 和强制力 y,刑罚就得以证成。对强制力 y 的证成不一定要与其谴责面向相关联,只需要证成此时对罪犯施加强制力 y 在道德上是可允许的。例如,权利丧失理论的支持者可能认为,一旦罪犯实施了犯罪行为,其在一定程度上就失去了不受强制力约束的权利,因此对其施加强制力是可允许的。当然,或许存在

---

① See Joel Feinberg, *The Expressive Function of Punishment*, 49 The Monist 397, 419(1965).

② 同上注。

更加轻微的方式能够表达同等程度的谴责，但这不意味着刑罚就一定是不正当的。刑法强制力还包含其他功能（威慑、矫正等），这些功能所带来的效益都能够增强对刑罚的证成。

另外需要强调的一点是，刑罚的表达功能虽然带来了独特的证成难题，但同时也为刑罚的严苛程度施加了约束。范伯格没有明确指出这一点，但在其关于罪刑相适应的讨论中已经蕴含了这一思想。由于刑罚的功能之一是表达谴责，那么刑罚强制力的严酷程度就应当与犯罪的可谴责性程度相匹配，否则就施加了不应得、不公平的谴责。更严格的刑罚强制力或许能实现其他功能，但由于背离了谴责的适当程度，因此是不正当的。如何理解这一观点？一种可能是，刑罚的表达功能具有顺位上的优先性。当表达功能与其他功能冲突时，表达功能应被优先满足。另一种可能是，不应得的谴责虽然可能能实现其他良善目的，但违背了正义的要求，而正义具有价值顺位的优先性。这两种可能都有待进一步论证。

三、结　　语

范伯格这篇文章的影响十分深远。无论是在刑罚概念分析的方法论层面，还是在表达功能的实质讨论中，他都提出了诸多新颖且具有洞察力的命题，为后续的讨论开辟了广阔空间。20世纪后期以来，对刑罚表达功能的重视激发了新的报应主义形态，许多学者引入道德哲学理论资源对刑事责任与刑罚问题展开分析，引领了法律道德主义的复兴。同时，由于刑罚表达的不是私人立场而是特定的公共立场，这也重新激发了关于刑罚与政治共同体关系的讨论。可以说，当代刑罚哲学的焦点就是刑罚所具有的道德性和政治性的张力与融合，而连接点就是刑罚的表达功能。此外，范伯格在方法论层面的贡献亦不可忽视。他在文章中提出了一个十分深刻也十分具有争议性的主张：如果立法者自身承诺刑罚权受到约束，那么刑罚的法学定义就受制于哲学定义。这一观点是否成立，留待读者思考判断。

一种关于刑法理论的理论

迈克尔·摩尔[*] 著
夏子羿[**] 译

A Theory of Criminal Law Theories

Michael S. Moore
Xia Ziyi trans.

摘要：刑法理论不仅仅是对现行法律的描述，还需具备评价性，以判断和优化法律教义的道德合理性。刑法的核心功能是实现报应正义，而非单纯的犯罪预防或其他功利主义目标。刑法理论可被分为“一般部分”和“特殊部分”。一般部分集中讨论了责任的本质，关注罪责形成的条件，包括行动、意图、因果关系以及免责事由等要素，以及对人的本质进行的探讨。特殊部分则专注于具体犯罪行为的定义和规范。刑法的两个部分相辅相成，共同构成了一个完整的理论框架。刑法与其他法律领域的不同之处在于其独特的报应功能，这使得刑法能够通过公正的惩罚实现社会正义的价值。摩尔式刑法理论不仅为刑法的哲学基础提供了明确的论证，也通过对责任与行为规范的分析，为刑法教义的合理性提供了重要依据。

关键词：刑法理论；功能；报应正义；责任

---

* 迈克尔·摩尔(Michael S. Moore)，伊利诺伊大学法学教授。

** 夏子羿，华东政法大学法学博士研究生。

导　言

说实话，我起的这个标题看起来就像是一个针对法律理论家的工作法案。不过，毕竟研究法律理论也是一种行为，就和任何其他行为一样，我们也需要理由来告诉我们为什么它值得去做。因此，我们对于所谓的“刑法理论”的性质和运用也必须要有深刻的反思。这种反思可以被恰当地称为关于刑法理论的理论，即使它能让人联想到一连串无穷无尽的理论。

关于这个话题，我要探讨的内容有三大部分。在第一部分中，我会在一般层面上讨论法律理论，而不会专门提及刑法。对于那些非刑法学家的读者来说，这可能是这篇文章中最有趣的部分了，因为在这里，我将讨论的是关于一个法律领域的理论的含义。

第二部分讨论的是关于刑法的理论。在这里，我会描述这种理论必须具有的结构，识别出刑法的一般部分和特殊部分之间的本质区别，然后详细说明每个部分的理论必须解决的问题。这一部分可以看作是一张刑法理论的底层逻辑的图表，我试图列出刑法理论必须回答的基本问题，以及各种可能的答案。但我自己并不会直接回答这些问题。

最后的部分，我会简要阐述我自己的刑法理论。在这里，对于刑法理论必须解决的每一个问题，我都会给出我的回答。但我不会为自己的回答做详细辩护，对该理论的辩护工作感兴趣的读者，可以去看看我的《归咎罪责》(*Placing Blame: A Theory of The Criminal Law*)一书。[①]

在这三个部分中，我从抽象的问题逐步转向了更具体的问题。我对后两组理论（专门针对刑法理论）的希望是，它们能够反映出关于法律理论的更加一般性的观点。此外，我对刑法理论的关注，也可能会通过与某些其他法律领域进行类比的方式来展开，并且以此来回应其他法律领域的理论家（即使不是所有的法律领域）。例如，刑法中的“一般

---

① Michael Moore, *Placing Blame: A Theory of The Criminal Law*, Oxford University Press, 1997.

部分”和“特殊部分”之间的区分,也涉及将这种区别拓展到侵权责任法、合同法和财产法上的问题,关于它们的理论也可以被区分为特殊部分和一般部分。

我无法保证刑法理论可以完全地体现出法律理论是什么以及应当是什么。在某些方面,刑法确实是与众不同的,这些差异导致了刑法理论具有某些不可推广的特征。例如,人们常说,相对于美国主流的法律理论而言,刑法理论是更加狭隘的,这在某种程度上是正确的。例如,侵权法、合同法和财产法理论,与经济学上的科斯定理和市场替代理论之间都有共同的焦点,而这却是刑法理论所没有的。经济学家们试图在这方面让刑法理论“不那么狭隘”,但他们最终也仅仅是说明了刑法所保护的权利有多么不同,以及它所提供的保护手段和理由与其他法律领域相比有多么不同而已。

因此,相对于其他法律领域的理论,刑法理论的工作到底具有何种程度的普遍性?这是一个待解决的问题。我们是时候通过考察刑法理论来检验它了。

一、什么是关于法律领域的理论?

(一)理论的本质

现在有两个问题需要澄清:第一,当一个人在寻求某一法律领域的理论时,他在寻求什么类型的理论?第二,这个理论的材料是什么,也就是说,什么是法律的领域?关于第一个问题,我们至少应该首先区分三种不同的理论:解释性理论、描述性理论和评价性理论。

首先,我会谈一谈理查德·波斯纳(Richard A. Posner)的法律理论的特点,以此作为讨论的起点。波斯纳阐述了侵权法中关于“过失”规则的理论,其理论的实证依据是美国各州法院在19世纪末和20世纪初裁判的1 528个案件。每一个案件都涉及过失的某些方面。从这些案件中,波斯纳归纳出了14条普通法上的过失法规则:

(1) 汉德公式：如果行为的风险因其发生的不可能性而折减以后，超过了它对行为人和其他人所预期产生的效益，那么这种行为就是有害的。

(2) 普通承运人对乘客应负有更高的注意义务。

(3) 土地所有者对那些侵入其土地的人负有更低的注意义务。

(4) 任何受法规保护之人的注意义务的标准，都应通过刑法来规制。

(5) 把整个行业的惯例作为对那些行为符合这些惯例的行业成员的过失责任的例外。

(6) 当受损害的原告有共同过失时，被告不负有相应的责任。

(7) 针对被告的诉讼请求必须基于原告所受损害的事实原因。

(8) 被告的被诉行为是导致原告损害的一个近因，即原告所遭受的伤害是被告在其行为时可预见的伤害类型的一个实例。

(9) 雇主对其雇员在雇佣工作过程中发生的过失承担替代责任。

(10) 同工过失规则：根据该规则，雇主对那些因同事的粗心大意而受损害的雇员不承担责任。

(11) 当原告自愿承担了已知的风险并因此受到伤害时，被告不承担相应的责任。

(12) 当原告提出索赔时，医疗费用、收入损失和痛苦都具有可赔偿性。

(13) 死亡不具有可补偿性，补偿幸存者的经济损失除外。

(14) "将受害者恢复如初"的格言：根据该准则，即使原告方有某种预先存在的异常状况，大大加重了原告被伤害的程度，他也可以获得全部的损害赔偿。①

① Posner, *A Theory of Negligence*, 1 Journal of Legal Studies 29 - 96 (1972).

为了构建关于过失法的法律理论,波斯纳将1 528个法律判决和他从中归纳的这14条法律教义作为他准备去进行理论化的法律。

这些法律教义背后的理论可能是什么呢?侵权法的理论主要有四种类型。第一,存在着一种报应理论,认为侵权法的目的与刑法的目的相同,即给予应受惩罚的人应得的惩罚。[①] 第二,有一种矫正理论,根据这种理论,侵权法的目的是矫正双方之间的不正义。这种不正义有可能会发生在以下情境中:① 一方对无辜的另一方造成损害[②];② 一方对另一方造成伤害,无论另一方是不是无辜者[③];③ 一方因自己对另一方的行为而不公正地获益。这种不公正利益可以是被告所拥有的有形利益的形式[④],也可以是不对称风险所施加的无形利益的形式。[⑤] 第三,有一种功利主义理论,根据这种理论,侵权法的功能是提高整体的社会福利。这种社会福利的提高可以通过以下方式来实现:① 要求每个行业或每一种活动都使其"真正的"成本"内在化"(通过侵权法的规定),使其商品的价格反映出这些成本,从而避免出现生产过剩或生产不足。[⑥] 或者,② 福利的提高也可以通过侵权责任规则来实现,侵权责任规则明确地规定了权利和义务,允许私人当事人互相争辩,以获得关于资源分配的社会最佳地位。[⑦] 再或者,③ 人们也可能会认为,无论侵权法规则是多么的明确,交易成本、搭便车问题、偏好之下的买卖不对称以及资产分配不平等这些事实都会阻碍有效的市场资源分配,所

---

① 由于侵权行为和刑法的分离,现在很难找到一个现代理论家提出这样的侵权法理论了。

② 这是一种传统的观点,通常被称为侵权行为的"过错理论"。请参见 O.W. Holmes, Jr., *The Common Law* (1881); John Finnis, *Natural Law and Natural Rights* (1980), pp. 180 - 181, 184.

③ Epstein, *A Theory of Strict Liability*, 2 Journal of Legal Studies, 151 (1973).

④ 可参见以下判例:Vincent v. Lake Erie Transportation Co., 109 Minn. 456, 124 N. W. 211 (1910)。

⑤ Fletcher, *Fairness and Utility in Tort Theory*, 85 Harvard Law Review 537 (1972).

⑥ Calabresi, *Some Theories of Risk Distribution and the Law of Torts*, 70 Yale Law Journal 499 (1961).

⑦ Coase, *The Problem of Social Cost*, 3 Journal of Law and Economics I (1960).

以侵权法应该模仿并追求没有这些负担的市场的分配结果。[①] 最后,④ 法院也可以通过逐个制定规则来引导当事人减少成本,即事故成本和预防事故的安全成本的总和。[②] 第四,还有一种关于侵权法的分配正义理论,根据这种理论,我们应该把那些碰巧遭受了命运的悲惨后果的人所承担的不利后果,重新分配给更多的、能够更好地承受他们的人,因为只要让更多的人分担损失,每个人就都可以掌控其所分担的部分。[③]

在这四个选项中,波斯纳主张采用第三种理论。作为一种效用原则,波斯纳的过失理论可被陈述如下:"过失法的主要功能是产生责任规则,如果我们遵循这些规则,就会使事故的成本被控制在(至少接近于)合理的成本和安全范围之内。"[④]效用原则认为,应该以这种方式来分配过失的侵权责任:让每个人最终都承担一美元(假定)的安全成本,这将防止出现超过一美元的事故成本。但承担的安全成本也不应当超过这一美元(毕竟安全成本和事故成本一样是不受欢迎的)。

现在,我们可以提出以下问题:波斯纳对于他提出的过失法律理论到底能给出什么解释呢?是什么使他排除了作为替代选项的正义理论或其他类型的功利主义理论?在何种意义上,他能声称他的理论比其他理论更好呢?

有一种可能性是,波斯纳提出了这样一种评价性的主张:侵权法应该实现的目的是效用。在这种情况下,波斯纳可能会告诉我们,效用不仅是一种善,它还应当指导我们的侵权法理论,并且将各种正义等其他善排除在外。然而,波斯纳非常明确地避开了道德哲学家的身份。他认为自己是一名"科学家",自己从事的是一项关于1875—1905年的过失法律的,价值无涉的工作,而不是关于法律应当是什么的工作。这

① 这是吉多·卡拉布雷西(Guido Calabresi)的观点。

② Posner, *A Theory of Negligence*, 1 Journal of Legal Studies 29-96(1972).

③ 这可以说是罗杰·特雷纳(Roger Traynor)的著名理论。也可参见 Escola v. Coca-Cola Bottling Co., 24 Cal. 2d 453, 150 P. 2d 436 (1944)。

④ Posner, *A Theory of Negligence*, 1 Journal of Legal Studies 33(1972).

就引出了对波斯纳的第二种解读，即认为他是一个历史学家，而不是一个道德理论家。作为一种历史理论，波斯纳的效用原则成为一种解释性原则，而不是一种评价性原则。也就是说，因为法官们心中认为最大地降低事故和安全成本是好的，应当通过侵权法来实现，所以他们就这样裁决了1 528起案件，并宣布了以上14条法律教义。

如果把波斯纳的理论视为一种历史理论，它就没有一个明显的价值负担，因为作为历史学家的波斯纳压根就不会主张“效用”在价值方面的可欲性。应该反过来说，“法官们认为效用是侵权法的理想目的”这一历史事实，在因果关系的层面上被用来解释另一个历史事实——即14条法律原则和1528条判决的出现。用历史上某些人物的信念来解释他们自己的行为，这并不是一个规范性的工作，尽管所用的信念本身可能是规范性的。

但把波斯纳解读为历史学家会给他的理论制造一个公认的难题。[①] 这个难题源于这样一个事实：波斯纳所说的法官们并不一定清楚地意识到自己把所谓的“效用”用作过失法律的理想目的。因此，要提出这样一种历史观点的话，波斯纳就必须将这种无意识的信念归于这些法官。然而这将与弗洛伊德的观点相冲突，波斯纳将不得不做这样的主张：人类的“无意识”并没有充满着性欲和攻击性本能；我们每个人的内心深处都被理性(经济学家们所谓的颇具神秘色彩的“理性”)所控制，而这种理性又是我们(主观上)无法操纵的。

当然了，这肯定是一种令人难以置信的心理学观点。因此，我们应该对波斯纳的理论进行第三种解读：他的效用原则是对特定时期的美国过失法律所进行的一种抽象的描述。换句话说，他的理论既不是为了在道德层面上评价法律，也不是为了在历史层面上解释法律；它只是通过一种高度一般化的方式来描述它。从这个角度来看，波斯纳的效用原则本身就是美国侵权法律的一部分。只不过它不那么明显，因为

① Cf. Michaelman, *Political Markets and Community Self-Determination: Competing Judicial Models of Local Government Legitimacy*, 63 Indiana Law Journal 145 (1979).

它是潜藏在那些显而易见的法律教义(例如上文列举的 14 条教义)背后的看不见的原则。

这种描述性的理论与解释性的历史理论明显不同。其不同之处在于,抽象的描述工作并不会处理那些特定的历史事件(案件判决和法律原则的出现,法官的信念等),也不会处理它们之间可能存在的因果关系。相反,描述性理论处理的是那种不因时间而变化的法律命题(决定了相关案例的 1 528 个特定的法律命题和 14 个法律原则命题,以及效用原则所陈述的命题),以及它们之间可能存在的逻辑上的关系。当然了,如果波斯纳的描述性理论是准确的,那么这个事实本身就会需要一些历史性的解释;但这种需要并不会使波斯纳的描述性主张变成解释性主张。

更令人迷惑的一点在于,描述性理论和规范性理论之间的界限在哪里。初步来看,二者之间的差异似乎很明显:规范性理论通过探究既有的法律是否符合法律的某种道德理想的方式,来对法律做出评价;然而描述性理论则只是在表象上给法律做出一个简要的、抽象的描述,并没有任何反思或改革的动机。一个良好的规范性理论主张,与侵权法的命题之间没有必然关系,然而一个良好的描述性理论主张则必须与侵权法的(明显的)命题有某种逻辑上的必然关系。

这个思路对我们来说是很重要的,因为我认为刑法理论中最有趣的部分就是所谓的刑法的"一般部分"的描述性理论,以及所谓的刑法的"特殊部分"的规范性理论。因此,想要理解刑法理论,我们就需要仔细地研究关于某个法律领域的描述性理论和规范性理论之间的区别。首先,如果我们所谓的"描述性"理论指的是在理论构建中排除了理论家所做的评价,并且如果我们把像波斯纳的过失法理论这样的理论也称为"描述性"理论的话,那么这种理论就很糟糕了。因为这样的理论根本就不能实现我们希望它们实现的目标,而且没有什么价值。因此,我们需要探究这种"描述性"理论的好处在哪里,然后更多地说明它所具有的评价属性。

为什么有人要对现有的侵权法律原则做一个抽象的描述呢?这样

的描述性理论工作到底有什么好处呢？解释性的历史理论可以让我们更好地理解一些事实上总是会发生的解释，而评价性的规范性理论对于正确的法律改革来说是必要的。但是，仅仅是重新描述我们已有的法律的描述性理论到底有什么好处呢？

一个可能的答案是美学意义上的：一个高度简练的、一般化的描述在美学意义上是令人满意的，因为它反映出了促使我们许多人成为理论家的建构欲望。无论这个答案在动机层面上有什么优势，它肯定是发展法律理论的一个不良理由。"为了艺术而艺术"可以成为艺术创作的真正理由，但法律理论——即使是其中最好的理论——在艺术层面上全都是相当糟糕的。这种审美上的"理由"只不过是一种托辞。发展描述性法律理论必须要有更具实践意义的理由，才能使其成为一项值得去做的活动。

我们可以询问波斯纳以下问题，以此作为构建描述性理论的理由：是否想让法官们在司法中注意到效用原则？换句话说，学者们所发展出来的过失法理论是作为法律的一部分而抽象出来的，这对法官而言具有约束力吗？我个人的回答是"有的"，在给出关于一个法律领域的描述性理论时，我会将我的理论指向法官。不过，这些理论并不是向法官提出的关于在理想情况下应当拥有什么样的侵权法或刑法的规范性建议，否则它们将纯粹是评价性理论了；相反，这些理论之所以指向法官，是因为它们所描述的东西已经是约束法官的法律的一部分。正是这种司法指向性为描述性的法律理论赋予了意义。①

这种把诸如波斯纳的效用原则这样的理论作为美国侵权法的一部分的回答面临着两个难题。第一个就是所谓的权威性难题：该理论对特定时期的法官而言，为什么是有权威性的呢？第二个我称之为内容难题：任何理论家都声称他的法律理论对于该法律领域而言是独一无二的，但只有在其法律理论与法律教义之间建立起联系，其声称才是可信的，那么这种理论和法律教义之间的联系到底是什么呢？

---

① Cf. Raz, *The Inner Logic of the Law*, 10 Rechtstheorie 101 (1986).

像波斯纳这样的理论权威,既没有被法官宣称过,也没有被判例宣称过,更没有被立法机构颁布过——那么,像效用原则这样的描述性理论原则又如何能够拥有像法律规则、判例或其他形式的法律那样的权威性呢?答案可以诉诸法治的美德:如果诸如波斯纳这样的描述性理论原则被视为法律的一部分,那么,让法律体系变得有意义的那种美德就得到了满足。其中,有两种美德尤其值得注意。

第一,一个深刻的描述性理论原则为某个领域的法律赋予了更强的可预测性。而可预测性所保障的主要价值是自由(因为它让个人的更准确的行为计划成为可能)和公平(因为它减少了意外)。[①] 描述性理论原则在两个方面上增强了法律的可预测性:首先,它们涵盖了那些不具有一般性的法律教义所不能涵盖的情境,从而可以明确那些没有这些理论原则就无法明确的情况;其次,即使是对于那些已确立的法律教义所能够涵盖的情境,它们也具有启发性功能(毕竟一条原则比1528个判例和14条法律教义更容易记住和掌握)。兰德尔(C.C. Langdell)在为他所支持的合同法理论(即合同是意志的会合)做辩护时,就很好地理解了这两点。[②]

第二,把一般性理论原则视为法律的一部分还可以实现“同类情况,相似处理”的法治美德。这种美德所保障的主要价值是平等。如果一个人受到了法律的某种方式对待,而另一个处境相似的人如果不被类似对待的话,他就有理由反对该待遇。

抽象描述的原则可以通过识别一个案件与另一个案件真正相似(或不相似)的方面,来服务于这种形式正义。例如,波斯纳的效用原则,可以在道德上为我们识别出两条难以调和的法律教义之间的差异:① 近因果关系的可预见性标准(上文的第8条教义);② “将受害者恢复如初”的标准(上文第14条教义)。波斯纳认为,根据教义8,对

① Moore, *A Natural Law Theory of Interpretation*, 54 Southern California Law Review 277, 316-317 (1985).

② 可参见 Morris Cohen, *The Place of Logic in the Law*, 29 Harvard Law Review (19 I)。

不可预见的损害不承担责任的被告人,与根据教义14,对由于原告先前的异常状况而造成的不可预见的损害承担责任的被告人,这两种被告人所受到的待遇并不是不平等的,因为两种情境中的被告是存在差异的(也就是说,从效用的角度来看是不同的):在经济上理性的行为者必须能够计算他们活动的事故成本,只有那些可预见的后果是可计算的(因此适用教义8),[1]但这一理由不适用于原告先前存在的异常情况,无论对他们的损害程度有多么不可预见(因此适用教义14)。[2]

因此,我认为法官有一些初步的理由,将深刻的描述性理论视为法律的一部分。它们有权威地约束着法官,因为这样做才可以充分地实现法律所服务的价值(法治的美德)。如果我说的没错,那么法律理论家们就有了一个非常实用的、非美学的理由来提出一个法律领域的描述性理论:它能够帮助法官找到那些约束着他们做法官工作的,但不明显的标准。

现在,我们要思考一个法律领域的深刻描述性理论的第二个难题,即内容难题。理论和教义之间必须存在何种逻辑关系才能实现这种美德?一般来说,有两种可能性:要么,教义蕴涵理论(用符号来表示:$R_1, R_2, \cdots, R_{14} \rightarrow T$),要么,理论蕴涵教义(用符号来表示:$T \rightarrow R_1, R_2, \cdots, R_{14}$)。[3]

由于人们在心理上会从更明显的法则(法律教义)开始,并试图从它"推导"出不明显的法则(理论),我们似乎很容易认为教义和理论之间的逻辑关系是$R_1, R_2, \cdots, R_{14} \rightarrow T$。[4] 如果是这样,那么逻辑推导的方向似乎就会遵循人们心理上的探索方向。

我先假设这就是教义和理论之间的逻辑关系。例如,波斯纳总结的14条过失法原则就蕴涵了效用原则,但不能反过来做推导。然而,

---

① Posner, *A Theory of Negligence*, 1 Journal of Legal Studies 42(1972).

② Posner, *A Theory of Negligence*, 1 Journal of Legal Studies 48(1972).

③ 我使用"蕴涵"(imply)这个词语,是想要指涉实质蕴涵的逻辑关系,而不是指涉预设的语用关系。

④ Rolf Sartorius, *Individual Conduct and Social Norms*, 1975, pp. 190-193.

这种逻辑关系会使波斯纳的理论变得不那么重要了，因为该理论在任何疑难情境中都无法判定结论。

为了认识到这一点，我们需要用符号揭示出一个理论在特定情境下是如何判定结论的：假设法律教义 R_{15} 是能够判定某个疑难案件的一般法律命题，但它以前从未被阐明过。如果理论 $T \rightarrow R_{15}$，那么理论 T 也就能够解决这个疑难情境。假如 T 和现有的 14 个法律教义之间的关系是 $R_1, R_2, \cdots, R_{14} \rightarrow T$，那么，由于 $T \rightarrow R_{15}$，且"蕴涵（→）"具有可传导性，我们会得到：$R_1, R_2, \cdots, R_{14} \rightarrow R_{15}$。但是，若 $R_1, R_2, \cdots, R_{14} \rightarrow R_{15}$，则 T 不能判定那些现有的法律教义无法判定的情境。T 只是对现有法律教义的抽象描述，但对其覆盖范围没有任何改变。[①] 如果是这样的话，那么 T 就无法通过判定那些在现有的法律教义下不确定的疑难案件来加强法律的可预测性了。

因此，任何理论家所寻求的逻辑关系都必须与我们刚才所假定的逻辑关系相反，所以我们现在应该主张 $T \rightarrow R_1, R_2, \cdots, R_{14}$。如果 T 蕴涵了一些新的规则（例如 R_{15}），那么这种新规则就未必是旧规则的演绎推论结果了。因为我们无法从 $T \rightarrow R_1, R_2, \cdots, R_{14}$ 和 $T \rightarrow R_{15}$，推导出 $R_1, R_2, \cdots, R_{14}$ 和 R_{15} 之间的逻辑关系。简单地说，R_{15} 很可能是一个真正有效的新规则，它可以判定在旧规则下无法判定的疑难案件。

理论和教义之间的关系的澄清，揭示了我所说的内容难题。奎因（W.V. Quine）重述了皮埃尔·迪昂（Pierre Duhem）所提出的不确定性难题[②]，按照奎因的观点，可以有无数种理论蕴涵了像 $R_1, R_2, \cdots, R_{14}$ 这样的有限的规则。理解这种观点的一个很好的启发式方法是设想一种新的侵权理论，我称之为 T_m。T_m 的内容很简单："存在规则 $R_1, R_2, \cdots, R_{14}$，在这些规则都无法判定案件的情况下，红发的原告胜

---

① 文中提出的观点，与科学哲学领域中对操作主义和还原主义的标准的反对很相似：如果理论术语可以被还原为观察术语，那么经验性命题就蕴涵了理论性命题，如果是这样的话，那么科学理论就只是经验法则的简写，因此没有任何预测的力量。可参见 Ernest Nagel, *The Structure of Science* (1961), 33-42。

② W.V. Quine, *Two Dogmas of Empiricism*, From A Logical Point of View (1980).

诉,头发不是红色的原告败诉。”由于每个命题都蕴含了它自己(R_1,R_2,…,$R_{14} \rightarrow R_1$,R_2,…,R_{14}),且初始命题(R_1,R_2,…,$R_{14} \rightarrow$结论)和额外命题(例如,“红头发原告胜诉,非红头发原告败诉”)的组合也蕴含了初始命题,所以我们可以得出:$T_m \rightarrow R_1, R_2, \ldots, R_{14}$。由于可以有无数个额外命题能够与$R_1$,$R_2$,…,$R_{14}$相组合,那么,就可以有无数种理论能够支持这种逻辑关系:$T_\infty \rightarrow R_1, R_2, \ldots, R_{14}$。

那么,一个描述性理论的内容如何在法律教义基础上具有可确定性呢?比方说,为什么很多人会倾向于把波斯纳的理论T作为过失法的理论,而不是我提出的理论T_m呢?我现在只能这么说,经过了道德评价以后,选择其中一个理论在道德上会更好。鼓励大家染红头发并不是一件好事,但降低事故成本和安全成本的总和是一件好事,所以波斯纳的T成为过失法理论,而我的T_m就不行(假设我们目前只考虑这两种理论)。

因此,描述性理论不应当是不包含任何价值的理论。至少,像波斯纳这样的理论家必须对效用做出道德评价,使其在道德上比所有其他侵权法理论的目标更好。因此,价值进入描述性理论之中,它至少应该在T_m和T这一道德上良好的理论之间划清界限。

价值虽然是法律领域的描述性理论的一部分,但它是通过两条评价途径发挥作用的,这两条途径甚至更加重要。请再次思考T_m理论和波斯纳的T理论之间的选择,我们可以发现第一条途径。我之前其实预设了这两种理论都同样地切合实在法,但实际上,T_m理论比波斯纳的效用原理更加符合波斯纳所归纳的实在法律教义。我们可以看看R_6,即,原告具有的共同过失妨碍了他的追偿。T_m蕴含R_6,但波斯纳的效用理论T却没有蕴含R_6。正如波斯纳承认的那样,只有当原告能够比被告更经济地避免事故成本时,T才蕴含R_6;但如果双方都可以通过经济的方式避免事故,但被告本来可以比原告更经济地避免事故,那么T蕴含的就是:共同过失不应成为承担责任的障碍。因此,如果基于价值无涉的逻辑学基础,T_m应比T更优先作为侵权法的描述性理论。然而,显然没有人会(也不应当)更喜欢T_m,因为T_m在道德上是荒谬的，而 T 所主张的价值至少是侵权法可以追求的一种可理解的价值。

为什么我们可以如此确凿无疑地认为，在逻辑上更加切合 R_1，R_2，…，R_{14} 的 T_m 会输给在道德上更优越的 T 呢？要想知道答案，请先回顾一下为什么描述性理论能够对法官具有权威性吧：T 或 T_m 之所以对法官具有权威意义，是因为它们都具有可预测性和形式正义的美德，能够服务于法治。然而，这种权威性只是初步的，因为自由、公平和平等的价值并不总是确定法官义务的最重要的价值。有时其他的价值会更重要，你有义务为了实现其他的价值而牺牲一些法治的美德。T_m 在道德上的随意性与防止不必要的事故成本的好处之间的对比，就是其中的一个例子。

因此，T 或 T_m 是否是过失法的一部分，这取决于以下两个变量：① 该理论在逻辑上是否以及如何切合相应的法律教义或者判决，以及② 它所描述的侵权法的目的有多好？逻辑切合性之所以重要，是由于它可以实现法治的美德，这些法治美德证明了理论具有初步的权威性。但这种逻辑切合性总是与理论内容的道德美德相制衡。这二者共同决定了 T 和 T_m 等理论的有效性。①

价值进入描述性理论的第三种方式，是通过法治的美德本身的性质。更具体地说，以描述性理论服务于形式正义为理由，从而赋予其初步的权威性，这一点就注定了任何价值无涉的描述性理论的尝试都是徒劳的。

对类似的案件进行相似处理的好处在于可以实现平等。只有在道德相关方面类似的案件都被一视同仁地对待时，才能真正实现平等；就算某些案件按照公布的标准来看是相似的，但如果它们在道德上有所

① 一个描述性法律理论的理论家并不认为实在刑法是那么固定的；相反，就像普通法规则一样，一种"顽固的"学说是否是英美刑法的"一部分"，在一定程度上取决于它是否符合该刑法的最佳理论。也就是说，一个理论是让它成为一个理论的定律的一部分。参见 Douglas Husak, *Philosophy of Criminal Law* (1987), p. 25："理论家们……必须采用一些标准来决定某个实在刑法中的一个顽固部分何时应当为一般性的理论原则所适应，或何时应当被谴责为是不公正的。简而言之，他需要知道什么时候适合做描述，什么时候适合开药方。"

不同,那么我们也无法通过将它们相似处理来实现平等。例如,假设我明确表示,我之所以让我儿子上大学是因为他是男性。即使我的女儿并不符合我公布的这个标准,她也有被平等对待的权利,因为在道德相关的方面上(不看性别),她和我的儿子是相似的。

在上面的这个例子中,只有当已公布的相似标准(例如规则 R_1,R_2…R_{14}所宣称的)不被视为是平等的要求时,我们才能实现形式正义了。实际上,不如反过来看,形式正义要求我们重新依据道德相关特征来审议这些已宣布的类别,以确定它们是否能够体现相似或不同的对待方式。这使得波斯纳的效用原则能够渗透到 R_8 和 R_{14} 等已宣布的规则中,并显示出它们的差异(效率上的差异)。然而,只有当波斯纳的效用原则把握到侵权案件的道德相关特征,并且证明类似或不同的待遇是合理的时,它才能以这种方式实现真正的平等。只有当波斯纳做出了"高效=良好"的价值判断,效用才能成为我们判断一个案件是否应当与另一个案件相似处理的标准。

平等的评价要求也解释了为什么我们会如此容易地选择 T 而不是 T_m作为过失法的理论。在判断过去案件与未来的案件之间的相似性这方面,T 至少使用了一个道德上可理解的判断标准。而 T_m在判断未来的案件时所挑选的标准,却与决定了过去案件的标准不同,因为在规则 R_1,R_2,…,R_{14}所涵盖的情况下,头发的颜色并不会决定结果。因此,在判断案件是否被 R_1,R_2,…,R_{14}所涵盖的这个意义上,T_m不平等地对待了当事人。其次,T_m提出了一个在道德上很随意的特征来判定那些未被 R_1,R_2,…,R_{14}覆盖的案件。即使它们被完全一致地应用,T_m也无法促进平等的价值,因为头发颜色在赢得侵权诉讼的权利上没有任何道德相关性。

在以上这些方面,法律领域的描述性理论同时也是评价性理论。但这并不意味着将描述性理论简单地归结为纯粹的评价性理论,因为这些理论确实认真对待了组成一个法律领域的制度事实。描述性理论并不是在一个干净的白板上写字,理想地探究我们应该拥有什么法律。相反,描述性理论描述的是我们已实际拥有的法律。这些描述在刚才提到的三个方面上都具有评价性质，但这个评价过程中的一个要素是非理想的制度事实。

（二）法律领域的本质

在阐明了所谓的"理论"的含义后，我们现在需要探究的是所谓的"法律领域"的含义。换句话说，刑法理论的材料是什么？在此之前，我做了一些直观的预设，即波斯纳知道他在研究什么，他自己研究的1528项判决和14项法律教义都是"过失法"的一部分。现在，我们需要更仔细地探究这样的一个法律领域是什么，以及我们如何划定它的界限。

我们先从约翰·奥斯汀(John Austin)对一般法理学和特殊法理学所做出的区分开始。[①] 特殊法理学研究针对某些特定法律体系中的法律。例如，它问的是："美国的法律是什么？"然后再探究那些约束着美国法官的不明显的标准。相比之下，一般法理学并不是一个针对特定文化共同体的研究。它研究的是法律本身，而不是存在于某个特定法律体系中的法律。

如果将这种区别应用于法律领域，我们就可以认识到本节的两个主要问题。在一般法理学的层面上，思考法律领域的主要问题是本体论问题：当我们处理的是一般的法律而不是任何特定法律体系的法律时，什么是法律领域？在特定的法理学层面上，我们可能不会对法律领域的本体论地位感到困惑，但我们应该对那些个体问题感到好奇：是什么使侵权法成为一个法律领域，同时使刑法成为另一个法律领域？或者是什么使侵权法分为几个法律领域，过失法是其中之一？

这两个问题——本体论和个体问题——最容易从一般法理学和特殊法理学的角度来发现。当然了，实际上这两个问题在两种法理学领域中都存在（因为这两个问题都存在）。[②]

---

① John Austin, *The Province of Jurisprudence Determined* (1954).

② Baruch Brody, *Identity and Essence* (1980).

这篇论文的兴趣集中于英美法律文化中的刑法理论，所以我接下来的讨论将局限于这两个问题，它们面临的任务就是在特殊法理学之中构建关于一个法律领域的理论。

关于本体论问题，我们可以通过区分三种不同的分类方式，更好地判断法律领域的本质。第一，哲学家所说的自然类型。自然类型包括水或黄金等自然存在的类型，其本质属性是由其自身的特性所决定的，不需要人为的制造。例如，我们对黄金和水的最佳理论认为，它们的本质属性分别由特定的原子结构和分子结构所决定。第二，通常所称的名义类型：名义类型只是一些彼此独立的事物，除了有一个用来统称的通用名称，它们就没有任何共同的性质了。以一套被称为"菲格罗亚街"的东西为例。"菲格罗亚街"没有任何能够将构成街道的每一块沥青都统一起来的性质；唯一能将这些不同的路面部分统一起来的是名称，每一块都被人们称为"菲格罗亚街"。人类的传统决定了一个物体是否属于"菲格罗亚街"。第三种类型是功能性类型。就像自然类型一样，一个功能性类型也包括了每个成员都共同具有的性质，但这个性质是功能性的，而不是结构性的。例如，"胃"就属于功能性类型，因为某些东西是否是"胃"，取决于该东西是否执行"胃"的功能，即对食物的消化。如果一个立体硅胶胃具有"胃"的功能，那么它仍然是"胃"，无论它的结构和人体的胃有多么不同。

如果我们将这些类型区别放在英美法律领域中来做具体分析的话，我们就会看到每种类型可能具有的法律实例了。某些法律领域似乎属于功能性类型，因为它们都是试图在某种程度上成功地实现某种正义的尝试。我很快就会证明：英美刑法主要是对报应正义的要求的描述。而美国宪法像是对正常政治所需的框架结构的道德(政治哲学的)部分的大概描述。[①] 英美的侵权法可能被视为是对矫正正义的一种不连贯的描述。

① J. Waldron, *A Constitution*, *The Constitution*, *Our Constitution*, British Journal of Political Science, forthcoming.

最后请思考一下，某一特定类型的法律补救措施似乎也标志着该法律领域的边界。卡拉布雷西(Calabresi)和梅拉梅德(Melamed)对财产法的观点就是一个很好的例子，因为卡拉布雷西和梅拉梅德通过对权利的保护来定义什么是财产规则，什么不是财产规则。[①] 类似地，有些人认为刑法应该以惩罚性制裁为特征，因此他们以此区分了惩罚性罚款和民事损害赔偿裁决，从而界定了刑法的界限。

如果我们以这种方式来看待一个法律领域，那就把它视为了一种自然类型。即使在自然中没有发现法律领域，但一个法律领域具有了其结构特征所赋予的本质。这种观点没有把一个法律领域视为功能性类型，因为其本质是一种结构性特征，而不是法律领域所追求的特殊目的。如果我们这样来看待法律，我们就会看到法律的本质是某些结构性特征，例如法律具有强制制裁性。这与法律本身是一种功能性类型的观念形成了鲜明的对比。[②]

但所有的法律领域都具有这种结构性本质吗？目前仍然存在争议。因为存在着各种各样的人类行为，所以法官在法律体系内可以执行各种救济行为。我们当然可以按照救济行为的差异来区分其法律领域——例如，区分古代法律的“领域”。然而在当代，我们一般所认为的法律领域却几乎不可能与司法救济行为的类型一一吻合。例如，如果把禁令救济作为一种司法行为，那么除了财产法，许多法律领域的权利都可以受到禁令救济的保护。再比如说，刑事领域的罚金和民事领域的损害赔偿又有什么差异呢，除了前者是出于惩罚性目的，而后者是出于补偿性目的以外？

因此，我怀疑法律本身是否真的具有任何基本的、一般的结构性特征[③]，所以我也同样怀疑法律领域是否具有这样的结构性本质。我能

---

① Calabresi and Melamed, *Property Rules, Liability Rules, and Inalienability: One View of the Cathedral*, 85 Harvard Law Review 1089 (1972).

② Moore, *Law as a Functional Kind*, in R. George, ed., Natural Law Theory (1991).

③ Ibid.

想到的大多数法律领域要么属于功能性类型,要么属于名义类型。

我们已经回答了法律领域的本体论问题,现在我们也处于面临着回答个体问题的地位。如果某个法律领域是功能性的,那么任何追求该领域的基本功能的法律都是该法律领域的一部分。如果刑法领域是功能性的,并且其功能是实现报应正义,那么某些对于“侵权行为”的惩罚性的损害赔偿规则就是刑法的一部分,因为这种损害赔偿实际上实现了刑法的目的。如果某个法律领域是名义性的,它的边界就将完全依循惯例。假如刑法领域是名义性的,那么任何由通常被称为“刑事”机构(检察院、警察局、法院)所管理的法律都是刑法。如果某个法律领域是结构性的,那么其边界就由决定了其类型的救济行为所确定。假如财产法是规定禁令救济的法律,那么任何通过禁令救济保护权利的实在法都是财产法。

本文接下来试图依据一个刑法理论必须提出的问题和它可能采取的答案,来阐明该刑法理论的本质。在实现这一目标时,我显然必须假定作为刑法领域一部分的内容要有某种界限。只有当我们能够确定以下问题的答案时,我们才能证明这种界限到底是什么:刑法是功能性的吗?如果是的话,那么刑法的功能是否是实现报应正义?我现在将转向这些问题。

二、刑法理论的本质

(一) 刑法的功能

只有当我们搞清楚刑法属于何种类型,以及刑法能实现何种好处时,我们才能给刑法理论做分类。这是两个截然不同的问题,但正如我们将会看到的那样,前一个问题的答案会显著影响后一个问题的答案。

很少有人会相信刑法只是名义性的——也就是说,刑法的若干条教义被归为同一个法律领域仅仅是因为历史偶然性,除了我们习惯于把管理它们的制度和机构称为“刑事”,这些教义本身并不具有使它们与其他法律领域区别开来的共同特性。更通常的观念是用所谓的"刑法的制裁"作为其个性化的身份标准。这种更为典型的观念认为,能够将某些法律定性为刑法的因素,是那种伴随着刑事责任而来的死亡或自由的丧失,而不是基于任何其他(例如民事)责任的制裁。

这种观点认为,刑法的本质在于一种结构性特征——其救济行为。我在前文提到,这种观念类似于自然类型的观念。这种观点也未必对刑法的功能漠不关心,因为为了证明刑法的严厉制裁的合理性,这种制裁必须有利于实现某些益处,即使该益处可能并非刑法的本质。通常来说,那些认为刑法是由其独特的制裁所界定的人,对刑法的功能也持不同的看法。这种观点可能认为,当惩罚性制裁足以实现① 剥夺能力、② 威慑、③ 改造或④ 报应的目的时,该制裁就是合理的(传统的四大惩罚理论)。[①] 由于把囚禁、恐吓或改造他人视为一种内在的善的想法是难以理解的,所以,首先这种理论被描述为:刑法的功能是预防犯罪(它本身有助于剥夺能力、威慑和改过自新,也有助于让我们都过得更好的功利主义目标);其次,它也可被描述为:刑法的功能是实现报应正义;最后,它还可被描述为:刑法的功能是通过将额外的社会资源投给那些需要制裁的劣势群体(罪犯们),从而实现分配正义。[②] 当然,还存在其他关于刑法功能的混合型理论,它们并没有混合这三种内在的目的(效用、报应正义、分配正义),而是混合两种目的,例如功利主义/报应理论或改造/功利主义理论。[③]

无论如何,这种混合惩罚理论与刑法中基于救济行为的观点是密切相关的,因为这些理论家已经基于特殊救济行为来确定了刑法的本质,然后再探寻:应该如何使用这种救济?一种自然而然的回答是,"将全部的利益最大化",这将导致某种形式的混合型惩罚理论。

---

① Henry Hart, *The Aims of the Criminal Law*, 23 Law and Contemporary Problems, (1958).

② Moore, *Closet Retributivism*, USC Cites 9 - 15 (Spring-Summer, 1982).

③ 混合型惩罚理论中最著名的典例是哈特的理论。参见 Hart, *Punishment and Responsibility* (1968), chs. 2 - 7;其他的例子可参见 Andrew von Hirsch, *Doing Justice* (1976), ch. 6.

这种以救济行为为基础的刑法观点面临着什么困难呢？如果一个人还没有想过回答“我们为什么要惩罚”这个问题，就提问“什么是惩罚”，那么在这个提问的可理解性方面就出现困难了。这是因为，如果所谓的确定了刑法本质的结构性特征——惩罚性制裁——本身就是由其所追求的功能来描述的，那么刑法就属于功能性类型，而不是自然类型了。

诚然，我们在直觉上确实也持有制裁构成惩罚的结构性观念。某些令人难以忍受的制裁似乎很容易成为这方面的例子，如死刑、关禁闭、水刑等。然而，这些制裁——更不用说罚款——如果不是出于惩罚目的而实施的话，它们还会成为惩罚吗？如果给付一磅肉是违反合同时的损害赔偿，那么这种救济虽然让人不愉快，但它仍然是因为违约，而不是犯罪。此外，一束鲜花礼物难道就不可能成为一种惩罚吗？例如，我为了惩罚朋友的疏忽大意，通过奇怪地善待他们来提高他们心里的罪恶感。我认为，无论制裁的结构性特征是什么，只要我们的目的是惩罚性的，那么实施的制裁就是一种惩罚。所以，要描述什么是惩罚，就必须首先解释什么是惩罚的目的。

刑法的独特惩罚的结构性特质，把我们卷入了刑法的运作之中。我并不想主张一种建立在被哈特(Herbert Hart)恰当地称为“定义终止”之上的报应功能。目前为止，本文还没有关于刑法任何特定功能的论证。现在唯一可以肯定的一点是，除非我们预先将某种功能作为刑法的目标，否则我们就无法理解，什么样的制裁构成了惩罚。所以，刑法之所以是一个独立的法律领域，是因为它可以实现某种独特的益处，我们将其视为刑法的功能。

只有当我们能够确信刑法的功能是什么时，我们才能确信刑法是功能性的。要做到这一点，我们必须先知道如何找到某个事物(包括法律领域)的功能。[1]

---

① 关于功能理论的一般性分析，可参见 Moore, *Law and Psychiatry: Rethinking the Relationship* (1984), pp. 26 - 32, 189 - 194, 285 - 289.

我们对事物功能的判断包含了两个组成部分。第一部分是对其能力的判断：它能导致什么？这种能力判断在很大程度上受到该事物在过去所产生的效果的影响，这就是我们经常在某个事物活动的实际效果中寻找它的功能的原因。第二部分是某种善（goodness）：在某种事物能够导致的所有效果中，哪个是内在（本身就是）良好的？如果一个事物所能引起的任何效果都不是好的，那么它就不具有任何功能（function），尽管它可能会具有某个邪恶的用途（use）；如果一个事物能带来一些本身良好的效果，那么这个效果就是其"益处"所在（good for），也就是说，这就是它的功能。

如果我们把它应用于刑法，则涉及同样的两种判断。首先我们要问，刑法能够带来什么效果？英美刑法能引起对不法行为的强烈谴责吗？它能带来社会凝聚力吗？它能预测暴力倾向和使有暴力倾向的人丧失伤害他人的能力吗？它能教育人们不想伤害别人吗？它能实现报应正义吗？它能加剧现有的财富差距吗？它能抑制社会变革的运动，从而巩固政权吗？

假设目前刑法有能力在某种程度上带来这些效果，那么它的功能可能是什么？其中一些效果不仅本身不太好，甚至对其他的内在的善也没有任何贡献。加大财富差距和抑制社会变革就属于这一类，所以这些不可能是刑法的功能。如果这就是刑法的唯一效果，那么它就没有任何功能了。其他效果本身并不好，但它们可能有助于实现其他本身良好的东西，这些也可能是刑法的功能。谴责、使人丧失行为能力或改造他人都属于这一类。这些效果是否是良好的，取决于它们所导致的其他效果是否良好。通常情况下（虽然并不一定），人们认为这些效果所带来的好事就是预防犯罪，对犯罪的预防本身就是好的，或许这才是刑法的功能。

不过，报应正义本身也是好的——至少我个人是这么认为的。[①]

---

① Moore, *The Moral Worth of Retribution*, in F. Shoeman, ed., Responsibility, Character, and the Emotions (1987).

那么,我们应该说刑法具有两个同等重要的功能,即预防犯罪和报应吗?很多人都这么说,这并不是什么不可思议的观点。然而,有两个考虑因素表明,刑法的唯一功能就是实现报应正义。第一个因素是犯罪预防和报应目的之间存在的紧张关系。这种紧张关系之所以产生,是由于报应论无法与任何其他的惩罚目标共存。为了实现报应正义,就必须对犯罪者进行惩罚,因为他犯了罪。如果某人被惩罚的理由并不是因为他应当受到惩罚,那就没有实现报应正义。[1]

当犯罪行为在某种程度之内应受惩罚时,我们最容易认识到这一点。在这种情况下,额外的惩罚被加上是为了预防犯罪(例如为了促使罪犯坦白并牵扯到其他人)。其他人不能在没有被告证言的情况下被定罪,也不能因为他的罪行已经成为一个广受欢迎的话题,或他的案件成为一个非常公开的案件,足以使他的惩罚成为对其他人的示范而惩罚他,这些因素都与被告应受(deserves)的东西无关。施加这种额外的惩罚并无法实现报应正义。

现在,让我们假设出于预防犯罪的理由,对犯罪者施加的惩罚并不会增加,相反,被告只会受到他应受的惩罚。然而,惩罚他的人之所以这样做,一定程度上是因为他的惩罚会成为警示他人的一个例子。这样的罪犯可能没有任何的抱怨,但我们可以有不满:刑事司法系统违背了报应正义。如果通过惩罚来追求其他的利益,这就必然会降低我们获得报应之善的水平。

报应正义与预防犯罪之间的紧张关系,会阻碍我们在惩罚的益处方面构建一种舒适的"混合"型理论。我们几乎无法同时追求两个目标,做不到一石二鸟,因为我们在瞄准其中一只鸟时,必然会错过另一只鸟。

反对混合型刑法功能理论的第二个考虑因素,源于现实的刑法所具有的结构。现实刑法更多地具有实现惩罚性正义的能力,而不是预

---

① 这不是一个"定义终止",即把"惩罚"替换为"报应正义"。相反,如果文本中的分析是正确的,那是因为这就是报应正义的本质。这里所论述的是一种理论,而不是一个定义。

防犯罪的能力，部分原因是一些与刑法教义无关的因素，例如威慑的功效的局限性。但更重要的因素还是因为刑法教义本身的形态。如果试图最大化威慑或限制，我们就不会拥有当前的刑法教义了。请考虑其中一个例子：对故意杀人的不同定性。根据美国刑法，如果故意杀人是预谋的，那可能是一级谋杀；如果是因受害者的挑衅行为激起的愤怒而行为，可能是自愿杀人；如果这既没有挑衅也没有预谋，那么可能是二级谋杀。基于预防犯罪的威慑理由，这些区别都是很难得到证成的。基于威慑理论，越是冲动的杀人犯，就越应该得到严厉的惩罚，因为这些严苛措施可能是让冲动的杀手停下来犹豫的唯一有效方法。类似地，二级谋杀通常是家庭内的凶手，通常不会反复犯罪，因此在剥夺能力的基础上，这类罪犯应该受到最轻的惩罚才对。然而，正如我们所知的那样，现实中的刑法并没有这样衡量惩罚。这些法律只有在被视为将罪责进行区分时才有意义。

因此，我假定了英美刑法的唯一功能。英美刑法的存在是为了实现报应正义。当然了，我在上文只是简单地概述了这个结论的论证。如果要令人信服地阐述我的两个论点中的第二点，只需要对刑法的所有学说进行全面的审查，探讨它们实现预防犯罪目标和报应目标的能力即可。至于我的第一个论点，即报应主义理论对其他合作伙伴的不宽容，无疑也可以用进一步的例子和类比来加以支持。最致命的是，我在这里没有为基于道德罪责的惩罚的内在价值做出任何论证。不过，我觉得我可以跳过这个关键步骤，因为我在其他地方已经捍卫了报应的道德价值。

刑法理论的第一个问题是我们为什么要惩罚。而我的回答——准确的报应——会影响到刑法理论的其他部分的可能的形式。关于犯罪预防的功利主义替代答案，也同样会决定他们各自的刑法理论的形态。尽管如此，以下详细阐述的许多结构也将被其他的刑法理论所共享，这些理论都认为道德罪责至少是刑事责任的一个必要(如果不是充分的)条件。因此，我认为任何看似合理的刑法理论的结构，都将在很大程度上与我的报应主义刑法理论相同。

(二) 刑法的两个部分

在英美刑法理论研究中,将刑法分为“一般部分”和“特殊部分”是一种传统的做法[①],通常是用“适用于所有罪行的学说”(一般部分)和“定义特定罪行的学说”(特殊部分)来区分。[②] 关于犯罪客观要件(*actus reus*)、犯罪意图(*mens rea*)和因果关系的原则适用于所有的犯罪,因此这些原则属于一般部分;而定义了强奸的客观要件的特征的原则,或者定义了故意杀人特有的犯罪意图之要求的原则,则属于特殊部分。关于共谋(conspiracy)、未遂(attempt)、教唆(solicitation)和共犯(complicity)的原则,通常被归为一般部分。

在英美的刑法课堂上,一般部分和特殊部分之间的区分,往往是为重点关注刑法的一般部分提供教学理由而已。他们的观点是,学生重点学习适用于所有犯罪的一般学说,要比重点掌握特定犯罪的要素更好。一般部分的原则,变动较小而寿命更长。

我自己也对刑法专业的学生们说过这些。然而,还有一种更深层次的方式来做出这种区分,这并不是出于教学目的。要认识到第二种区分方式,请想一想我们经常做出的两种道德判断。第一种判断是,某人实施了某个不当的行为。第二种判断是关于这样做的行为人的罪责:不仅这样做是不当的,这样做的行为人也是不好的。

第一种判断是针对行为的,而第二种判断是针对行为人的。这两种判断引发了两种截然不同的道德理论。第一种判断要求我们应用一种实质的道德理论,这种道德理论告诉我们哪些行为是不当的(与通常是可允许的甚至是道德上优良的行为相对)。我们援引这样一种实质性的道德理论来回答这些问题:“堕胎错了吗?”“卖婴儿错了吗?”“安乐死是可允许的吗?”“自杀是可允许的吗?”

第二种判断要求我们运用一种所谓的“公平的过错归属”的道德观

---

① Glanville Williams, *Criminal Law-The General Part*, 2d ed. 1961.

② George Fletcher, *Rethinking Criminal Law* (1978), p. 393.

念。这种道德理论是一种责任理论，因为它解决了一个人在实施一个不当行为时，何时负有道德责任（或有罪责）的问题。这种理论回答了这样的问题："梦游时的举动算是一种负责任的行为吗？""犯罪者必须知道（甚至接受）他违反了实质性的道德规范，才能对这些行为负责吗？""对于行为的某个不当之处的疏忽大意是否足以使该行为人负有罪责？或者至少他必须知道这些不当性存在的可能性才能有罪责？"

现在我们可以认识到第二种区分刑法的一般部分和特殊部分的方法：一般部分阐明了责任理论，而特殊部分阐明了不当行为理论。特殊部分规定了哪些具体行为是被禁止的，一般部分规定了从事不法行为的行为人应受到惩罚的条件。

大体上讲，第二种区分方法将与第一种方法保持一致。这是因为责任理论的内容中立性。这种理论是内容中立的，因为它规定了一个人在实施不当行为时负有罪责的条件，无论不当行为的特征是什么。故意伤害和盗窃是两种截然不同的不法行为，但实施它们的人的责任则取决于同样的罪责条件。责任理论的这一特点意味着，描述这一理论内容的刑法原则将适用于刑法的特殊部分所禁止的所有行为。因此，这两种区分其实是一致的。

我们是否应该优先采用第二种区分方式？这取决于我们认为刑法的功能是什么。我自己的理论是，刑法属于一种功能性的类型，其功能就是实现报应正义。报应正义要求那些应受惩罚的人受到惩罚。"应受惩罚"必须满足两个条件：① 行为人必须做了不当的行为，而且② 行为人必须有罪责。这要求刑法中存在两种教义：一种规定哪些行为是不当的，另一种规定行为人在实施不当行为时有罪责的条件。这就是为什么我们需要区分刑法的特殊部分和一般部分的原因，这也是为什么这两大部分的区分必须对应着实质道德理论和责任理论的区分。通过这种区分方式，刑法的报应功能才能最佳地实现。

还有一个有趣的问题：其他的法律领域是否可以用一般部分和特殊部分来做类似的区分？例如，在财产法中，存在着适用于土地财产的教义、适用于思想或其表达形式的财产的教义、适用于海洋财产的教义、适用于野生动物财产的教义,以及适用于动产财产的其他教义。那么,这些教义似乎可以构成财产法的“特殊部分”。一般部分将包括适用于所有类型的所有物的教义。这些一般部分的教义可能包括获取规则、转让规则和使用规则。

但很遗憾,财产法不具有一般部分。这是因为英美的财产法的各种教义并没有服务于一个单一的目标。它们服务于三个目标:效用(通过分配和规范权利,以最大限度地激励生产),公平(通过奖励那些首先将自己的劳动与事物融合在一起的人),以及分配正义(通过重新分配权利,使不富裕的人过得更好)。此外,如果我们暂且基于一般的法理学来看待财产法理论的话,那么根本就不清楚所谓的“财产法”是否具有一种独特的内在价值。通过奖励(使其拥有所有权)那些创造或改进某些物品的人而实现的公平价值,并没有战胜其他价值(就像报应正义战胜其竞争对手那样)。正如福斯特(E. M. Forster)曾经提醒我们的那样,财产本身并没有那么重要。[①]

财产法缺乏独特的目标,其结果就是指引着各种乱七八糟的法律教义,且取决于我们是在处理房地产、知识产权、个人动产还是海洋权利等。由于没有独特的目标,财产法这个法律领域就无法被分为在道德上有区别的一般部分和特殊部分。它也没有与刑法责任理论类似的理论,可以为所有类型的财产的获取、使用和转让提供一般性规则。

因此,财产法的例子说明了,假如一个法律领域可以被区分为一般部分和特殊部分,那么它必须有什么条件。它必须拥有一种内容中立的理论——类似于责任理论,支配着各种财产、各种合同、各种侵权行为,等等。要有这样一个内容中立的理论的话,与之相对应,一个法律领域就必须也要有一个相对应的、内容丰富的理论,即什么样的东西应该是财产权或合同权利的主体,什么样的行为可以构成侵权行为,等等。如果要把这两种理论视为不同的理论,一个法律领域就必须有一些独特的目标,它可以让我们理解为什么需要两种这样不同的理论。

---

① E.M. Forster, *My Woods*, in his Abinger Harvest (1936).

刑法有这样的结构，因为它有这样的目标；财产法并没有，因为它缺乏这样的目标。

(三) 刑法的一般部分的本质

为了实现报应正义，刑法必须惩罚那些在实施不法行为时，在道德上负有罪责的人。刑法的一般部分规定了罪责的条件，因此一般部分的理论就是关于罪责（或道德责任）的理论。

责任理论可以分为三部分。首先是责任的正当性理论。这种理论告诉我们必须具备何种条件才能使某人有罪责——比如，有意图要造成某些伤害是否已经足够使其负有罪责？还是说必须要尝试去造成伤害，甚至实际上已经造成伤害才会有罪责？其次，有些子理论回答了有关责任的要素的问题——例如，意图造成伤害的性质是什么？尝试造成伤害的性质是什么？实际上造成伤害的性质又是什么？最后，只有当人类具有特定的性质时，责任的这些要素（行为、意图、因果关系、无免责事由）才能相应地具有它们的性质。因此，第三个理论是关于人性的理论。

接下来，我将把我的讨论组织成这三个子理论。这样有利于做出以下区分：① 最明显的理论选择（即责任的正当性理论）和② 中间层次的形而上学选择（即关于行为、意图和因果关系的理论）以及③ 最深层次的形而上学选择（即关于人性的理论）。这样的划分仅仅是启发式的，因为针对责任理论的研究是一回事，道德上有罪责是另外一回事。有罪责是一种道德属性，它依赖于自愿性、意图性、因果关系、无过错、不可抗力以及人性等自然属性，无论构建理论的这三个阶段有多么有用，罪责理论最终都是一种关于行为、意图、因果关系、免责事由和人性的理论。

1. 责任的本质

哈特成功地区分了英语的一般用法中的“负责任”一词的各种意义[①]：① 有时我们使用“负责任”这个词来描述某个人或某个事物所负

① Hart, supra, *Postscript on Responsibility*.

有的非道德层面的责任。例如,我们说"暴风雨导致了(be responsible for)这艘船的损失"一样。在这里,我们只是指暴风雨在客观上导致了这艘船的损失。② 有时候,我们用这个词来描述一个人负有的义务(duty),比如,"船长对船舶和船员的安全负责"。③ 有时我们会说某个人是一个负责任的人,这意味着她通常会履行她的义务。④ 有时我们说"负责任",是在说一个人具有承担责任的资格,比如,"他是一个负责任的成年人"。⑤ 其他时候,我们说"负责任"的意思是把法律上的责任(liability)归于一个人,如"陪审团认定船长应对生命损失负责任"。

但这些用法都没有把握到与刑法理论相关的"责任"之意义。在刑法理论这里,我们需要的"责任"是指一种能够确定道德罪责(culpability)的属性。上文列举的五种用法中,有些用法涉及了罪责的各个方面:比如说造成了伤害(上文的①),或者一个人是一个能够负责的行动者(上文的④);有些用法提到了罪责的前提,即存在道德义务(上文的②③);最后一种用法所指的是,在一个公正的法律制度中,依据道德罪责而产生的法律后果,即承担法律制裁的法律责任(上文的⑤);但是这些用法都没有定义罪责本身,而需要理论去解释的正是罪责本身。

因此,责任理论所寻求的目标,就是阐明"X对Y负责任"的意义,而"负责任"则被用来表示"在道德上有罪责"的意思。通过分别探究以下的几个问题,我们就可以对道德罪责的本质理论做出有效的细化:我们首先要问,责任的主体是什么("X")?再问责任的对象是什么("Y")?最后问一问X与Y之间到底具有何种关系,才能算X对Y有罪责?

(1) 责任的主体

关于责任的主体是什么,存在许多可能性。人类个体是最明显的答案,但是以下这些是不是责任的主体呢:弱"人"(例如自我、本我、超我、潜意识、人格),超"人"(例如公司、社团、国家、军队),准"人"(例如幼儿、精神错乱者),类"人"(人工智能、某种动物),前"人"(尸体、病危的植物人),即将成为"人"的东西(胎儿、受精卵),或者根本不像"人"的东西（船、石头、树木、河流）。目前，已经有人提出了几乎可以把以上全部都作为责任主体的责任理论。[①]

尽管存在着如此丰富的选项，但现在关于责任的争议主要集中于个体主义和群体主义之间的分歧。个体主义者认为，罪责是只有个人才能具有的一种特性（通常与人格理论联系在一起，只把成年的、健全的人类视为一个人）。群体主义者则认为，各种共同体是主要的责任主体。例如，这种群体主义理论可能认为福特汽车公司作为一家公司，因决定不召回危险的汽车而有罪责（因此应受到惩罚），即使福特公司不具备人格的基本属性。

（2）责任的对象

关于责任的对象，存在着两种可能会因其而负责的对象：特定的事件，例如不当行为或对他人造成的不合理伤害；或者一个人自己的品格，这是一种更加持久的状态，不是一个可特定化的事件。如果从责任主体问题的个人视角出发，就会涉及以下问题：我们是否应当根据某个孤立的时间点上所做的行为（或造成的伤害）来评判某人的罪责？还是说，我们对一个人的罪责的判断应当关注他的品性，而不是特定的行为或所造成的伤害？

如果我们从这个维度对有罪责任理论进行分化，似乎有三种可能性：① 事件责任观，即，要么否认品性责任的存在，要么将品性责任还原为事件责任（认为行为人仅仅在他所选择拥有的品性的范围内追究他们的责任——亚里士多德的观点；或将品性完全重构为一种恶行——行为主义者的观点）；② 品性责任观，即，要么否认事件责任的存在，要么将其还原为品性责任（认为行为人只对其“因品性而发”的行为负责）；③ 双重的责任观，即，承认两种责任的独立存在，一种基于我们所做的行为，另一种基于我们成为何种人。[②]

---

① 例见 Peter French, *Collective and Corporate Responsibility* (1984); Chris Stone, *Earth and Other Ethics* (1987); Moore, Law and Psychiatry, 142－125.

② Moore, *Choice*, *Character*, *and Excuse*, 7 Philosophy and Social Policy 219 (1990).

(3) 责任关系

责任理论的第三个也是最重要的维度,是责任主体和对象之间的关系。我会用基于人类个体的责任观来举例说明,毕竟这显然是英美刑法责任观中最受欢迎的观点,它将负责任的对象定义为可特定化的事件(行为或伤害)。

一般来说,我们可以认为行为人与他们的行为/伤害之间存在两种关系。我将称这些为被动关系与主动关系。在被动关系中,责任主体无需采取任何行为,就能对某些伤害负责;在这种意义上,使他对该伤害负责的关系是被动的。萨特(Jean-Paul Sartre)曾经持有这样一种非常宽泛的观点:我们每个人都要为世界上所有的罪恶负责,这仅仅因为我们都是"自为"(for-itself)的存在(按照我的说法,因为我们是"人")。[①]

不这么夸张的被动责任理论会更加可信一些。例如,有人认为,民主国家内的社会成员应当对其政府的所做所为负责任,甚至应当对其祖先的行为负责任。将现代德国人视作纳粹暴行的责任者,便是采用了这种被动责任理论。[②] 这种理论之所以是被动的,是因为使一个人对伤害负责的是他作为某个群体(该群体造成了一些伤害)的成员的地位。

一种更为可信的被动责任理论是,我们对于我们(被动地)未能防止的事件负有责任,并且应当负有和我们主动地导致该事件相同的责任。事实上,根据这个理论,主动地造成伤害只是未能防止伤害的一种特殊情况(因为行为人未能控制住自己)。在这个理论中,个体与伤害之间的关系是一种能力关系:这个人能否避免这种伤害?这种避免伤害的能力也可以在我们不做任何努力、毫不知情的情况下存在。

要注意,即使被动责任理论认为,使个人负有责任的那种被动关系是他属于某个造成了伤害的群体,被动责任理论也不等同于群体主义

---

① Sartre, *Existentialism is a Humanism*, in Novak, ed., Existentialism versus Marxism, 1966.

② Dworkin, *Law's Empire*, pp. 167 - 175.

责任理论。群体主义责任理论将群体视为责任的基本主体——应当对群体本身追究责任，而不一定是针对其中的个人。相比之下，被动责任理论将个人视为责任的基本主体，即使追究他的责任是因为他属于某个群体。

主动责任理论包括自愿性、意图性、因果关系、知情（没有认识错误）、自由（没有被强迫）和理性（没有精神错乱、心智成熟）等属性。这是我们最熟悉的责任理论，这种理论长期被奉为英美刑法的准则。这种理论之所以是“主动的”，因为它需要某个人必须先采取某种行为，然后他才能承担责任。

假设一个行为主体在现在是自由的、理性的并且没有认识错误，接下来我们会发现有四种不同的责任观。第一种是传统观点，在这种观点中，只有当以下条件满足时，某人（X）才对某个事态（E）负有责任：

(1) X 自愿地（voluntarily）实施了一个基础行为 A；
(2) A 导致了事态 E；
(3) A 对 E 的导致是 X 所意图的（intentional）。

在传统观点中，自愿性、因果关系和意图性都是罪责的必要条件，这三个条件共同构成了罪责的充分条件（请注意，我现在还没有考虑免责事由）。

我在别处提出了第二种观点，被我称为“严格的道德责任”观点。[①] 按照这种观点，只要一个人通过自己的自愿（voluntary）行为导致了伤害，就足以使他负责任，并不需要他有意图地（intentionally）导致伤害。

第三种观点被我称为主观观点，这种观点放宽了传统观点中的因果关系要求。对于某种类型的伤害，只要行为人进行了一种自愿行为，并意图导致相同类型的伤害，就足以使他承担罪责——这种观点并不

① Moore, *Thomson's Preliminaries About Causation and Rights*, 63 Chicago-Kent Law Review 497(1987).

要求行为人在事实上造成了这种类型的伤害。主观观点通常只会放宽因果关系要求,而不会消除它。因为通常支持这种观点的人会主张,自愿行为即使没有导致行为人所意图的那种事态,也必须导致某种事态;而这种必须导致的事态,通常被我们描述为所意图之伤害的"未遂"。

第四种观点则放宽了传统观点中的意图性要求和因果关系要求。假设一个人("Z")导致了某种损害 E 发生,如果 X 实施的自愿行为并没有导致 E 本身,而是帮助了 Z 引发 E,那么,只要 X 所意图的是帮助 Z 引发 E,那么 X 就可以对 E 负责任。因帮助他人而负有的这种辅助责任仍然存在着因果关系和意图性要求,但它们不像责任的传统观点所要求的那么严格。

第四种观点可以与前三种观点中的任何一种结合,从而产生一种连贯一致的责任理论。第四种观点将放宽的意图性要求和因果关系要求的范围限制在这种情境中:某人导致了在道德上不当的事态,另一个人是否也对那种事态负责?

前三种观点并不能很好地相结合,这些观点之间存在一定的紧张关系,尤其是在传统观点和主观观点之间。尽管存在这种紧张关系,但英美刑法同时采纳了责任的传统观点和主观观点:因果关系在某种程度上与罪责有关(传统观点),但因果关系的缺失并不会排除那些试图造成伤害之人的罪责(主观观点)。这种综合型观点意味着,我们必须认为罪责具有标量性——是或多或少的,而不是非黑即白的,而伤害的因果关系将罪责分级。因此,按照这种观点,一定存在着许多人所说的"道德运气",即一个人所负的罪责在某种程度上是由他无法控制的因素所决定的(例如某人成功地造成伤害的成功概率)。[①]

到目前为止,我们区分了关于主动责任的四种理论,但我们一直没有探讨免责事由,现在我们需要把免责事由也加进来。加入它会让各种主动责任理论变得相当复杂。为了明确道德上的免责事由是什么,

---

① Nagel, *Moral Luck*, in his Mortal Questions ,1979; Williams, *Moral Luck*, in his Moral Luck (1981).

我们需要先区分英美刑法中的“免责事由”的三个种类。[①] 第一类因素包括：无意识状态、低血糖状态、催眠状态、条件反射的举动、梦游时的举动、第三人的介入导致伤害后果的情况。在英美刑法中，这些因素有时被视为“免责事由”。但实际上，这些根本就不是真正的免责事由，它们只是换种方式来表达缺少自愿性、意图性和因果关系这三个必要条件而已。

英美刑法中的“免责事由”的第二类因素被我称为“真正的免责事由”。这些因素包括：认识错误（法律认识错误、事实认识错误）或被强制（被胁迫、自然必然性、受到刺激、成瘾）的情况。一个适当的责任理论必须为这些条件找到一些余地。

第三类因素被我称之为“状态事由”——幼年期、精神失常、非自愿的醉酒状态。[②] 尽管这些因素在法律上被称为“免责事由”，但它们并不是道德上的免责事由。因为这些状态直接关涉我们对于责任归属问题的更基础的前提，这比免责事由的问题更加基础。幼儿、精神失常者和醉酒者缺乏基本的理性思考能力，因此无法被视为受到道德规范约束的人。这些“免责事由”实际上是对以下问题的部分回答，即谁（或什么）是法律责任或道德责任的适格主体？因此，虽然责任理论必须包含对这个问题的回答，但这些“免责事由”并不需要我们在此处专门探讨。

到目前为止，我还没有谈论英美刑法中的证成性辩护（justification defenses），例如正当防卫、紧急避险、执法特权等。这是因为，证成（justification）并不是责任理论的一部分。证成只是进一步地阐明了构成实质性道德理论主体的实质道德规范。例如，正当防卫其实是道德规范“不能杀害他人”和“不能殴打他人”的一种例外。正当防卫并没有回答归责的问题：谁应当为不当地杀害琼斯负责任呢？相反，它回答的是更基础的问题：杀害琼斯是不当的吗？因此，责任理论不需要

① 这种区分在我的这篇文章中得到了进一步的修正，见 Moore, *Causation and the Excuses*, 1095 - 99。

② Moore, *Mental Illness and Responsibility*, 39 Bulletin of the Menniger Clinic 308.

包含任何有关证成的原则。

在明确了责任理论中除自愿行为、意图和因果关系以外的必要内容——即真正的免责事由——以后,现在是时候来探讨它了。一般来说,关于真正的免责事由,存在着三种可能的立场。其中两种立场是极端的:① 任何人都不能因为受到强迫或自己的认识错误而免责;② 任何人可以因受到现实不利条件的驱使,或因自己的不幸童年、遗传构造、潜意识等客观因素而免责。而第三种立场——实际上是一系列立场——是英美刑法所采取的温和立场,即,部分人可以因被强迫或认识错误而被免责,尽管大多数人不会这样。

(4) 英美刑法中的责任理论

任何责任理论都必须对各种变量采取立场,不幸的是,这些变量过多,我们无法总结所有可能的理论。但我可以总结英美刑法中的责任理论对这些变量所采取的立场。

关于责任主体的问题,英美刑法采取的是个体主义而非群体主义:唯一适合成为责任主体的是人类个体。

关于责任对象的问题,英美刑法并没有明确表示人的品性是否独立于行为或伤害的责任;但无论如何,它坚称只有对行为或伤害的责任才是与法律责任相关的责任。"我们评价的是行为,而不是人!"是这种观点的常见口号。

行为人和必须的伤害之间的关系是比较复杂的:首先,存在着一些彼此独立的关系,要么,行为人的基本行为导致了那个伤害,而那个伤害是由这个人所期望的伤害类型之一;要么,行为人的基本行为导致了足够接近的伤害,以至于可以视为未遂,而那个伤害是这个人所意图的伤害类型之一;要么,行为人的基本行为为另一个造成伤害的人提供了援助,而帮助他人造成伤害是行为人所意图的事态。其次,行为人既没有错误的认识,也没有被迫地做他所做的事情。

正如我在其他地方所论述的那样[1],我认为这种责任理论准确地

① Moore, *Law and Psychiatry*, ch.2.

描述了罪责的道德属性。所以我将继续跟随这一责任理论，并且更深入地探讨它的形而上学的前提。这意味着，我们接下来需要检验构成这种理论的关系部分的要素——行为、意图、因果关系、认识错误和强迫的要素。我们还需要检验责任理论的非关系性要素——责任关系的主体和对象。这种责任理论所假定的人的本质更适合放到下一节中单独讨论；此外，这个理论还需要一些微调，以进一步澄清责任的对象。迄今为止，我一直在"行为""伤害"和"坏的事态"这几个概念之间摇摆不定——这个问题会被放在刑法的特殊部分的"不当行为理论的本质"中进行处理。

2. 责任的要素

(1) 行为

责任理论中最无争议的要素是，责任主体必须采取行为。因此我们需要一个关于人类行为本质的理论。这种理论应该回答两个问题：首先，被我们所称之为"人类行为"的那类事件的本质是什么？其次，如何将行为个体化？

只要我们引入基础行为与复杂行为之间的区分，这两个问题就更明显了。[①] 所谓的基础行为就是我不必通过做其他行为就能实施的行为。抬起我的手通常是一种基础行为，因为我不需要通过做其他事情来抬起手——我只是直接抬起了它。而杀人、暗示别人走开、帮助别人穿过马路等都是复杂的行为，因为我是通过执行更基础的行为（如扳动扳机、移动手臂或双腿）来完成它们的。

在英美刑法中通常称为"犯罪客观要件"的要求，实际上就是两个独立的要求的结合。其中第一个要求是我所谓的行为(act)要求：被告是否实施了某种基础行动？第二个是因果要求：被告的基础行为是否导致了所需的事态，足以使我们能够将其描述为杀人、暗示、帮助等行为？

我们在这里所关注的就是第一个要求。这也是刑法学家们经常提

---

① Moore, *Law and Psychiatry*, ch.2, pp. 68-69.

到的“自愿行为”要求,或者“自愿性”要求。由于没有基础行为就不可能有复杂的行为,因此这种行为在各种方面都是“基础”的。

更确切地说,我们现在有两个问题:① 基础行为的本质是什么?以及,② 我们如何将基础行为个体化?

关于基础行为的本质,存在三种理论。第一种理论否认基础行为有任何本质。按照此观点,我们是否将身体运动描述为“行为”,这取决于我们作为观察者的选择,而不是身体运动本身的实际情况。这种理论中的一类理论,源于社会科学的解释主义假设,即人类行为是一种特殊的资料,是一种具有某种意义的资料,需要社会科学家通过其创造性的解释来理解。该理论中的第二类理论,源于20世纪五六十年代在牛津流行的言语行为语义学观点。按照这种观点,当声称某个人的身体运动是一个人类行为时,我们实际上做的事情是把责任归于这个人;基于这种说法,“行为”只是我们在判断某人是否负责时所使用的标签,而不是确定该人是否负责的评判标准。[①] 这种理论中的第三类变体,则源于维特根斯坦后期的哲学。按照这种观点,每当身体运动可以被视为一种遵循规则的举动时,它就被视为人类行为。反过来说,只有当观察者们之间存在着一种“人类行为应被视为遵循规则的举动”的共识,才不会有人可以依据个人看法来确定某个举动具有人类行为的特征。[②]

第二种理论更认真地探讨了行为本质的问题,却给出了不基于因果的回答。与第三种理论试图在人类行为的某种独特的因果关系中寻找行为本质不同,第二种理论则试图在行动的某些非因果特征中寻找人类行为的本质。[③] 最著名的观点是,行为的特征在于以下这些方面:目标导向的、有目的的、有理智的、非观察性视角的、有意义的或有意图

① Hart, *Ascription of Responsibility and Rights*, 49 Proceedings of the Aristotelian Society 171 (1949).

② Ludwig Wittgenstein, *Philosophical Investigations*, (1958); Peter Winch, *The Idea of a Social Science* (1958).

③ G.E.M. Anscombe, *Intention* (2d., 1963); Richard Peters, *The Concept of Motivation* (1958); A.I. Melden, *Free Action* (1961).

的等方面，所有这些方面都可以用非因果的术语来理解。

第三种理论主张这样的观点：人类行为的本质在于行为的独特因果关系，而这种因果关系在那些非行为的人类举动中是找不到的。我将这种行为因果理论分为两个子类别：一类认为人类行为中的独特因果关系是涉及人的因果关系，这通常被称为“主体因果论”；另一类认为行为所需要的因果关系就只是通常的因果关系，这在科学中随处可见。主体因果论者倾向于提出非常简短的理论，因为在他们看来，主体作为原因的概念是“原始的”，也就是说，它无法用其他概念来解释。而普通因果论者则倾向于对行为的独特原因类型做出更多的说明。一些人认为基础行为是由信念引起的[①]；另一些人则认为基础行为是由欲望引起的[②]；还有人认为基础行为是由信念/欲望集合引起的，这种集合的内容构成了有效的实践推理。[③] 此外，还有一些人认为，行为不能用信念或欲望来解释，使一些举动成为基础行为的是第三种心灵状态，即一种意愿、一种意志、一种选择或仅仅是一种意图。[④]

我本人也在为最后一种行为因果理论做辩护。我认为，关于基础行动的最佳的形而上学解释是基于意志（意愿、选择、意图）的，因此，意志是对于责任这一要素的最佳道德解释。但如果采用了这种解释路径，就会出现一个进一步的问题，即这种独特的心理状态的本质是什么。意志是一种基于不可观察、无法推论的知识的客观现象吗（因此无法做出进一步的分析）？还是说，意志（作为一种心理状态）与某种大脑状态是相同的？还是说，意志是一种功能性状态——其本质由其独特的因果作用确定，但在不同的大脑中（甚至是同一大脑的不同时刻）的功能是不同的？这些形而上学观点在当代心灵哲学中分别被称为二元

---

① Danto, *Analytical Philosophy of Action* (1973).

② Mackie, *The Grounds of Responsibility*, in Hacker and Raz, eds. Law, Morality and Society (1977).

③ Goldman, *A Theory of Human Action* (1970).

④ Myles Brand, *Intending and Acting* (1984); Michael Bratman, *Intention, Plans, and Practical Reasoning* (1987); Alan Donagon, *Cohice*; *The ssential Element in Human Action* (1987).

论、物理主义和功能主义。尽管这个问题似乎与刑法领域相去甚远，但正如詹姆斯·斯蒂芬(James F. Stephen)在他19世纪的刑法理论著作中所指出的那样，刑法理论必须对这个问题预设某种立场。[①]

当我们在回答关于行动的第一个问题时，我们所选择的立场会严重影响我们对第二个问题的回答。例如，如果我们认为基础行为是一种由信念引起的身体运动，那么对信念的区分将直接影响我们对基础行为进行个体化的方式。

与之相似，如果基础行为是意志的身体运动，那么一个人的意志将直接影响到基础行为。然而，这种影响只是部分的，因为基础行为是一种发生在世界上的事件，所以将基础行为个体化的理论也必须与某种更一般的、将事件个体化的理论相一致。[②]

这种个体化问题看起来似乎与刑法理论的需求没什么关系。然而，在刑法的主动责任观中，人们只对被称为"他们的行为"的事件负责(并且承担法律责任)。这不仅要求我们对行为做出一些解释，而且还要求我们具体说明某人在某时某刻对某个行为负责(而不对几个其他的同样应受谴责的行为负责)。这在法律上的表达就是英美法律中的"同一罪行不得被两次起诉"的规则。而对这个问题的部分回答就在于理论上对于行动个体化的解释。此外，如果我们没有回答关于行为的个体化问题，我们就无法评估关于因果关系的假设性分析的充分性。

例如，对于以下这个被律师们熟知的问题的回答是否为真，就取决于我们如何个体化"被告的行为"："若被告行为没有发生，伤害后果是否会产生呢？"

(2) 意图和意向行为

和行动理论一样，任何一种意图理论都必须回答两个问题。一个是关于意图本质的问题——它们属于什么类型，它们的本质是什么？

---

① James F. Stephen, *A History of the Criminal Law of England*; Moore, *Law and Psychiatry*, p. 183.

② 一种一般性的事件个体化理论，可参见 Donald Davidson, *Actions and Events* (1980).

另一个问题是个体化的问题：我们何时拥有某个意图，而不是其他意图？就像行动理论那样，如果我们在对可能的答案进行分类之前先引入初步的区分，就可以极大地澄清这些问题。

这次我要引入的区分，是安斯康姆（Elizabeth Anscombe）所说的"附有意图"（intention-with-which）和"意向行为"（intentional action）之间的区分。[①] 一个行动所附有的意图，是它所要实现的更进一步的意图。例如，我可能故意地打了某个人的脸，但这个事实本身并不能回答进一步的意图的问题：我打那个人的意图是要让他眼睛失明吗？而与此相反，我故意打人这一意向行为所包含的意图则没有"进一步"的意义，只要我有打人的意图就足够了，不需要我有意通过此行为达到某种进一步的后果。

英美刑法在其"特殊"意图和"一般"意图之间的区分中，已经陆续地承认了这两种意图之间的差异。特殊意图犯罪不仅需要行为人有意图去做被禁止的行为，而且还需要他具有某些更进一步的意图（比如通过捅伤对方的眼睛来毁容）。相比之下，一般意图犯罪只有第一个主观要件的要求，而没有第二个要求。[②]

我们正在研究的这种责任理论需要一个关于意向行为的理论，和一个关于进一步的意图的理论。因为这种责任理论同时包含了传统责任观点和主观责任观点，而每种责任观的最佳版本则分别需要意向行动和进一步的意图。

首先来思考一下意向行为的本质。寻找其本质的理论所面临的一

---

① Anscombe, *Intention*.

② 每个英美刑法学者都知道，特殊意图与一般意图之间的区分简直是一团乱麻。这是因为无数不同的法律后果最终都会转向这种区分，包括：① 特殊意图犯罪需要目的，而一般意图犯罪只要有了解就已足够；② 对意图的推定仅仅基于被告所实施的一般意图犯罪的行为，而不是特殊意图犯罪；③ 不合理的事实认识错误否定的是特殊意图，而不是一般意图；④ 法律认识错误否定的是特殊意图，而不是一般意图；⑤ 自愿的醉酒否定的是特殊意图，而不是一般意图；⑥ 精神疾病没有被认定为法律上的精神错乱，这否定了特殊意图，而不是一般意图。并没有一个单一的区分概念可以解释所有的这些法律后果。然而，我认为前两个法律后果可以通过主张特殊意图是进一步的意图，而一般意图是意向行为的理念来解释。一些其他评论家也持同样看法。请参见 LaFave and Scott, *Criminal Law* (2nd ed. 1986), p. 224.

个主要问题,是在两种相互竞争的观点之间做出选择。一种是“目的”观点,它认为只有当一个行为是行为人的目的(动机、理由、进一步意图)之一时,该行为才是意向行为。另一种是“预见”观点,它认为如果行为人在做他想要做的事情时,会预见到这种类型的行为的发生,那么该行为就是意向行为。[①] 假设有个人在购买了飞行保险后在飞机上放置炸弹。他炸飞机的理由是为了获得保险赔偿。遗憾的是,当飞机在半空中爆炸时,乘客们将会死亡,他也知道这一点。那么,当乘客们以这种方式死亡时,杀死乘客是他的意向行为吗?“目的”观点的回答是“不是”,而“预见”观点的回答是“是”。

我们在意向行为本质的目的解释和预见解释之间的选择,在很大程度上会受到另一个关于意图的问题的影响,即如何将意图个性化。假设我们区分各个不同意图的方式,不仅仅是看具有意图的人是谁以及他何时具有意图,还要看它们的对象是什么。再进一步假设,我们将意图的对象定义为像人类行为这样的现实事件。然后,如果炸毁飞机的行为等同于杀害乘客的行为,那么行为人意图做第一件事就等于他意图做第二件事;在这种情况下,目的解释和预见解释之间将没有任何后果方面的差异,因为二者都认为安放炸弹的人在意图杀人。

因此,我们需要一种关于意图对象的个体化理论。反过来,这种理论也将受到本体论问题的严影响,即意图的对象是什么。我在其他著作中的研究认为[②],存在着三种主要可能性:① 意图的对象是真实世界的事件,我们应该按照事件的个体化理论来区分个体意图;② 意图的对象是未经解释的语句,我们应该按照对字符的个体化方式来进行语句上的区分;③ 意图对象是命题,我们应该以个体化命题的方式来对其进行个体化。一个人认为意图的对象是什么,这决定了他如何对

① 对“预见”观点的辩护,可参见 H. L. A. Hart, *Intention and Punishment*, in Punishment and Responsibility;对“目的”观点的辩护,可参见 Kenny, *Intention and Purpose*, 63 Journal of Philosophy (1966).

② Moore, *Intention and Mens Rea*, in R.Gavison, ed., Issues in Contemporary Legal Philosophy (1987).

意图进行个体化，这也就决定了意向行为的目的和预见之间的界限何在。

即使意向行为的理论回答了目的与预见的问题，以及个体化的问题（通过对意图的对象的个体化），但关于意向行为本质的深层问题仍然存在。直截了当地说，“故意杀人”“故意伤害”等词语中的“故意”到底是什么？第一个答案就是我们之前提到的解释主义答案：“故意”本身根本没有指涉任何东西。在这种观点下，观察者选择将行动描述为故意或无意，但没有任何事实可以决定它们的真正性质。第二个答案将“故意”视为一种导致了基础行为发生的心灵状态。这种观点可能会将有意图下降为有意愿（目的解释），或者可能会将有意图崩溃为预见（预见解释）。无论在哪种情况下，意向行为的性质都会由目的或信念的性质确定。第三个答案认为，“故意的”是某些行为所拥有的属性。与第二种观点不同的是，第三种观点并没有把“故意”（意图）当作一个名词来命名这种心灵状态。相反，这种观点将“故意的”（有意图的）作为一个形容词，并把它视为行为的一种属性。[①] 我们必须搞清楚哪一种表述最准确地描述了“故意”。

关于进一步意图的理论也将面临与意向行为理论几乎相同的问题。然而有趣的是，尽管问题可能是相同的，但人们的答案却是不同的。先考虑最开始的问题，目的解释和预见解释哪个可以更准确地描述进一步的意图？假设我之前所说的安置炸弹的行为最终没有成功地炸毁飞机，虽然他放置炸弹的意图是在空中炸毁飞机。那么现在的问题并不是：他意图杀害乘客吗？相反，问题是，他放置炸弹所附带的意

① 这种观点面临的难题源于这样一个事实：在某些描述下，行为似乎是有意图的，而在其他描述中则不是。按照戴维森的观点（请参见 *Action and Events*）和莱布尼茨法则，如果我们尊重“一个行动可能在一个描述下是有意图的而在另一个描述下则不是”这一事实的真实性，那么“有意图的”就不能成为行动的一个属性了。戴维森关于复杂行为的个体化观点当然是正确的——“一只手在移动”是一种“打泵”行为，“打泵”是一种“投毒”行为——这些行为都是指同一个特定的行为。莱布尼茨的观点当然也是正确的——任何可归于同一种描述的事物的属性都能适用于它的任何其他描述，因为同一物体具有完全相同的属性。所以，戴维森也可以正确地认为，特定的行为不可能在一种描述下是有意图的，而在另一种描述下是无意图的。因此，我们必须得出与戴维森相同的结论：“有意图的”不可能是行为的一种属性。

图是杀死乘客吗？按照人们普遍的直觉，人们对第二个问题的答案是“不是的”，而对第一个问题的答案是“是的”。这相当于对意向行为采用了预见解释，而对进一步的意图采用了目的解释。

与意向行动一样，如果我们要在关于进一步意图的目的解释和预见解释之间做出有意义的选择，那就需要一个关于个体化问题的答案。同样地，上文的三种个体化理论在这里也是可能的，这取决于我们认为进一步意图的对象的本质是什么(现实世界的事件、语句、命题)。关于进一步的意图的本质的问题，也存在三种与基础行为的本质相似的可能性：意图可能只是观察者采取的“解释立场”的产物；意图可能是某种非因果意义上的目的或目标；或者意图可能是某种导致了想要更进一步实现的行为的状态。

(3) 因果关系

按照传统责任观点，造成伤害是负责任的关键要素之一。即使是主观责任观点和辅助责任观点，导致某种因果关系也是至关重要的，即使造成的并不是导致最终的不良后果的因果关系(而只是未遂或帮助的因果关系)。因此，三种责任观点都需要某种因果关系理论。

广义上说，有两种因果关系理论，一种理论基于单重关系来分析责任所需要的因果关系，另一种理论则基于双重关系来分析。双重关系理论对于英美刑法学者来说更为熟悉，所以我将从它开始。

在责任评估的语境下，双重关系理论的显著特点在于，“X导致了Y”中的“导致”不仅仅是指一个关系，而是指两个关系。这种类型的因果理论的典型表达就是英美刑法中的“事实因果关系”和“法律因果关系”之间的区分。最典型的双重关系理论版本大致如下：事实因果条件所指涉的，是自然科学意义上(或“事实意义上”)的因果关系。这种因果条件本身可以通过各种方式进行分析(请见下文)，但无论如何，这种现实的因果条件对于评估责任而言还是过于开放了，因此必须增加第二个条件，这第二个条件显然是非因果性的。这种非因果性条件可能是一种道德衡量的结果——对那些无法预见伤害的人实施刑罚是不公平的；因此，该条件包含了“伤害后果必须是行为人可以预见的”的内容。该条件可能还会进一步地要求行为人的心理状态：造成的伤害（实际上）不能超过足以使行为定性为“过失”的风险范围，或者，它必须属于行为人所意图造成的伤害类型，才能被视为由行为所直接引起的伤害。[①] 或者，该条件可能采取了某种人为性的时空间隔规则，例如：“自受到伤害之日起，任何死亡时间超过一年零一天的受害者都并非死于这些伤害。”或者，该条件可能采取了某种临时性的政策平衡形式，例如：“如果在考虑了所有因素后，被告应该对他实际造成的伤害负责的话，那么他就应当在法律上承担责任。”[②]

以上这四个关于侵权责任法和刑法的法定因果条件中，后两个条件都不适合作为良好的道德责任理论，因为它们都依赖于与责任无关的因素，将法律责任置于没有道德责任的行为人身上。但无论如何，以上这些条件都没有试图把握现实中的因果关系。实际上，它们都试图在责任条件（除了行为、意图和因果关系之外）中增加第四个要素。

这些提议之所以具有吸引力，正是因为它们预设了这样一种观点：事实因果关系是无法区分责任的。事实因果关系理论中的主导理论，是某种反事实理论：要么行为必须是伤害发生的必要条件，要么行为必须是伤害发生的充分条件[③]，要么行为必须是伤害发生的一组条件中的必要不充分条件。[④] 而相比之下，还有一种不占主导地位的怀疑论，也就是休谟的观点：只要这种类型的事件定期同时发生，就可以说某个特定行动会导致某种特定的伤害。

无论按照哪种事实因果关系理论，我们都可能把相当遥远的、意想不到的事件视为行为的后果。这在法律上和道德上都是严重违反直觉的，所以责任理论需要提供一些额外的限制。上文的四个提议都是对

① Leon Green, *Rationale of Proximate Cause* (1927), pp. 40－41.

② Shavell, *An Analysis of Causation and the Scope of Liability in the Law of Torts*, 9 Journal of Legal Studies 463 (1980).

③ Judith Thomson, *Causality and Rights: Some Preliminaries*, 63 Chicago-Kent Law Review, 471, 482－483 (1987).

④ J.L. Mackie, *Causation and Conditionals*, in E. Sosa, ed., Causation and Conditionals (1975).

这种限制的某种描述。

另一种将责任限制在可接受的范围内的可能的方式，是找到某种不同的因果关系理论，这种理论比反事实理论或怀疑论观点更具有区分性。我称之为单重关系理论，因为这种理论不会把因果条件分成两种不同的类型。在关于因果关系的哲学/法律文献中，我们可以找到至少四种单重关系理论。第一种观点也采用了某种反事实理论，但改变了可以成为原因的事物。换句话说，通常的反事实理论会询问：如果某些特定行为没有发生的话，是否会发生某些特定的伤害后果。然而，这种修改后的反事实理论询问的是，如果所评价的行为不具备使行为人有罪的属性的话，这种伤害是否会发生。假定某人D打算毒害另一个人V，并在V的厨房放置未贴标记的毒鼠药。[①] 鼠药没有被V吃入，而是因炉子的热量而发生爆炸，最终导致V死亡。修改后的反事实理论不会问："如果D没有将毒品放在V的厨房，V会死吗?"相反，修改后的理论会问："如果D给放在V的厨房里的鼠药贴上了标记，V会死吗?"尽管第一个问题的答案是肯定的，但第二个问题的答案有可能是否定的。这就形成了一种更具辨析力的因果关系观念。

第二种更有辨析力的因果关系理论是哈特和霍诺尔(Tony Honore)所探索的简洁理论。[②] 哈特和霍诺尔在研究因果关系时，区分了"解释性语境"与"归因性语境"，但他们最终寻求一种同时适用于两种语境的因果关系理论。因此，他们明确地放弃了去构建一种仅仅用于评估责任情况的因果观念。他们的理论关注的是因果关系本身，而不是那些必须添加到因果关系中的责任元素。该理论的核心观点是，无论是在解释语境中还是在归因语境中，当我们在从大量的因果关系条件中挑选导致伤害的原因时，我们都在使用完全相同的判断标准。

① 这个例子可参见 Robert Keeton, *Legal Cause in the Law of Torts* (1963); Keeton 的观点在以下文章中得到了进一步的延展：Wright, *Causation in Tort Law*, 73 California Law Review 73 (1985); Wright, *Caustion, Responsibility, Risk, Probability, Naked Statistics, and Proof: Pruning the Bramble Bush by Clarifying the Concepts*, Iowa Law Review(1988).

② H.L.A. Hart and A.M. Honore, *Causation in the Law* (2nd ed. 1985).

异常的自然事件，和自由的、知情的、自愿的人类行为都可以成为两种语境中的共同原因。这两类事实不仅仅是在我们构建(解释性)历史叙事时从一系列必要条件中被挑选为原因；如果这些事件介于某人的行为和一些伤害之间，并且，如果不是因为这种行为的话伤害就不会发生，那么这些事件也确实改变了因果链条。

第三种因果关系理论则停止了与反事实观点的任何联系，将因果关系视为物理力量的一种变体。我们可以称之为洛克式的因果观，因为洛克认为因果关系是物体本身的一种力量。[①] 比尔(Joseph Beale)[②]和爱泼斯坦(Richard Epstein)[③]的因果理论试图通过更具体的击打、恐吓和强迫等范例，来更加精确地阐述因果关系的物理力量视角。这种基于外部力量的因果观念提供了一种更具有辨析力的因果关系概念，因为它涉及力量被释放和耗尽的时空差异。

第四种理论在其关于因果关系的形而上学基础方面可能也是洛克式的。但这种理论的特点不在于它的形而上学基础，而在于它的可度量命题：因果关系是程度性的；它并不是一个二值的、是/否的事情。[④] 一场大火比一场小火更容易导致一栋房屋被烧毁，即使在该房屋被烧毁之前二者都合并成了一场火。这种观点提供了一种更具有区分力的因果关系概念，因为持有这种观点的人可能认为，只有更大的原因(或"重要因素")在评估责任时才起作用。当被告的行为是某种伤害的重要原因时，被告才对该伤害负责，否则就不负责。

责任理论必须采用某种更具有区分力的因果关系概念，才能变得完全可信。我在其他地方已经证明了最后四种观点都存在严重的问题[⑤]，因此，我们要么就找到其他的更有区分力的因果关系理论，要么在责任理论中加入某种非因果性的第四因素。

---

① Richard Taylor, *Action and Purpose* (1966).

② Beale, *Recovery for Consequences of an Act*, 9 Harvard Law Review 80 (1895).

③ Epstein, *A Theory of Strict Liability*.

④ Jeremiah Smith, *Legal Cause in Actions of Tort*, 25 Harvard Law Review 223 - 252, 253 - 269, 303 - 321 (1911).

⑤ Moore, *Thomson's Preliminaries About Causation and Rights*, pp. 517 - 521.

(4) 免责事由

按照英美刑法所采用的主流观点,我们需要一种免责理论来解释为什么有时候某些行为人可以被免责,而其他人则不能被免责。有时候,即使行为人有意地通过他的自愿行为造成了伤害,他在道德上也不对这种伤害负责任,他是被免责(excused)了。

自亚里士多德以来,传统上将真正的免责事由分为两种:认知上的(cognitive)免责事由和意志上的(volitional)免责事由。认知上的免责事由也就是认识错误:一个人错误地认为某些规范不存在,或对他不适用,或某个行为的某个方面不存在或不会发生。意志上的免责事由是一种不可抗力:一个人不可能抵抗由人体或自然威胁引发的恐惧,不可能抵抗由人体自身的因素引起的情绪或冲动。

免责理论无需认为以上这些就是全部的免责事由,也无需认为以上的每一个都是免责事由。这都取决于理论的内容是什么。如果我们把功利主义理论放在一边(因为它与罪责无关,我在这里假定了功利主义理论无法解释罪责[①]),那么有三种主要的理论。

第一种理论被我称为因果免责理论。[②] 根据这种观点,只有当行为人被(强烈地)驱动导致了行为的产生,行为人才能被免责。例如,当他人的胁迫(强烈地)导致了行为人实施行为时,行为人才被免责。

第二种理论是品性免责理论。这个理论假设了以下问题的答案:"适格的责任对象是什么?"和我之前给出的答案不同,这种免责理论假设,我们最终要为我们的品性负责,而不是为我们的行为负责。我们为行为负责,这句话似乎是具有误导性的,因为我们所做出的行为正是它们所表现的坏品格的落实。按照这种观点,免责事由有一个至关重要的过滤功能:它们筛选出了那些没有表现坏品格的行为,并免除我们

---

① 一种相反的观点,可参见:Brandt, *A Utilitarian Theory of Excuses*, Philosophical Review 337 (1969);Brandt, *A Motivational Theory of Excuses in the Criminal Law*, in R. Pennock and J.Chapman, eds., Nomos XXVII: Criminal Justice (1985).

② Moore, *Causation and the Excuses*.

对它们的责任。

第三种理论我称之为“选择免责理论”。根据这种理论，只有当我们避免实施伤害行为的能力或机会被过度削弱时，我们才能被免责。在这种理论中，我们关注的是行为人的能力和机会的减少，因为只有在足够自由和知情的情况下，人类的选择（包括行为和意图）才可以成为承担罪责的前提条件。

3. 责任主体：人的本质

任何一种责任理论都必须要有一个关于谁是适格的责任主体的理论。道德规范是针对谁的呢？我之前提到了很多可能的责任主体，但为了使讨论集中在美国刑法所预设的责任理论上，我将只讨论人类个体。那么，责任理论所需要的就是一种关于人的本质的理论。

英美刑法的人格理论中，最知名的教义就是针对精神失常者和幼儿的辩护。与基于免责事由的辩护不同的是，这种辩护直接探究人的一般能力。它们并不关心在被告实施行为的特定时间内，是否存在认识错误或不可抗力。它们提出的是一个更普遍的问题：被告是否足够作为一个人承担责任（包括对这一特定行为的责任）。

关于幼儿，几乎不存在什么争议。几个世纪以来，英美刑法一直基于一般能力来区分不负责任的幼儿和负责任的成年人。但是关于精神失常者则存在着更多的争议。英美刑法学者们要么就把精神失常纳入免责事由类别，要么就把它视为对自愿行为或意图的否定，但不认为它是免责事由。在19世纪中叶，赞同前者的人们抓住了某些精神疾病的妄想特征，将精神失常视为一种认识错误；后来有人试图将精神失常视为一种强制力，这种强制力是基于20世纪的精神病学界所提出的“心理机制”来实现的。[①] 而赞同后者的人则认为，如果精神失常状态可以否定自愿行为或意图的存在，那么我们还何必探究它能不能免责呢？

对于理解精神失常辩护的道德基础而言，那两种基于免责的理解方式都是灾难性的。与幼儿辩护一样，精神失常辩护也是因为刑法认

① Moore, *Law and Psychiatry*, pp. 218 - 232.

识到并不是每个人都是一个适当的责任主体(即一个“人”)。如果定位得当,那么精神失常辩护将会是理论家切入刑法的人格观的一条最佳途径。

如果我们能够确定精神失常与责任的其他方面之间的一一对应关系,那么我们就可以问,精神失常者缺乏“人”必须具备的哪种属性?一个最有可能的答案是,精神失常者就像幼儿一样,缺乏我们所谓的“理性”(rationality)这种能力。他们没有能力去做出有效的实践推理,这种实践推理源于可理解的欲求和理性的信念,并且不会与行为人所持有的其他欲求和信念自相矛盾。

也存在着某些更强的“理性”,比如经济学家们青睐的“传递次序偏好”(transitively-ordered-preferences)。理性也存在着程度之分。责任理论必须解决的一个问题是,一个人必须拥有多大程度的理性,才能成为适格的责任主体。[①]

通过精神失常辩护和幼儿辩护,我们就能很容易认识到作为“人”必须具备的一个属性,即理性。然而,对于责任评估来说,理性这种属性具有比提供以上两种辩护更加重要的作用。如果人类不是我刚才描述的那种有理性的人,我们就不能视为他们是出于意图而行动的。“意图”是只有理性生物才能完全拥有的一种心灵状态——丹尼尔·丹尼特(Daniel Dennett)恰当地称之为“意向系统”。[②] 尽管精神失常者、幼儿和动物能够做出一些看起来像是有意图的举动,但只有具有理性的人才能够完全地基于理由(act for reasons)而行动,这才是意向性的本质所在。

一旦人们意识到理性是意向性的前提条件,便很容易认为它也是责任、行为等元素的前提条件。或许,只有能够基于理由而行动(有意图的行为)的人才能实施真正的人类行为。但是,无论理性是否是实施行为的必要条件,它都不是唯一的条件。还需要另一种属性作为条件,

---

① Moore, *Law and Psychiatry*, pp. 101 - 108.

② Dennett, *Intentional Systems*, in his Brainstorms (1978); Daniel Dennett, *The Intentional Stance* (1987).

我在其他著作中称之为“自主”(autonomy)。[①] 除了必须具备通过意图和信念做出实践推理的能力以外,人类还必须有能力通过自由选择(意志、意愿)来引向某个行为,最终实施该行为。责任理论必须要有一个关于人所必需的自主的性质和程度的理论。

当然,除了理性和自主性之外,还有其他人必须拥有的属性。其中一个就是情感的属性——在我们形成某个道德判断时,去感知我们大多数人所依赖的情感的能力。要成为一个人——一个适当的责任主体,就必须要有能力对不公正现象感到愤怒,同情那些不幸的人,对违法行为感到不满,对自己的道德不当性感到内疚,等等。人格理论也必须在这个棘手的问题上采取某种立场。

有趣的是,即使我们已经回答了有关人的本质的问题,我们仍然无法完全回答个体化的问题。是什么决定了将一个人与另一个人区分开来的界限?有时候,这个问题需要我们关注个人(或“自我”)的“规模”:我的自我是否包括了那些与自我相矛盾的情绪(ego-alien)?是否包含了那些被我的某种意识所抑制的意图?人格理论必须回答这样的问题,它给出的答案决定了这些精神状态是否可以作为免责事由(比如说,我是否可以被我自己的某种欲望所强迫?)。[②]

关于人的本质属性的理论在责任理论中占据着最抽象、最基本的位置。理性和自主的属性并不是责任的要素,不应该把它们加入行动、意图、因果关系和免责事由之中。相反,理性和自主的理论是理解责任的各个要素的前提条件。这就使得那些直接涉及理性和自主的法律教义——比如幼儿辩护和精神失常辩护——不可能是免责事由。

(四) 刑法的特殊部分的本质

1. 导论:特殊部分的法律教义和理论,及其受众

从教义上讲,刑法中的特殊部分包含了那些禁止某些行为的法律

---

① Moore, *Law and Psychiatry*, pp. 108 - 110.

② Moore, *Choice*, *Character*, *and Excuse*.

标准。你可以将其视为刑法的“十诫”,并对它们进行一些补充和诠释。杀人是不当的,故意伤害是不当的,这都是构成英美刑法的特殊部分的各种教义。

按照我们早先提到的划分刑法的一般与特殊部分的两个标准,证成性教义也属于特殊部分。第一个标准是某个教义是否适用于所有罪行。根据此标准,正当防卫、执法特权这些证成性教义都不属于一般部分,因为这些只是针对暴力行为的证成。唯一不属于此类的证成性辩护是一般性的紧急避险,因为这是一种适用于所有罪行的辩护。然而,按照第二种划分一般/特殊部分的方式,紧急避险辩护也属于特殊部分;因为它更加详细地解释了一个具体行为何时是不当的,而不是仅仅规定了“禁止杀人”等初步的义务。

这一点经常被刑法学者们忽略,其中一个原因在于,有些免责事由被他们当作是证成性辩护。假如你错误地认为另一个人试图杀死你并且你使用致命武力进行自卫,你可能会被认为你“有理由”做出你的行为。但是事实上,你所做的行为就是不正确的,无论在相信和选择行动的方面有多么地合理,这都是一种完全不必要的杀戮。你的认识错误与行为本身是否正确完全没关系,尽管它可能与你的责任有关。①

另一个原因在于所谓的“意图难题”。假设D是一个完全恶毒的人,他为了纯粹的快感而寻找并杀死V。但D不知道的是,如果D不杀死V,V就要杀了D,在这种情况下D有罪吗?人们通常认为这个问题的答案是“是的”。如果真是这样,那么我们就很容易会认为:由于证成性辩护包含主观因素——意图,而这个因素也是罪责的一个要素,因此,缺乏证成性辩护也必然是罪责的一种要求。

这个推论的错误之处在于它的前提,即D负有罪责。D杀害凶手V的行为并没有错。D的情况可以和另一种情境相比较:某人试图开枪打向另一个人,但未能命中。在这两种情况下,我们应该让行为人为

---

① Greenawalt, *The Perplexing Borders of Justification and Excuse*, 84 Columbia Law Review 1897 (1984).

他们试图做出不当杀戮行为的尝试负责任。按照主观罪责观点，二者都是严重有罪的，但这并不是因为他们做出了不当行为。

当认清了这一点，我们就不会把缺少证成性辩护归为罪责的一个要求。我们必须要知道，真正的证成性辩护问题(D的杀人行为是否不当的问题)与行为人的罪责问题之间是分离的，这样我们才能清楚地将前者纳入刑法的特殊部分。

证成性辩护的教义不仅仅是刑法特殊部分的一分子，它们还是我们深入理解刑法特殊部分理论之核心的一条最佳途径。如果我们理解了证成性辩护的本质，我们就能够理解那些定义了不当行为的道德规范的本质。因为只有提出了证成性辩护的问题，有关道德规范内容(例如“禁止杀人”)的难题才能得到解决。换句话说，只有当某些与“禁止杀人”相抗衡的价值观念出现时，“杀人”才不会成为一种不当行为。正是基于这个原因，我自己在讨论不当行为时都会关注“紧急避险”这种证成性辩护。①

除了证成性辩护以外，刑法特殊部分的其他教义也很少在刑法理论层面上受到重视。这是因为大多数刑法理论都是从特定的实在法角度来完成的。在英美法律体系中，存在着多少杂乱无章的描述性理论呢？除了将犯罪行为分为“针对个人的犯罪”“针对财产的犯罪”“针对国家的犯罪”等各种类别的琐碎描述之外，还有什么深入的描述性理论吗？此外，如果说深入的描述性理论的主要受众群体，是那些寻求在现有规则的基础上难以做出判决的疑难案件之答案的法官，那么，当只有立法机关拥有制定新规则的权力时，这种实质的描述性理论又有何用呢？此时，法院会被禁止使用这样的理论来产生解决疑难案件的新规则。

因此，如果我们想要一个有用的刑法特殊部分理论，那么它必须不同于对特定的法律体系进行深入描述的理论，这种描述性以该体系的法官为受众。一个有用的特殊部分理论必须是规范性的，而不是描绘

① Moore, *Torture and the Balance of Evils*, 23 Is. Law Review 280 (1989).

性的,也就是说,它要主张法律应当是什么,而不是描述目前的法律实际上是什么;这样的理论应首先针对立法者,而不是法官,它告诉立法者他们可以合理地禁止哪些行为。

不过,如果刑法特殊部分的理论仅仅是规定了十几个禁令的话,它也不会很有用。它需要的是一种更通用的理论:指导立法者制定刑法的原则是什么?一个行为让公众普遍感到道德败坏,这是禁止它的充分理由吗?一个行为实际上是道德不允许的,这是禁止它的充分理由吗?立法者认为某个行为对行为人自身的最大利益是有害的,但行为人自己可能不这么认为,这是禁止该行为的充分理由吗?某个行为必须已经对他人造成了伤害,刑法才可以禁止它吗?这些是刑法特殊部分的理论必须提出的问题。我们可以将它们的答案视为对一个通用问题的答案,我称之为正当立法目的问题:立法者在制定刑法时应该(必须)以什么为目标?

正当的立法目的问题只是刑法特殊部分理论提出的第一个问题。如果刑法的惩罚功能要求法律禁止道德上的不当行为,那么唯一的正当立法目的就是力求禁止道德不当行为。这种立法目的理论会要求我们提出一个关于实质道德理论的问题:是什么使一个行为成为不当行为?是该行为本身的不当性质?还是该行为导致的不良后果?还是这二者的结合?

这个问题会让我们面临第三个问题:即使某些行为在道德上是不当的,是否存在着某些限制立法者动用刑法的情况,让立法者不禁止这些行为?有四种限制需要我们考虑:① 刑罚具有严苛性,因此产生了公平宣布限制;② 自由选择之善优先于不当行为不被惩罚之恶,因此产生了自主限制;③ 允许某些轻微的不当行为不受惩罚而导致的坏处,比惩罚这些轻微不当所导致的坏处更小,因此产生了便利限制;④ 对于哪些行为在道德上是不当的,人们的认识容易出错,因此产生了认识方面的谦逊限制。

正当立法目的理论、不当行为理论和立法限制理论共同构成了刑法的特殊部分理论。接下来我将依次探讨每个理论。

2. 正当立法目的理论的本质

正当立法目的理论是一种关于立法者可以通过立法正当地实现何种状态的理论，而不是一种关于法院如何根据立法的效果来为立法辩护的理论。因此，指出“任何行为都会对他人产生影响”并不能回击密尔这样的自由主义立法理论。因为即使这种反对意见是正确的，也与密尔的这种观点无关：对立法者来说，旨在(aim)防止除了伤害行为以外的任何事情都是不正当的。

自密尔以来，对于正当立法目的理论的分类已经很常见了，大体上可以分为四种立法目的。[①] 立法者可能有以下目的：① 防止行为人以外的人受到身体或经济上的伤害；② 防止行为人以外的人受到精神伤害(或道德上的冒犯)；③ 防止行为人自己受到任何形式的伤害；④ 防止以下这种行为：某个行为不会伤害到任何人，但仍然是道德上不当的(例如违背对已故朋友的承诺)。

刑事立法的自由主义理论(例如密尔的理论)认为，只有①才是正当的立法目的。多数主义理论认为①和②都是正当的，例如斯蒂芬[②]或德弗林勋爵(Patrick Devlin)[③]的理论。家长主义理论认为①、②和③都是正当的。[④] 法律道德主义理论则认为，④与①、②、③都是正当的。

这种划分立法目的理论的方式存在着问题，因为它隐藏了一个立法者必须面对的核心问题：在刑事立法中，立法者是否应当(或至少可以)禁止道德不当，还是说，他应该以某种方式克制自己？伤害类型和受害者的变化并不能回避这个关键的道德问题，因为某些类型的伤害在道德上是不当的，但其他类型的伤害可能不是。

---

① Joel Feinberg, *Harm to Others*, *Offense to Others*, *Harm to Self*, *Harmless Wrongdoing* (1984, 1985, 1986, 1988); Moore, *The Limits of Legislation*, USC Cites 23-32(Fall-Winter 1984).

② James F. Stephen, *Liberty*, *Equality*, *Fraternity* (2d ed. 1874).

③ Patrick Devlin, *The Enforcement of Morality* (1965).

④ Gerald Dworkin, *Paternalism*, in R. Wasserstrom, ed., Morality and The Law (1971).

我在其他地方提出了一种更好的分类方法，我称之为“排他性”立法目的理论与“非排他性”立法目的理论。[①] 排他性理论是一种克制的理论。它敦促立法者们不要将他们对道德的看法纳入刑事立法。这种克制可能会以多数主义理论的名义来进行：社会普遍盛行的道德观念应该被反映在刑事立法中，但是，立法者在真正的道德层面上所采纳的最佳理论不应被纳入刑事立法。[②] 这种克制也可能以反对理想主义为名：刑事立法不应该追求任何关于美好生活的理想。[③] 或者，这种克制可能会以中立的自由主义为名：尽管对美好生活的各种理想可以激励刑事立法，但立法者应对此保持谨慎，不能让某一种理想比其他人的理想更受偏爱。[④] 再或者，这种克制也可能以权利自由主义为名：当且仅当行为人没有行使该行为的自由权利时，该行为才能被禁止。[⑤]

与所有的排他性理论相对立的，是法律道德主义的非排他性理论，或者叫“至善主义”(perfectionism)理论。根据这种理论，某个行为在道德上是不当的，这永远都提供了一个用刑事立法来禁止它的正当理由。换句话说，立法者绝不能因为关于道德不当的最佳理论是她/他自己所采纳的，就克制自己不遵循它们。其他的利益有可能会超过禁止不道德行为所带来的好处，但是行为本身的不道德性永远都是一个禁止它的有效理由。

我自己的观点是，法律道德主义的非排他性理论是唯一正确的正当立法目的理论。这种理论源于一个观点，即刑法属于功能性类型，其功能就是通过惩罚实现报应正义。除非法律禁止的行为是一种道德不当，否则的话，惩罚那些故意实施法律禁止的行为的人就无法实现报应正义。如果一个人没有做过道德上的不当之事，那还有什么东西值得让他付出遭受刑罚的代价呢？如果一个人没有做这样的错事，那么他

① Moore, *Sandelian Anti-Liberalism*, 77 California Law Review 539 (1989).

② Sandel, *Moral Argument and Liberal Toleration*, California Law Review 521 (1989).

③ Joseph Raz, *The Morality of Freedom* (1986) ch. 6.

④ Ibid., ch. 5.

⑤ Ibid., ch. 10.

在道德上对此承担的责任应该是这样的吗?①

为了让以上论述更加清楚易懂,我需要强调一下报应主义(retributivism)是什么。报应主义并不仅仅是一种这样的教条:对那些无法避免违法的人(因为他们根本没有自愿行动,或者有认识错误,或者被强迫)实施惩罚是不公平的。关于惩罚的混合理论可能会相信这一点,并且因此相信,即使责任的诸条件必须附属于刑法规则,它们也是发挥作用的。② 然而,报应主义理论之所以关注责任的条件,不仅仅是出于公平,还出于一个与公平截然不同的理由。因为只有当惩罚与禁止道德不当行为的实质性规范相关联时,报应主义的叙述才是有意义的。如果没有道德上不当的行为,也就不会有应受的惩罚(报应正义)。

当然,如果仅仅因为违反的是法律,就认为违反法律是道德上不当的——无论法律内容是什么,那么报应主义的惩罚理论和法律道德主义的刑事立法理论之间的联系就会断裂。因为在那个时候,刑法就可以禁止任何事情;只要符合责任条件,行为人就应该受到惩罚。然而,当代的政治哲学理论并不会赞成这样一种观点,即公民仅仅因为"法律就是法律"就有义务遵守法律。因此,任何试图主张这种观点的人都将面临艰难的争论。

为了进一步阐明此处的观点,请让我们思考一下那个老生常谈的交通规则问题。让我们假设,只要人们共同在道路的同一侧行驶,那么他们靠左侧还是靠右侧都不重要。立法者可以规定在道路左侧行驶是犯罪行为吗?

如果法律道德主义无法肯定地回答这个问题,它就是一个糟糕的刑事立法理论。社会合作问题需要得到解决,而刑事立法可能是解决这些合作问题的一种方法。③ 用刑法来解决如交通规则等合作问题,

---

① 我非常感谢沃伦·奎因说服我相信了这一点。可参见 Moore, *The Moral Worth of Retribution*, 181.

② Hart, *Punishment and Responsibility*.

③ 关于立法者是否必须通过刑罚手段来解决纯粹的合作问题,可对照 Finnis, *Natural Law and Natural Rights*; Green, *Law, Coordination, and The Common Good*, 4 Oxford Journal of Legal Studies 299 (1983).

可以基于法律道德主义来进行合理化,因为刑法是解决合作问题的最突出的方式。现在每个人都应当依法靠右侧驾驶了。而那些靠左侧驾驶的行为在道德上就是不当的了,因为他们违反了已存在的"禁止给他人制造风险"的道德规范。靠右侧行驶的道德义务来自已有的道德规范,而不是刑法规则。因此,道德上的不当性并不是由立法规定产生的,而是由我们所有人都负有的合作义务产生的,如果我们不履行合作义务,就会给他人制造风险。

迄今为止,我或许只是在证明,报应主义理论要求立法者对实施道德不当行为的人进行惩罚,这只证明了立法者应当在刑事立法中禁止道德不当行为。为了完整地阐述报应主义和法律道德主义理论之间的联系,我有必要说明,为何某种行为的道德不当性就是立法禁止(和惩罚)它的理由。然而,只要我们还记得报应主义是什么,那么这一点就很明显了。报应主义是一种正义理论,根据该理论,必须惩罚那些应受惩罚之人,才能实现正义。即使一个人实施了道德上不当的行为,并且因此应受惩罚,但如果刑法没有事先禁止这种行为,考虑到法律上的合法性(在下文中会有更多阐述),我们就无法公正地(fairly)惩罚这个人。立法者也有义务去实现报应正义,因此他必须禁止道德不当行为,这样才能以法律体系所允许的方式实现这种正义。

3. 不当行为理论的本质

如果正确的刑事立法目的理论就是法律道德主义,那么我们所需要的下一个理论就是不当行为理论。因为在法律道德主义理论中,刑法应该禁止的行为就是道德上不当的行为。

到目前为止,我一直在使用"道德上坏的事态"或"道德上的不良行为/伤害"。现在是时候更清楚地展示这些概念所掩盖的含混之处了。我们需要指出两个含混之处,从而凸显出刑法特殊部分理论所必须处理的问题。

首先,道德如何看待一些公认的不当行为,比如杀人?这里是存在分歧的。道德上的禁止杀人是不是一种"行为人相关"的规范?也就是说,它告诉我们每个人:"即使你杀人可以阻止更多的杀戮,也不应当杀人。”还是说，道德要求我们每个人通过自己的行为来最大限度地减少自己和他人的杀戮？后者被称为“行为人中立”的规范，因为它没有赋予行为人自己实施的杀人行为任何特殊地位；我们要做的是尽可能地减少所有的杀戮。

其次，道德规范所指向的确切对象是什么？这也是存在着分歧的。它指向的是像“杀人”这样的复杂行为吗？还是说，它把死亡后果看作是一种坏的事态，因此造成死亡的行为是不当的？虽然所有的复杂行为都预设了某种因果关系（由基础行为导致的），但并不是所有基于基础行为的因果关系都意味着对复杂行为的描述是适当的。例如，D1 说服 D2，让 D2 相信 D1 的妻子想和 D2 发生性关系，尽管 D1 的妻子强烈表现出相反的意愿。D2 强迫她与自己发生了性关系。D1 导致了他的妻子被强奸，但 D1 自己没有强奸她。

以下这些辩护就展现了这些潜在的含混之处。假设一名恐怖分子劫持了两名人质，但他想要的是你所保护的第三个人死亡。如果他宣布，除非你杀死你保护的那个人，否则他会杀死那两个人质，你可以（或必须）杀死那个人吗？按照行为人中立的道德，你必须尽量减少杀戮，而不该特别地看重你在特定情况下必须杀人的事实；因此，你必须杀死那个人。而行为人相关的道德则直接告诉你：你不应当杀人，无论你不杀人是否会导致另外两个人的死亡。

同样地，假设有一个人因被凶手推入湖中而即将淹死。另外两个人也在湖中将要淹死，但他们并不是因为任何人的不当行为而落水的。如果你只有一根绳子，只有时间去拯救其中的一方，不能都同时拯救，你可以（必须）把绳子扔给那个被推入湖中的人吗？按照针对行为导向的道德，回答应该是肯定的，因为杀人比意外死亡更坏；而按照后果导向的道德，回答应该是否定的：防止两个人的死亡比防止一个人的死亡后果更好。

不当行为的理论必须在行为人相关的道德观和行为人中立的道德观之间做出选择，也必须在行为导向的道德观和后果导向的道德观之间做出选择（或者在这些看似对立的观点之间达成某种协调），以便具体说明哪些人应对此负责。在这两种对立的基本立场之上，当然有各种各样的理论可供选择。在行为人中立的道德观点中，存在着行为后果主义理论（act-consequentialist）、规则后果主义理论（rule-consequentialist）和特质后果主义（trait-consequentialist）理论。在行为人相关的道德观点中，有纯粹的绝对主义理论，认为道德由无例外的绝对规则组成，违反这些规则的行为是无法得到辩护的，“遵守道德，哪怕天崩地裂”；还有更复杂的代理人相关理论，这种理论允许提出例外情境和超越道德规范的情境。在后果导向的道德观点中，各种不同的后果都可能被认为是坏的：痛苦是坏的，快乐是好的，或者非幸福是坏的，幸福是好的，或者偏向于挫败是坏的，偏向于满足是好的，以上都是一些著名的功利主义（utilitarian）观点。

尽管刑法特殊部分的理论通常面向的是立法者，但关于不当行为的理论实际上并没有被作为立法事项处理。虽然在英美刑法中不存在普通法上的罪名，但各地的立法机构仍然将不当行为的性质留给法院去解决。这可以看出，法院应当采纳哪一种不当行为理论在实践中完全没有确定下来。

4. 刑法的立法限制理论的本质

在正当立法目标的法律道德主义理论中，刑法的特殊部分应当禁止道德上不当的行为。但这只描述了一个合格的立法者所需要做的工作的一半。其工作的另一半是在决定何种行为应被定罪时，考虑还有什么其他的限制因素(除了道德不当以外)。

我在下文中提到了四个因素，这些因素限制了立法者，使其不在法律上禁止某些道德上不当的行为。基于对这些考虑因素的重视，立法者最终得出的可能是一个在内容上比正当立法目的更加宽松的立法方案。

(1) 公平宣布的限制

虽然我没有以制裁的严厉程度来界定刑法，但在事实上，刑法的制裁确实比一般的民事制裁更严厉。刑罚的这一事实，凸显了法治美德中的可预测性的重要性，因为如果公民无法预测到刑事制裁的实施，他们就将遭遇比无法预测民事制裁更加不公平的意外负担。

这种提高可预测性的结果就是在刑事立法方面所施加的形式约束。富勒(Lon Fuller)提出了著名的八个立法愿望——普遍性、公开性、前瞻性、清晰性、一致性、可实现性、稳定性、官方行为与公布的规则相一致,之所以是“愿望”,是因为它们增强了法律所具有的指引行为的功能。[①] 因此它们要求刑事立法必须符合某种形式,这种形式尤其关注法律的这种指引功能。

(2) 自主的限制

即使刑法的功能是回溯性的(惩罚罪犯),但它的可预测效果也给了立法者一个前瞻性的理由,去限制自己不把每一个道德不当行为都纳入刑事犯罪。由刑罚所保障的刑事规范强迫原本不倾向于守法的人依法采取行为。刑法的这种强制效果(而不是教育效果)必然会削弱人们的自主权。[②] 一个很古老的例子就是馈赠。假设我们在道德上都有义务把我们的收入按一定比例赠给那些不幸的人。刑法强迫我们交出这样的数额,以削弱我们每个人自主选择馈赠的能力。事实上,与真正的慈善行为(自主地馈赠)相比,那些仅仅因为害怕制裁而产生的“馈赠”的道德价值是很低的。

自主性是一种非常重要的价值。假设我们认为那些潜在的人类成员——胎儿——不应该被杀死,那么堕胎是一种道德上的不当行为。尽管如此,生育依然是一种自主权应该强烈保护的,私密的个人决定。禁止堕胎的刑法规则将会严重削减自主决定的能力,因此,一位认真负责的立法者很可能会避免将这种不当行为(假定的)定为犯罪。

(3) 便利的限制

即使我们有信心认定某些行为是道德上不当的,通过刑罚手段来禁止这些行为也可能会带来不容忽视的负面效果。通常来讲,在私人场所里实施的行为对他人的影响很有限,甚至即使禁止了这种行为,人们依然会实施它,对这类行为的刑法禁止将会是一种成本很高的犯罪

---

① Lon Fuller, *The Morality of Law* (2nd ed. 1969), ch. Ⅱ.

② Raz, *The Morality of Freedom*, ch. 6.

化。这些成本包括：执法所需要的对隐私的侵犯(是真正的隐私，而不是宪法上的“隐私”，即自主权)；制造了一个“犯罪关税”(crime tariff)，使得这类活动变得更加有利可图；无法全面执行的法律更容易导致歧视性执法；以及，由于制定了一个无法执行或很难执行的法律，而导致人们不信任法律。[①] 一名认真负责的立法者必须在以下二者之间实现某种平衡：把这类行为犯罪化所带来的负面效果和对不当行为进行惩罚的价值。在许多情况下，结论应该是：这种行为不被规定为犯罪，即使它在道德上确实是不当的。

(4) 认识方面的限制

任何相信道德问题有唯一正确答案的人(例如“哪种行为在道德上是不当的”的答案)，都应该对自己所把握的答案保持一种认识上的谦逊态度。毕竟，无论一个人在哪些方面是正确的，他都有可能在其他方面是错误的。因此，道德现实主义(realism about morality)的真正意义不是让我们持有一种自以为是的态度，在任何情况下都要把自己持有的善与正义之观念灌输给他人。相反，它要求我们在面对疑难的道德问题时保持谦逊，对他人的不同回答保持好奇心。

有些道德问题并不难回答。故意杀人是不当的，强奸是不当的，欺骗是不当的，这是很容易得出的道德结论。但有的道德问题既不简单，其答案也不是无可争议的。安乐死和用酷刑折磨恐怖分子以获取信息就属于这一类。对于这些疑难问题，立法者应该会犹豫是否要将他自己所认为的最好的道德理论纳入刑法之中，因为这样做的话，就阻止了对每一个人类所代表的善的探索。

三、结语：摩尔的刑法哲学理论

我的《归咎罪责》一书所捍卫的刑法理论可被概括如下。在刑法功

---

① See Packer, *The Crime Tariff*, 33 American Scholar 55 (1964); Kadish, *The Crisis of Overcriminalization*, Annals 374 (1967); Gordon Hawkings and Norval Morris, *The Honest Politicians Guide to Crime Control* (1970).

能方面，只有实现报应正义才是刑法的真正功能。让那些应受惩罚之人得到惩罚，这是善的，而且这是一种独特的善，它赋予了刑法作为一个独特法律领域的性质和界限。这种报应功能要求应受惩罚的人必须：① 实施了道德上不当的行为；② 以负有罪责的方式实施了该行为。

作为应受惩罚的前提条件之一的罪责性，指的是个人因其不当行为而负有的主动罪责。一个人和他的不当行为之间存在的主动罪责关系包括以下几个特性：自愿性、意向性、因果关系和无免责事由。而自愿性则在于对基础行为的执行。这预设了一种精细的个体基础行为理论；基础行为的本质是因果理论给出的，其中，初始的意志被认为是人类行为的独特原因。意向性被区分为两种，其中“附有意图”需要行为人有进一步的目标，而“意向性行为”只需要行为人有认识或目的就已足够。我对意图的对象的命题理论进行了辩护，然后根据心灵的功能主义形而上学理论来展现它，进而产生了关于意图个性化的精细理论。

我把因果关系理论初步认定为一种反事实理论，并结合了一种把作为原因和结果的事件进行个体化的细致理论。对因果关系的任何分析都能够完成法学家所称的“近因因果关系”概念所需要的工作吗？我对此表示悲观。免责事由是由于行为人缺少自由选择的能力或机会而产生的。我摒弃了免责事由的品性理论和因果理论，认为这二者在道德层面上是失败的，在英美刑法中也缺乏制度支持。

罪责主体的本质基于人的自主性和理性。我对个体化理论的辩护策略是为每一个成年人都分配一人份的这两种属性，多重人格者和裂脑人是这种观点的唯一困难情境。

责任的对象则是由不当行为理论给出的。我为一种复杂的行为人相关的道德观辩护，这种道德观认为道德规范针对的是每个行为人自己的行为。然而，这种道德理论不是绝对主义理论，因为当以下条件符合时，它也允许后果主义式的计算：① 当达到了道德不良的特定门槛时；② 当道德规范的例外情境被展现时；或③ 当没有完全满足违反此类规范的应受谴责的条件时。

我把正当立法目的理论和刑事立法限制理论相结合，形成了一种在内容上是自由主义的理论，但它在形式上并不是自由主义式的。根据这种理论，首先，立法者应该将所有道德不当行为初步地认定为犯罪，因为它们是不道德的。这意味着立法者应该基于一种行为人相关的道德观，并结合着一套可容许后果主义理论的辩护策略，以此来指定初步的刑法规则。但是，考虑到刑事立法的四个限制因素，这种规则仅仅是初步的。立法机构没有资格将堕胎或同性性行为定为犯罪。对自主的价值和执法成本的考量，应该优先于对这两种行为不受惩罚的考量；更何况，我认为这两种行为本身也并非是不道德的。

情感与报应：摩尔的惩罚理论评述

夏子羿*

Emotions and Retribution: A Review of Moore's Theory of Punishment

Xia Ziyi

摘要： 迈克尔·摩尔的报应主义惩罚理论主张，惩罚的正当性在于实现报应正义，而非实现某种外在功利目标。摩尔的方法论融合了道德实在论和融贯主义，主张以最佳解释使道德情感与抽象理念相一致，并认为情感在道德判断中具有正当化作用。摩尔通过思想实验论证了大多数人存在"隐藏的报应主义"倾向，预防理论无法全面解释刑罚的正当性。摩尔进一步提出，报应正义的内在价值在于实现正义本身，而非依赖刑罚的外在结果。他还反驳了批评者对报应情感非理性或病态的指责，认为正面的报应情感如负罪感与同情感是有德性之人的普遍道德特质，能够支持报应判断的价值。在制度层面，摩尔主张国家有义务通过刑罚制度实现报应正义，但也承认刑罚的道德义务在特定情境下可能因其他价值而被超越。他区分了刑罚的内部证成与外部证成，前者专注于报应主义原则，而后者则需要综合考量刑罚的现实影响。

关键词： 惩罚；融贯主义；情感；报应；刑罚制度

---

* 夏子羿，华东政法大学法学博士研究生。

迈克尔·摩尔是在当代英美法学理论界拥有重要影响力的理论家之一。摩尔的研究领域广泛,涵盖了元伦理学、规范伦理学、法哲学、政治哲学、刑法哲学、英美刑法教义学、神经科学和司法精神病学。本文仅仅关注摩尔在刑法哲学理论领域的工作。由于摩尔的刑法哲学几乎包含了刑法学的总则与分则中的所有重要的哲学问题,本文仅仅旨在评述其整个刑法理论中的最核心的观点和论证,以此作为研究其刑法理论的适当起点。

在当代刑法哲学讨论中,学者们面临的核心问题依然是:刑罚如何被正当化?按照传统意义上的分类,对这个问题的回答可被分为两种:后果主义式的和报应主义式的。摩尔的回答就属于报应主义,而且摩尔为报应主义在当代的复兴作了巨大贡献。摩尔旗帜鲜明地支持一种强硬的报应主义观点:国家惩罚罪犯之所以是正当的,仅仅是因为受惩罚是罪犯应得的,而不是因为惩罚能够作为工具实现某种最佳后果。也就是说,道德上的应得性就是对罪犯施加惩罚的充分理由,而不仅仅是对惩罚的限制条件。

在摩尔看来,刑法作为一种功能性类型,它的唯一功能就是实现报应正义[①],这种功能也为整个刑法理论体系奠定了基础,直接影响了我们对于犯罪的性质、犯罪化理论以及刑事责任理论的认识。因此我们可以把他对于报应主义的辩护作为合适的起点。在《一种关于刑法理论的理论》中,摩尔清楚地概述了他的刑法哲学的基本轮廓,但他在该文中并没有展示他对于报应主义的具体辩护。本文将以摩尔的代表作《归咎罪责》作为主要评述对象,呈现摩尔的报应主义惩罚理论的核心观点和论证,希望能够为读者们理解摩尔的刑法哲学思想提供一些参考。

对报应主义的辩护需要回答以下两个主要的问题。

(1) 报应具有内在的道德价值吗?

(2) 为什么要通过国家施加刑罚(某种制度化的谴责和严酷待遇)

---

① Michael Moore, *Placing Blame: A Theory of the Criminal Law*, Oxford University Press, 1997, p. 29.

来实现报应？

本文将会分别考察摩尔对于这些问题的答案和论证。但在此之前，我们有必要先了解摩尔是如何看待“报应”的，或者说摩尔的方法论是什么。

一、报应作为一种道德情感

在进入摩尔的核心论证部分之前，我们首先需要大致地了解其理论在方法论上的独特性，否则他的观点在部分读者看来可能是难以理解的。简单地讲，摩尔在元伦理学层面上支持一种认知主义的道德实在论，并且在知识论层面反对基础主义(foundationalist)证明方法，支持非基础主义和融贯主义(coherentist)。

“非基础主义”意味着，“在任何知识领域(无论是科学还是伦理学)，我们都没有像笛卡尔式的理性主义者和卡尔纳普式的经验主义者所认为的那样，拥有不证自明的信念”。[①] 因此，当我们想要证立某个道德信念时，我们不能基于某个不证自明的基础性信念，推导出该道德信念的真理性。因此，摩尔的报应主义理论与其他同样被归为“报应主义阵营”的理论有着很大的差异，例如公平游戏理论。公平游戏理论虽然也旨在证明实现报应(道德上应受惩罚)是惩罚的目的，但是这种理论的论证方式是将报应的合理性建立在一个更基础的原则(公平原则)之上，而不是诉诸报应自身的价值。在摩尔看来，这类基础主义的方法论都是不成功的。

“融贯主义”则意味着，我们唯一正确的证立方式，就是为具体的道德判断找到一种最佳解释，使得我们的具体道德信念与抽象的道德理念之间整体上融贯。[②] 在这一点上，摩尔的方法与他的伦理学老师约翰·罗尔斯(John Rawls)的“反思平衡”是类似的。但摩尔的融贯主义与罗尔斯式的反思平衡相比有两个重要差异。第一，摩尔将它的道德

① Michael Moore, *Placing Blame: A Theory of the Criminal Law*, Oxford University Press, 1997, p. 108.

② Michael Moore, *Moral Reality Revisited*, Michigan Law Review, 90 (1991): p. 2494.

实在论与融贯主义结合在了一起。第二,对于当前的论题而言更加明显的差异是,摩尔更加注重人类情感(emotions)在道德证成中的作用,这种重要的正当化作用是罗尔斯式的“确信的判断”(considered judgement)所没有的。摩尔否认诸如“情感与理性相对立,因此情感不能成为合理化依据”这样的经典论调。如果我们所拥有的情感与它们所指向的对象是相匹配的(可理解的),各个情感之间是连贯有序的,不存在内在的矛盾,并且情感能够随时间的推移而体现出一致性时,那么情感就是符合理性的。[①] 因此任何道德理论(包括惩罚理论在内)都需要对我们所持有的这种道德情感给出最佳解释。

理解了摩尔的方法论预设以后,我们就能够理解,为什么当摩尔谈论“报应主义”时,他会首先设计各种各样的思想实验,让我们检验和反思自己对于惩罚的道德情感。摩尔相信,在思考了下文所描述的这些思想实验以后,我们之中的绝大多数人会发现自己实际上也持有牢固的报应情感,大部分人其实都是“隐藏的报应主义”(Closet Retributivism)者。

为了证明报应情感的牢固性,摩尔直接从报应主义的反对者开始下手。对于惩罚的目的是什么这个问题,大多数报应主义的反对者们都持有某种预防理论:刑罚的唯一目的是预防犯罪。这种预防论在大体上包括了:一般预防理论,即通过惩罚罪犯来防止所有社会成员犯罪;特殊预防理论,即通过惩罚罪犯来改造或威慑罪犯,防止他继续犯罪。也有反对者持有某种恢复理论:刑罚的目的是帮助罪犯回归社会或者过上良善生活。在以上这些理念中,预防理论似乎是最具有说服力的,因为从功利主义的视角来看,预防犯罪所带来的社会“效益”似乎能够抵消惩罚所导致的恶果(也就是伤害犯人)。但是摩尔让我们认真思考以下情境:

---

① Michael Moore, *Law and Psychiatry: Rethinking the Relationship*, Cambridge University Press, 1984, p. 107.

> 一位罪犯在抢劫了一架飞机以后顺利逃脱，一直未被归案。他的成功鼓舞了很多之前不敢去劫机的人。警方无法再找到那位罪犯，但是找到了一个外貌特征和该罪犯极为相似的人，如果对外宣称这个人就是在逃的罪犯并且对他判处刑罚，就可以浇灭其他人实施犯罪的念头。[①]

惩罚这个无辜的路人确实可以实现预防效果，在有限条件下实现社会效益最大化。对这个无辜的路人实施刑罚是否正当？摩尔相信大多数人都不会在情感上认可该刑罚的正当性，因为惩罚无辜者并没有道德上的应得性。这证明预防理论对于大多数人来说并不是证成惩罚的唯一考虑因素。但是反对者们可以转向某种混合理论。混合理论认为：报应是正当的惩罚的必要条件之一，但不是充分条件。也就是说，在实施惩罚时应当考虑罪犯是否在道德上应得惩罚，以避免惩罚无辜者，但是惩罚的目的依然是实现社会效益的最大化，而不是实现报应正义。[②] 然而摩尔让我们再考虑一下以下情境：

> 一个罪犯在超市里实施抢劫，然后杀死了店主。他又强奸了店主妻子导致她精神失常，生不如死。他还将店主的女儿虐待致死。但是在几年以后，他皈依基督教并且彻底改过自新，热衷于行善并且绝对不会再作恶。司法部门对外宣称该罪犯已经得到了应有的惩罚，但实际上他并没有受到惩罚。[③]

如果假装惩罚该罪犯可以实现预防犯罪的效果，那么对该罪犯实

---

① Michael Moore, *Placing Blame: A Theory of the Criminal Law*, Oxford University Press, 1997, p. 95.

② 哈特对于惩罚的“一般目的”与“分配原则”之间的著名区分，正是混合理论的一个经典形态。参见 H. L. A. Hart, *Punishment and Responsibility*, Oxford University Press, 1968, pp. 8–11.

③ Michael Moore, *Placing Blame: A Theory of the Criminal Law*, Oxford University Press, 1997, p. 98.

施真正的惩罚是否是正当的呢？摩尔相信，包括混合论者在内的大多数人在情感上都会相信这名罪犯应该受到惩罚。然而，这种牢固的道德信念其实已经与混合理论相冲突了。按照混合理论，只有当惩罚能够实现效益最大化，并且罪犯在道德上应得惩罚时，才应该实施惩罚。但是在上面的那个思想实验中，实施惩罚无法实现效益最大化，假装实施惩罚才是最优选择，因此该罪犯不应该受到真正的惩罚。如果我们坚持认为该罪犯应该受罚，那么我们就只能放弃混合理论，承认预防理论无法真正地与报应相容。[①] 既然在第一个思想实验中，我们不能因为惩罚无辜者能够实现最佳预防效果而惩罚他，而在第二个思想实验中，我们也不能因为惩罚罪犯不能实现最佳预防效果而假装惩罚他，那么，我们实际上相信的就不是预防理论。

假设摩尔的这些断言是真实的，那为什么包括报应正义的反对者在内的大多数人都会对这两个思想实验产生如此强烈的认知反应呢？我们之所以会有这种明显一致的强烈反应，正是因为报应主义原则能够提供最佳的融贯解释。因此，摩尔认为我们中的大多数人都是隐藏的报应主义者，只不过我们中的很多人对此缺乏自觉而已。[②]

二、报应有内在价值吗？

在上一节中，我们理解了摩尔在探讨“报应主义”时所使用的非基础主义和融贯主义方法。我们还知道了大多数人其实都持有稳固的报应情感，并且报应主义无法与预防理论相兼容。但是这些论证都是防御性的，对报应主义的积极证成还没有开始。本节和下一节将会讨论摩尔对于报应主义的正面论证：本节会考察其正面论证中的道德部

---

① Michael Moore, *Placing Blame: A Theory of the Criminal Law*, Oxford University Press, 1997, p. 101.

② Michael Moore, *Placing Blame: A Theory of the Criminal Law*, Oxford University Press, 1997, p. 103.

分，而下一节则会关注其制度部分。

在道德层面证立报应主义所面临的核心问题就是：报应是否有内在的道德价值？如果有，那么如何证立报应的道德价值？报应有无内在价值，是报应主义与后果主义之间的一个关键分歧。有相当多的反对者认为：刑罚给人带来伤害和痛苦，如果报应主义者认为让人类遭受伤害和痛苦是具有道德价值的，这就是一种难以接受的野蛮思想了。[①] 因此，如果刑罚本身并没有道德价值的话，那么面对着刑罚这种造成伤害的行为，我们除了去寻找刑罚能够作为工具实现的其他有价值的后果之外，还能有什么办法为它辩护呢。

摩尔已经对这种常见的质疑做了回应。摩尔指出，批评者们已经预设了报应本身没有价值，然而他们显然忽略了一点：如果报应在本质上是正义的要求，那么报应本身就是内在的善，不需要其他有价值的后果来证明惩罚的正当性。因此，对于报应主义者来说，正义（报应正义）的实现就是刑罚的内在价值，这种价值独立于它产生的任何其他后果。还有一点非常明显：这种批评存在着不融贯的问题，因为在其他的情境中，这些批评者们也不会通过外在价值来证成使人受到伤害的行为。例如在上一节所描述的那个惩罚无辜者的情境中，“无辜者在道德上不应受惩罚”本身就是不惩罚无辜者的充分理由，不需要再考虑刑罚产生的其他后果了。除此之外，在其他的法律领域也存在着类似的情况，例如侵权责任法中的矫正正义行为，责任人必须支付赔偿或者放弃利益（这也是对他的一种伤害），即使这种行为没有产生任何外在价值。批评者若想成功，就必须能够让所有类似的情境下的判断都保持整体融贯。[②]

另一种与之相似的反对意见则指向了更加基础的报应情感。这种反对意见认为：报应判断（某人在道德上应受惩罚）是非理性的，因为

① Victor Tadros, *The Ends of Harm: The Moral Foundations of Criminal Law*, Oxford University Press, 2011, p. 63.

② Michael Moore, *Placing Blame: A Theory of the Criminal Law*, Oxford University Press, 1997, p. 111.

它来源于某些非理性的人类情感。在这类批评中,最经典的就是尼采的著名叙述。尼采洞察到人类的惩罚行为和刑罚制度背后的报应情感,这种情感实际上是非理性的负面情感的产物。诸如“以眼还眼,以牙还牙”这种充斥着伤害冲动的情感,其实是由“怨恨”这种负面情感所激发的。怎么能让这种非理性的负面情感来指导我们的行为,甚至是法律制度呢?因此,尼采相信,报应情感是我们幸福生活的阻碍,我们不应该因为他人的恶行而让自己也变得阴暗,而是应该想开一些。[①] 如果这类说法都是真的,那么源于报应情感的报应主义可以作为惩罚的充分理由就是令人难以置信的了。

由于摩尔的融贯主义方法特别强调人类情感在证成中的作用,因此摩尔式的报应正义理论必须认真对待这种批评意见。首先,关于“报应情感是非理性的”这一批评,本文的上一节已经给出了回应:人类情感是可以符合理性的,我们没理由认为报应情感恰好是一个例外。但真正关键的难题在于,尼采所描述的报应情感似乎在道德上是病态的。所谓的“道德病态”意味着这种情感可以败坏一个人的美德。这种病态情感所损害的并不是行为人的理智判断能力,也不必然是行为的正当性,而是行为人的道德人格。[②] 很多病态情感都会破坏人的美德,种族歧视或性别歧视的情感就是如此,而基于怨恨和软弱而生的报复情感似乎也是如此。

摩尔显然无法否认这些病态情感的存在,但也不会因此放弃融贯主义的证立方法。摩尔的回应是:批评者犯了起源谬误,他们拒绝报应判断仅仅是因为它的来源被认为是不可靠的。然而,即使报应情感是错误的,也不必然意味着报应判断也一定是错误的。摩尔的融贯主义方法并不像直觉主义(intuitionism)或德弗林的常规主义(conventionalism)那样,在情感与道德判断之间建立那么紧密的认识论联系。在摩尔看来,报应情感仅仅是一种将我们引向具体报应判断的“启发式向导”

---

① Michael Moore, *Placing Blame: A Theory of the Criminal Law*, Oxford University Press, 1997, p. 120.

② Michael Moore, *Placing Blame: A Theory of the Criminal Law*, Oxford University Press, 1997, p. 119.

(heuristic guides)，而不是形成报应判断的条件。即使是一个没有任何报应情感的人也可能持有报应主义的具体判断，有报应情感的人也未必就认可报应判断。[①] 因此，批评者们无法通过反对病态的报应情感来否认报应判断的价值。

但是这种回应的说服力依然欠佳。一方面，我们依然很难理解尼采所说的病态报应情感如何能够成为报应正义判断的启发式向导；另一方面，由于摩尔的方法论严重依赖道德情感的指导作用，这种回应不可避免地在一定程度上割裂了具体的报应判断与报应情感之间的联系。因此，一条更好的出路就是主张不是所有的报应情感都是病态的，也存在着正面的报应情感，这种正面报应情感是一个有美德的人所必须拥有的。而正确的报应正义信念正是由这种正面的报应情感所引发。其中最关键的两种报应情感是负罪感(guilt)与同情感(fellow-feeling)。[②] 为了验证这种报应情感，摩尔让我们进行以下思想实验：

> 你的心情很糟糕，你正躺在你的伴侣身边。他对你的靠近感到很不耐烦，与你争吵了起来，而这刚好激怒了你，你一气之下不受控制地抄起旁边的物品把他砸死，然后你立刻感到后悔与难过。你因激情杀人而被法官酌情判处两年有期徒刑。在出狱后接受采访时，你坦言你感到忏悔，但也觉得两年的刑期似乎有点长了，应该判一年或一年半更合适。[③]

摩尔相信，对于有美德的人来说，这种因自己的错误行为而产生的负罪感以及对于被害者的同情感，都是很普遍的道德情感。这种道德

① Michael Moore, *Placing Blame: A Theory of the Criminal Law*, Oxford University Press, 1997, p. 128 - 132.

② Michael Moore, *Placing Blame: A Theory of the Criminal Law*, Oxford University Press, 1997, p. 140.

③ Michael Moore, *Placing Blame: A Theory of the Criminal Law*, Oxford University Press, 1997, p. 145 - 146.

情感会导致有美德的人持有一种报应判断：相信自己的确应当受到惩罚，应当在一定程度上受苦，尽管在受苦的具体程度上可能会有分歧。因此，报应情感完全可以从病态情感中脱离出来，尼采的这种批评是不成功的。与之前的两个思想实验不同的是，摩尔在此处谈论正面的报应情感(尤其是负罪感)时，并不主张现实中的大多数人都具有这两种道德情感，但他认为至少那些真正有道德德性的人都拥有这些正面的报应情感。这一事实并没有削弱对报应价值的正面辩护，反而更加显著地证明了报应情感所具有的内在价值，因为这意味着我们为两种报应情感赋予了明显正面的道德评价。有德性之人必能捕获到的负罪情感和同情情感引发了报应判断，而对这种判断的最佳解释就是，它是报应正义对我们每一个人的道德要求。这就是刑罚的道德正当性的来源。

三、报应可以证成刑罚制度吗?

在上一节中，我们知道了摩尔通过第一人称视角的"负罪情感和同情情感"来证明报应判断的内在价值，这种价值完全不依赖于惩罚所能实现的任何其他后果。我们也知道了摩尔对于道德层面的常见批评的反驳。如果摩尔的反驳和证立都是成功的，那么我们就可以相信实现报应本身就是有内在价值的。

但是刑法哲学意义上的惩罚理论的辩护对象是刑罚制度，刑罚制度是一种由国家机构所建立和实施的最为严厉的法律制度。仅仅在道德层面上证明报应的内在价值是不够的，摩尔必须说明这种报应判断如何能够为国家建立和实施刑罚制度提供积极的充分理由，才能为他的强硬报应主义理论提供完整的辩护。而在这个问题上，摩尔的论述比较简洁直接：① 报应正义原则与报应情感的融贯证成了报应正义；② 由于报应正义是一种正义原则，每一个人都有义务履行它，而不仅仅是有权利实施报应；③ 所以，每个人都有不实施错误行为的初级义务，还有因实施了错误行为而接受惩罚的次级义务；④ 国家机构有义务建立和运作刑罚制度，惩罚应受惩罚之人。[①]

看起来，摩尔把他对于报应判断的道德证成直接延伸到了刑罚制度的正当化上。这种思路有没有问题呢？面对这种提问，首先的问题就是摩尔的刑罚理论似乎过于道德化了，似乎缺乏对于制度目标的复杂性的关切。一个国家的刑罚制度的维持与运作需要付出大量的成本，即使我们承认让一个罪有应得之人得到惩罚是一种内在的善，刑罚同时也带来了大量的负面的副作用，我们又如何能够相信报应这种内在的善值得我们建立如此负担沉重的刑罚制度呢？[②] 如果摩尔的回应是刑罚制度的正当化不需要考虑其他理由，其理论明显不切实际；如果摩尔的回答是刑罚制度的整体目的是实现报应正义，但也需要考虑和权衡刑罚所带来的其他后果，那么这又何尝不是一种混合理论呢？

然而摩尔的答案并不属于上述回应的任何一种。首先，摩尔在伦理学层面上并不是一个“即使天崩地裂也要实现正义”的绝对义务论者，而是一个阈值义务论(threshold deontology)者。因此，虽然报应具有内在价值，国家有义务实现报应正义，但这种义务也不是完全不可能被其他价值考量所推翻。对罪犯的人权保障就是这样的例子，即使一个丧尽天良的人应受极其严厉的惩罚，我们也不应当用酷刑折磨他。[③] 同样地，在建立刑罚制度时，如果存在着足够强大的反对惩罚的理由，那么报应的价值也可能会被超越。但另一方面，摩尔认为报应的内在价值在大多数情况下应该很难被超越，因为对应受惩罚之人施加惩罚不仅仅能够实现报应的价值，它也会附带地产生很多其他好处，尤其是附带性的威慑效果。[④] 这些附带性价值再加上报应本身的重要价值使

---

① Michael Moore, *Placing Blame: A Theory of the Criminal Law*, Oxford University Press, 1997, p. 154.

② Douglas Husak, *Why Punish the Deserving?*, in Thom Brooks (ed.), Retribution, Ashgate Publishing, 2014, pp. 190 - 191.

③ Michael Moore, *Placing Blame: A Theory of the Criminal Law*, Oxford University Press, 1997, p. 172.

④ Michael Moore, *Responses and Appreciations*, in Kimberly Kessler Ferzan and Stephen J. Morse (ed.), Legal, Moral, and Metaphysical Truths: The Philosophy of Michael S. Moore, Oxford University Press, 2016, p. 348.

得报应性惩罚能够主导刑法制度。

其次,摩尔的这种观点并不是关于刑罚证成的混合理论。在这个问题上,摩尔区分了刑罚的内部证成与外部证成。内部证成关注的是我们参与刑罚活动的理由,对于国家和个人来说,它影响到我们创建或更改刑罚制度的动机;外部证成关注的是,在通盘考虑之下,我们建立和运作刑罚的理由是什么。与外部证成相比,内部证成显然不是全方位的,但内部证成的分歧(报应主义、后果主义与混合理论)会引导到我们后续对于刑罚制度的整体考量。[①] 摩尔的报应主义观点仅限于内部证成。在这内部证成中摩尔的立场是纯粹且强硬的,但在外部证成中,刑罚实践的复杂性和易错性意味着,所有人都不应该只考虑一种纯粹的理由,上一段所呈现的便是摩尔的外部证成。这两个部分共同构成了摩尔的刑罚证成理论。

四、结　语

本文以《归咎罪责》作为主要参考对象,分别从方法、价值和制度三个层面勾勒了摩尔的报应主义惩罚理论的重要观点和论证。需要提醒的是,本文并没有全面地概述摩尔与其反对者之间的论辩,而是选择了最关键的问题和读者可能感兴趣的问题,尽可能连贯地展开。限于篇幅,本文也没有呈现摩尔的全部论证细节。摩尔的著作论证精细、内容丰富,建议有志于研究刑法哲学的读者细读。即使你不是一个报应主义的拥护者,读这本书也会给你带来至少两个好处:① 与很多其他报应主义理论不同,摩尔为报应主义的核心主张做了毫不妥协的强辩护,这种强硬与透彻的理论工作可以引导我们直达要害之处,更强有力地为报应主义辩护或者驳倒报应主义。② 摩尔的刑法哲学思考往往不会仅仅停留在刑法哲学层面,而是倾向于不断地反思更深层次的理论

---

① Michael Moore, *Responses and Appreciations*, in Kimberly Kessler Ferzan and Stephen J. Morse (ed.), Legal, Moral, and Metaphysical Truths: The Philosophy of Michael S. Moore, Oxford University Press, 2016, pp. 345 - 346.

预设，这种学术风格可以推动我们的思考进入更加深刻的层次。也是因为足够深刻，摩尔的刑法理论与他的其他理论（包括认识论、伦理学、行动哲学等）之间存在着比较强的体系性，读摩尔的著作可以开拓学术视野。

未遂处罚与道德运气[*]

山田慧[**]　著
项佳航[***]　译

Punishment of Attempt and Moral Luck

Yamada Kei
Xiang JiaHang trans.

摘要：未遂犯的处罚是刑法理论中的重要议题，对此，英美法系倾向于采取主观主义立场，这一倾向源于道德运气理论。未遂犯与道德运气的关联表现在两个方面，即是否存在左右道德非难的道德运气，以及刑法非难是否允许运气的介入。对于前者，理论上虽提出了报应的感情、情感的普遍化、危险假设等积极根据，但由于有互相转嫁证明责任的问题，以至于肯否双方仍处于僵持状态。对于后者，则可类似地归结于“法律运气”是否存在这一命题。理论上，也出现了诸如刑事上的抽签、危险行为的成本分配、威慑理论、被害者道德价值的再确认等观点。这些讨论对于未遂犯的处罚而言，具有一定的参照可能性。客观结果应被认为是加重非难程度的重要因素。

关键词：未遂犯；道德运气；法律运气；客观结果；刑法非难

---

* 本文出处：同志社法学 2017 年总第 69 卷 3 号，第 941—992 页。原标题为：“未遂犯を基礎づける客観面と主観面に関する一考察：英米未遂犯論と「モラル・ラック(道徳的運)」をめぐる議論を参考に”。摘要和关键词为译者所加。

** 山田慧，日本同志社大学司法学部准教授。

*** 项佳航，北京大学法学院博士研究生。

引　言

在英国(英格兰和威尔士)和美国,惩罚未遂犯时,有重视行为人的主观方面的倾向。[①] 对此,从在英美的判例和立法中,不能犯原则上是可罚的这一点,便可见一斑。在英美,作为建立这种主观主义未遂犯论的根据,犯罪结果是否被惹起,常常被认为是行为人不能随意左右的运气的产物。[②] 例如,当某人开枪准备杀害被害人时,被害人只要移动几厘米,就可能使得要害部位偏离枪口,即使子弹命中,如果后续及时救治,被害人也可能得以保住一命。如上所述,依据各种偶然情况的介入下结果的有无,对行为人进行不同的非难是不公平的,转而应当重视行为人是否是为了惹起结果而实施的该行为这一点。基于这样的考虑,也出现了主张未遂犯应与既遂犯判处同等刑罚的观点。

这样的英美主观主义未遂犯论的底层逻辑是,"只有对行为人所能控制的事项才能加以非难"的原则(控制原则,control principle)。[③] 反言之,不能由运气来左右非难的归属判断,因此,也不能将惹起结果的危险性当作未遂犯的处罚依据。[④] 这种思考源于道德哲学和伦理学上,关于是否存在能够左右道德上非难归属判断的运气的讨论。在延续至今

① 关于英国和美国惩治未遂犯的历史发展和判例动向,山田慧「未遂犯の本質に関する一考察—英米刑法および刑法哲学における議論からの示唆—」同志社法学 68 巻 5 号(2016 年)229 頁参照。

② Andrew Ashworth & Jeremy Horder, *Principles of Criminal Law*, Oxford University Press, 2013, p. 455; Andrew Ashworth, *Criminal Attempts and the Role of Resulting Harm under the Code*, and in the Common Law, 19 Rutgers Law Journal 733 (1988).

③ 关于控制原则,另参见:門脇俊介「こわれものとしての道徳—道徳上の運について—」,高橋久一郎編『応用倫理学講義七問い』(岩波書店,2004 年)166 頁。

④ Sanford H. Kadish, *The Criminal Law and the Luck of the Draw*, 84 Journal of Criminal Law & Criminology 679 - 695 (1994); Andrew Ashworth, *Taking the Consequences*, in Action and Value in Criminal Law, Stephen Shute et al. (eds.), Oxford University Press, 1993, p. 124. See also, Leo Katz, *Why the Successful Assassin Is More Wicked than the Unsuccessful One*, 88 California Law Review 791 - 796 (2000); Andrew Cornford, *Resultant Luck and Criminal Liability*, in The Structure of Criminal Law, R. A. Duff et al. (eds.), Oxford University Press, 2011, p. 38.

的道德哲学和伦理学讨论中,这种运气被称为道德运气(moral luck)。[①]

当然,这种思考并非英美未遂犯论所特有。例如,即便在德国,围绕"结果"在犯罪论体系中的地位问题,以韦尔策尔(Hans Welzel)的目的行为论为基础,也出现了主张应将结果排除在违法判断对象之外的观点。[②] 但是,在当今以英美为中心的刑法哲学领域,并不只有围绕"道德运气",并针对重视结果这一客观方面的立场的批判。相对地,重视客观方面的立场也做出了诸多回应,从而能一窥其讨论之深入。因此,围绕着道德运气所展开的问题,占据着未遂犯论的主要论点之一的地位。以违法论的对立为基轴,一直盯着行为抑或结果的"危险性"的日本未遂犯论,似乎处于一种停滞不前的状态,与此相对,参考英美未遂犯论的这一观点具有重要价值。

在英美刑法哲学中,对于以未遂犯的分析为中心而进行的有关道德运气的讨论,需从以下两个层面进行整理把握,方能是恰当的。第一

---

① 讨论"道德运气"的相关日语文献有:松井富美男「道徳的責任論序説—非難可能性の根拠と道徳的運」,広島大学文学部紀要56巻(1996年)96頁;福間聡「道徳的運に抗して—コントロール条件に基づく道徳的責任の再検討」倫理学年報50集(2001年)125頁;門脇俊介「こわれものとしての道徳—道徳上の運について—」高橋久一郎編『応用倫理学講義七問い』(岩波書店,2004年);長田蔵人「アダム・スミスにおける道徳的運の問題と良心」倫理学年報57集(2008年)141頁;同「医療過誤と道徳的運(moral luck)の問題」医学哲学医学倫理27号(2009年)60頁;古田徹也『それは私がしたことなのか行為の哲学入門』(新曜社,2013年)148頁以下;等等。另外,由刑事法学家来处理同一问题的日语文献有:松原芳博『犯罪概念と可罰性—客観的処罰条件と一身的処罰阻却事由について—』(成文堂,1997年)175頁以下;奥村正雄,「イギリスにおける未遂犯の処罰根拠」高橋則夫ほか編『曽根威彦先生・田口守一先生古稀祝賀論文集[上巻]』(成文堂,2014年)693頁以下;増田豊「犯罪論における法益侵害結果の重要性—最もラディカルな結果無価値論としての結果免責主義の言語ゲーム—」法律論叢76巻1号(2003年)1頁;等等。

② Hans Welzel, *Das Deutsche Strafrecht*, 11. Aufl. (1969), S. 62 ff.; Diethart Zielinski, *Handlungs-und Erfolgsunwert im Unrechtsbegriff: Untersuchungen zur Struktur von Unrechtsbegründung und Unrechtsausschluß* (1973), S. 128 ff., 142 ff; Armin Kaufmann, *Zum Stande der Lehre vom personalen Unrecht*, in Festschrift für Hans Welzel zum 70. Geburtstag (1974), S.402 ff. 松原芳博『犯罪概念と可罰性—客観的処罰条件と一身的処罰阻却事由について—』(成文堂,1997年)178頁以下;増田豊「犯罪論における法益侵害結果の重要性—最もラディカルな結果無価値論としての結果免責主義の言語ゲーム—」法律論叢76巻1号(2003年)10頁以下参照。

层面是，在刑法非难至少部分包含道德非难的前提下，围绕是否存在左右道德非难归属的运气，即道德运气，所展开的相关讨论。[①] 其中包括后文将提到的，在 20 世纪 70 年代，英国哲学家伯纳德·威廉姆斯(Bernard Williams)和美国哲学家托马斯·内格尔(Thomas Nagel)论证了影响道德责任的运气是存在的，从而促进了对控制原则的重新思考。如果说结果的惹起在决定道德非难的程度上具有重要性，那么在处罚未遂犯时，便也应重视惹起结果的危险性。第二层面是，从刑法非难或责任归属判断的公共性质出发，以可以反映道德非难以外的因素为前提，围绕刑法非难以及随之而来的制裁(刑罚)是否具有允许运气介入的特殊性质所展开的讨论。具体而言，有观点认为，虽然既遂犯和未遂犯都应受到同等的道德非难，但根据结果的存在与否，在法律上采取不同的处理是被允许的。这类影响法的非难以及责任的运气，比照“道德运气”的说法，可以被称为“法律运气”(legal luck)。[②] 结果的有无，作为法律运气，如果能够合理地解释对刑法非难或责任所施加的影响，那么即使在未遂犯中，将结果惹起的危险性作为可罚根据也是可能的。

因此，本文将首先对围绕道德非难的归属是否可以由运气来左右，即道德运气是否存在的讨论进行梳理。其次，将概述关于法律上是否可以区别对待那些应受同等道德谴责的人，即法律运气是否存在的讨论。最后，在梳理完这些讨论的基础上，重新审视未遂犯的本质，对能够得到什么样的启示进行若干探讨。

一、道德运气相关讨论的情况

在假定刑法上的非难至少有一部分是以道德非难为基础的情况下，正如英美主观主义未遂犯论所假设的那样，既然犯罪结果及其危险

① 参见 Dana K. Nelkin, *Moral Luck*, in The Stanford Encyclopedia of Philosophy, E. N. Zalta (eds.), 2013, also see online, https://plato.stanford.edu/entries/moral-luck/,2.1。

② David Enoch, *Moral Luck and the Law*, 5 Philosophy Compass 48 (2010).

性是由运气决定的，就不应当被作为非难的对象。

正如文章开头所提到的，在英美，关于这种道德运气是否存在的争论，是由威廉姆斯和内格尔在20世纪70年代所提出的问题引起的。威廉姆斯指出，一方面，某一行为造成结果是运气问题，另一方面，在对之加以道德评价时，行为产生的结果应受到重视。① 例如，画家高更(Gauguin)为了画艺大成而抛弃家人独自前往大溪地，他的选择是正确的这一判断，只有在高更最终以画家的身份名声大噪的情况下才能成立。此外，威廉姆斯还列举了以下事例。如果一个一直谨慎驾驶的卡车司机，撞死了一个突然冲上道路的孩子，那么即使他自己完全没有过错，他也应该会对造成的后果感到后悔。周围的人看到发生意外事故的司机情绪低落，或许会对司机说些安慰鼓励的话，但如果该司机旋即改变态度，认为"事故是偶然发生的，是无可奈何的事"，则他或许就会被投来鄙夷的目光。

另一方面，内格尔提出，在威廉姆斯所关注的左右结果惹起的运气(与结果有关的运气，resultant luck)之外，在道德非难的实践中，以更多种类运气的存在为前提。② 例如，遇到能够实现犯罪意愿的情况是运气问题(与行为状况相关的运气，circumstantial luck)，以及酿成实施犯罪的品行在受到出生和生育环境等影响的意义上是运气问题(与犯罪因素相关的运气，constitutive luck)。他指出，要施加道德非难是以遇到可能实现犯罪意愿的情况为给定前提的，此外，有时具有不良品行本身也被视为道德非难的对象。③ 而且，内格尔说，如果要像控制原则所要求的那样，

---

① Bernard Williams, *Moral Luck*, in Moral Luck, Bernard Williams (ed.), Cambridge University Press, 1981, pp. 23–33.(作为简介和解说可参见：古田徹也「バーナード・ウィリアムズ『道徳的運』—要約と読解—」行為論研究1号,201,109頁。)

② Thomas Nagel, *Moral Luck*, in Mortal Questions, Thomas Nagel (ed.), Cambridge University Press, 1979, p. 24.[日译本见：永井均『コウモリであるとはどのようなことか』(勁草書房,1989年)]

③ Thomas Nagel, *Moral Luck*, in Mortal Questions, Thomas Nagel (ed.), Cambridge University Press, 1979, pp. 32–33(永井均『コウモリであるとはどのようなことか』(勁草書房,1989年)52—54頁.此外，内格尔还指出，影响道德非难程度的运气中，存在一种与人如何被预先的状况所决定相关的运气(与因果相关的运气，causal luck)。(转下页)

从道德非难的归属判断中彻底排除运气的介入,那么除了与结果有关的运气,没有理由不排除其他运气,这样一来,人就不再是责任主体了。据此,内格尔得出的结论是,道德非难的归属若遵从的是被想定为其前提的控制原则,那便是以不能被非难归属的事件为对象的悖论性实践。①

由此可见,虽然威廉姆斯和内格尔提出问题的方式不尽相同②,但共同之处在于,都肯定了影响道德责任归属判断的运气的存在。以提出这些问题为源头,围绕道德运气的存在问题涌现出了怎样的观点呢?下面,将对相关讨论的情况进行整理。

(一) 关于道德运气是否存在的直观对立

1. 道德运气否定论的根据及其问题点

主张道德运气不存在,即认为结果的有无不影响道德非难程度的观点,重视控制原则,认为不能对行为人无法随心左右之事加以非难。在康德看来,"但凡道德的善,都是由善的意志所决定的,并非实现了作为目标的事物才成为善"③,控制原则,一般被认为可以在康德的这一论述中找到其渊源。同样的道理也适用于恶的意志。也就是说,道德上的恶,只由恶的意志决定,即便所欲求的不正当结果在运气的影响下实际发生,也并不意味着这种恶就会增大。④ 因此,在英美支持主观主

(接上页)内格尔将这一类别与决定论的问题联系起来进行了论述,但有人指出,由于这种与因果相关的运气可以通过与行为状况相关的运气和与犯罪因素相关的运气的组合来进行说明,因此是一个多余的类别(Andrew Michael Latus, *Moral Luck*, in The Internet Encyclopedia of Philosophy, James Feiser et al. (ed.), 2001, also see online, http://www.iep.utm.edu/moralluc/, 2.b.iii)。

① Thomas Nagel, *Moral Luck*, in Mortal Questions, Thomas Nagel (ed.), Cambridge University Press, 1979, pp. 34-35[永井均『コウモリであるとはどのようなことか』(勁草書房,1989年)55—56頁。]

② 关于威廉姆斯和内格尔的见解,见:門脇俊介「こわれものとしての道徳—道徳上の運について—」高橋久一郎編『応用倫理学講義七問い』(岩波書店,2004年)175—179頁。

③ 另参见篠田英雄訳『道徳形而上学原論』(岩波書店,1960年)24—25頁。

④ Thomas Nagel, *Moral Luck*, in Mortal Questions, Thomas Nagel (ed.), Cambridge University Press, 1979, pp. 24-25[永井均『コウモリであるとはどのようなことか』(勁草書房,1989年)40—41頁.]又参见 Michael S. Moore, *The Independent Moral Significance of Wrongdoing*, 5 Journal of Contemporary Legal Issues 240 (1994).

义未遂犯论的人一直主张，既遂犯和未遂犯既然都是基于惹起结果的意志所做的尝试，那么二者在道德非难上就没有区别，从而应当避免依据运气来适用法律，因此对二者实施同等刑罚也符合比例原则(principle of proportionality)。[①] 另外，对于在充分注意到他人的基础上实施行为的人，即使其行为偶尔引发了结果，也不应进行道德非难，但如果行为人有可非难的意志(有责性，culpability)，那么结果的惹起本身也难以成为获得道德上重要性的根据。[②]

然而，对这种道德运气否定论却有如下批评。首先，康德所说的毕竟只是对善的意志的阐述，能否从中找到控制原则的渊源仍是个问题。[③] 其次，更成问题的是，在道德运气否定论中，控制原则被随意适用。换言之，如果像内格尔所指出的那样，应当从道德非难的归属判断中排除运气的影响，那么就没有理由不排除形成意志、尝试实施行为以后的运气(与结果相关的运气)，也没有理由不排除影响意思征表及其形成的运气(与行为状况相关的运气以及与犯罪因素相关的运气)。这样一来，道德非难就无法被归属于任何人。为此有人指出，在否定道德运气的存在的基础上，如果仍然主张行为人的意志或尝试是非难的对

① H.L.A. Hart, *Punishment and Responsibility*, Oxford University Press, 2008, pp. 129 - 130; Andrew Ashworth, *Criminal Attempts and the Role of Resulting Harm under the Code, and in the Common Law*, 19 Rutgers Law Journal 733, 741 - 742 (1988); David Lewis, *The Punishment that Leaves Something to Chance*, 18 Philosophy & Public Affairs 53 - 54 (1989); Sanford H. Kadish, *The Criminal Law and the Luck of the Draw*, 84 Journal of Criminal Law & Criminology 688 - 695 (1994); Joel Feinberg, *Equal Punishment for Failed Attempts: Some Bad but Instructive Arguments against It*, 37 Arizona Law Review 118 - 119 (1995); Andrew Ashworth & Jeremy Horder, *Principles of Criminal Law*, Oxford University Press, 2013, p. 455. 摩尔将这一想法评价为“标准的成熟观点(standard educated view)”[Michael S. Moore, *The Independent Moral Significance of Wrongdoing*, 5 Journal of Contemporary Legal Issues 238 (1994)]。

② Larry Alexander & Kimberly Kessler Ferzan, *Crime and Culpability*, Cambridge University Press, 2009, pp. 172 - 173, 178 - 179.

③ Thomas Bittner, *Punishment for Criminal Attempts: A Legal Perspective on the Problem of Moral Luck*, 38 Canadian Journal of Philosophy 65 (2008)中指出，康德反而采取了一种立场，“即当行为人有恶的意志时，其行为产生的恶的结果，即使是非意愿的，或者只是偶然造成的，也会被列为非难的对象”。又参见：David Enoch, *Moral Luck and the Law*, 5 Philosophy Compass 46 (2010).

象，就需要解释如何消除这种道德非难中的悖论。①

2. 道德运气肯定论的根据及其问题点

主张道德运气存在，即认为结果的有无影响道德谴责程度的观点，强调了行为所惹起的结果在日常性道德非难的归属判断中被定位为重要因素。

但是，对此一直存在一种批判，即如果不能够完全否定"但凡偶然发生的事件都不被当作非难对象"这一控制原则②，那么，为什么需根据被惹起的结果来进行道德非难的归属这一点并不明确。③

（二）尝试处理道德运气否定论和肯定论中问题点

1. 道德非难悖论的消解

如果否定道德运气的存在，道德非难的归属主体就会消失。针对这一问题，从依据结果的惹起进行处罚是对是错的角度出发，尝试对相关讨论做以下整理说明。

（1）证明问题的还原

第一，一种可以看到的解释是，在运气的影响下产生的客观行为和结果，作为行为人具有犯罪意愿的证据而被要求。这种解释的前提是，没有实施任何犯罪行为的人、实际实施了犯罪行为的人以及实施犯罪行为后又惹起结果的人，本来就值得同等非难。也就是说，将控制原则

---

① Fernando Rudy Hiller, *How to (dis)solve Nagel's Paradox about Moral Luck and Responsibility*, 39 Manuscrito 5 - 6 (2016). 福間聡,「道徳的運に抗して—コントロール条件に基づく道徳的責任の再検討」,倫理学年報,50集,2001,128 - 129頁参照。

② 提出了从对惹起的结果的重视与控制原则之间的矛盾出发，应当放弃对行为者进行敌对（against）非难的实践这一启示。Brynmor Browne, *A Solution to the Problem of Moral Luck*, 42 Philosophical Quarterly 349 - 354 (1992). See, Dana K. Nelkin, *Moral Luck*, in The Stanford Encyclopedia of Philosophy, E. N. Zalta (eds.), 2013, see also online, https://plato.stanford.edu/entries/moral-luck/, 4.2.1.

③ 参见 David Enoch & Andrei Marmor, *The Case against Moral Luck*, 26 Law & Philosophy 411 (2007); Dana K. Nelkin, *Moral Luck*, in The Stanford Encyclopedia of Philosophy, E. N. Zalta (eds.), 2013, see also online, https://plato.stanford.edu/entries/moral-luck/, 4.2。

理解为,“在去掉控制不了的因素后,对于有犯罪意愿,并且已经构成犯罪行为的人,就可以加以非难”。[①] 另一方面,虽说受到了运气的影响,但对于没有实施任何犯罪行为的人,不能在现实中加以非难,这是因为不能确信他是否真的有实施犯罪的意志,以及是否在情况成熟的情况下就会趁机实施犯罪行为。[②] 再者,鉴于作为道德非难之基础的犯罪人心理状态的认定仍然存在局限性,有人主张,所惹起的结果也可以用作证明行为人心理状态的明显证据。[③]

---

① Fernando Rudy Hiller, *How to (dis)solve Nagel's Paradox about Moral Luck and Responsibility*, 39 Manuscrito 11 (2016) 以及 Michael J. Zimmerman, Taking Luck Seriously, 99 *Journal of Philosophy* 561 - 564 (2002)中,在对控制原则作如本文一样的解释的同时,纯粹从伦理学的角度出发,对行为人值得多大非难的责任“程度”(degree)问题和行为人对何种事件承担责任的责任“范围”(scope)问题进行了区分,认为虽然后者受运气的左右,但前者不应受运气的影响。例如,同样是不小心驾驶,造成事故的人和没有造成事故的人,其承担责任的范围是不同的(造成事故的人对造成受害者的死亡承担责任),但应承担的责任的程度是相同的。如此,把这些传统的道德实践定位为不完全之物,是否定道德运气存在的必然归结[Dana K. Nelkin, *Moral Luck*, in The Stanford Encyclopedia of Philosophy, E. N. Zalta (eds.), 2013, see also online, https://plato.stanford.edu/entries/moral-luck/, at 4.1.1.]。但是,这种主张很难成为刑法上的非难和刑罚的基础,主张者也承认了这一点。另一方面,针对是否肯定“如果除去控制不了的因素,仍会实施犯罪行为”这一反事实的条件这一问题,有批评认为,对修正了这一前提条件的可能性世界的探讨,不适合作为对现实世界对象的判断基础[Fernando Rudy Hiller, *How to (dis)solve Nagel's Paradox about Moral Luck and Responsibility*, 39 Manuscrito 12 (2016)]。这一批判,与在日本围绕不能犯的成立与否的讨论中,(修正的)客观危险说所主张的可谓是同样的东西。奥村正雄「不能犯論における危険概念の構造—客観的危険説と具体的危険説—」同志社法学 57 巻 6 号(2006 年)122 頁;武田誠「『不能犯論』再論」國學院法學 50 巻 2 号(2012 年)24 頁;佐藤拓磨『未遂犯と実行の着手』(慶應義塾大学出版会,2016 年)77 頁;等等。另参见安藤馨「法と危険と責任と」法学教室 421 号(2015 年)57 頁以下。与之相对,作为尝试对反事实条件中被替换的事实进行限定的有:和田俊憲「未遂犯」山口厚編『クローズアップ刑法総論』(成文堂,2003 年)201—202 頁;林陽一「不能犯について」芝原邦爾ほか編『松尾浩也先生古稀祝賀論文集　上巻』(有斐閣,1998 年)379 頁;佐藤拓磨『未遂犯と実行の着手』(慶應義塾大学出版会,2016 年)79 頁以下等。

② Norvin Richards, *Luck and Desert*, 95 Mind 203 - 205 (1986). 又见:Nicholas Rescher, *Moral Luck*, in Moral Luck, Daniel Statman (ed.), State University of New York Press, 1993, p. 141.将道德非难的实践与进化论和集体生活联系起来讨论,从而支持还原证明问题这一进路的有:Neil Levy, *Dissolving the Puzzle of Resultant Moral Luck*, 7 Review of Philosophy and Psychology 127 (2016).

③ Stephen J. Schulhofer, *Harm and Punishment: A Critique of Emphasis on the Results of Conduct in the Criminal Law*, 122 University of Pennsylvania Law Review (转下页)

但是，对于这种将运气对道德非难的归属判断的介入还原为单纯证明问题的观点，有批评指出，行为人意志的证明只以客观事实为基础是没有根据的。[①] 还有人指出，即使在未来通过某种方式，可以很容易地认定行为人的心理状态，但结果的惹起也会影响道德非难的程度，这一直观感受是抹不掉的。[②] 此外，根据实际实施的犯罪行为和惹起的结果来证明行为人的心理状态的解释，并没有明确说明拥有这种心理状态是否也会受到运气的影响，因而仍然无法消解内格尔所指出的道德非难悖论的问题。[③] 另外，还有人提出这样一些观点：其一，如果说进行到面向既遂的最终行为的阶段，就可以充分证明行为人的犯罪意志，那么就没有理由要求结果的惹起；其二，如果只有惹起结果才能认定行为人的意志，那么对于未遂犯就不该是减轻刑罚而应是不予处罚[④]；其

（接上页） 1590 (1974). *See*, David Lewis, *The Punishment that Leaves Something to Chance*, 18 Philosophy & Public Affairs 57 (1989). David Enoch & Andrei Marmor, *The Case against Moral Luck*, 26 Law & Philosophy 415 - 416 (2007). Andrew Cornford, *Resultant Luck and Criminal Liability*, in The Structure of Criminal Law, R. A. Duff et al. (eds.), Oxford University Press, 2011, p. 47. 另外，也有对于与结果相关的道德运气的存在这一直观，并非通过认识到结果惹起事实，而是从认识到容易产生（并非偶然产生的）该结果（后视偏见，hindsight bias）来展开说明的［Darren Domsky, *There is No Door: Finally Solving the Problem of Moral Luck* (2004) 101 The Journal of Philosophy 445］。See, Neil Levy, *Dissolving the Puzzle of Resultant Moral Luck*, 7 Review of Philosophy and Psychology 134 - 135 (2016).

① David Lewis, *The Punishment that Leaves Something to Chance*, 18 Philosophy & Public Affairs 57 (1989); Ken O'Day, *Some Thoughts on Joel Feinberg's Modest Proposal: Is It Really Such a Modest Proposal After All?*, 37 Arizona Law Review 245 (1995); Andrew Cornford, *Resultant Luck and Criminal Liability*, in The Structure of Criminal Law, R. A. Duff et al. (eds.), Oxford University Press, 2011, p. 47.

② *See*, Neil Levy, *Dissolving the Puzzle of Resultant Moral Luck*, 7 Review of Philosophy and Psychology 128, 133 (2016).

③ Dana K. Nelkin, *Moral Luck*, in The Stanford Encyclopedia of Philosophy, E. N. Zalta (eds.), 2013, see also online, https://plato.stanford.edu/entries/moral-luck/, 4.1.1. See also, Anders Schinkel, *The Problem of Moral Luck: An Argument against its Epistemic Reduction* 12 Ethical Theory and Moral Practice 267 (2009); David W. Concepcion, *Moral Luck, Control, and the Bases of Desert*, 36 Journal of Value Inquiry 457 - 458 (2002).

④ Sanford H. Kadish, *The Criminal Law and the Luck of the Draw*, 84 Journal of Criminal Law & Criminology 685 (1994). 不过，即使不惹起结果，在尝试犯罪的时点也能证明犯罪意志，但结果的惹起证明了“其意志是坚定的”，那么就可以说明未遂犯也要受（转下页）

三,在未明确行为人具有何种意志的情况下,用结果惹起的证明代替意志的证明的做法,会与要求超过合理怀疑这一证明标准的刑事司法原则相冲突。[①]

(2) 与只和结果相关的运气的区别

第二,一种与上述不同的解释指出,虽然可以将与行为状况和犯罪因素相关的运气的影响理解为施加道德非难的前提,但与结果相关的运气的影响却无法作同样的理解。根据这一解释,实际上没有犯罪意志的人,或是没有实施犯罪行为的人,根本就不值得道德非难。[②] 这是因为,在形成犯罪意志以及犯罪意志被发现的过程中,确实有各种各样偶然的情况介入,但即使这样,人对于自己的"意志"或"行为的选择"仍然还是有控制的。与之相对,与结果相关的运气,是在根据自己的意志做出行为选择之后才介入进来的,因而绝非行为人所能控制,故不应被作为道德非难的对象。[③] 刑法中行为规范的指涉对象被假设为能够做出合理选择的"自律"(autonomy)的人,而讨论道德运气的刑事法学家

(接上页)到处罚的理由。但是,如果从控制原则出发,从行为人的意志中寻求道德非难的根据的话,则可以归结为,根据坚定的意志导致结果的既遂犯比未遂犯更值得谴责。See, Ken O'Day, *Some Thoughts on Joel Feinberg's Modest Proposal: Is It Really Such a Modest Proposal After All?*, 37 Arizona Law Review 245 (1995). 事实上,否认道德运气存在的A.阿什沃思认为,在达到走向既遂的最终行为的完全未遂(complete attempt)和既遂之间,难以发现道德上的差异,但在没有达到最终行为的不完全未遂(incomplete attempt)和完全未遂之间,却存在道德上的差异,对于不完全未遂,应当减轻刑罚(Andrew Ashworth & Jeremy Horder, *Principles of Criminal Law*, Oxford University Press, 2013, pp. 456-457)。关于阿什沃思的观点,参见山田慧「未遂犯の本質に関する一考察—英米刑法および刑法哲学における議論からの示唆—」同志社法学68巻5号(2016年)341頁以下。

① George P. Fletcher, *Rethinking Criminal Law*, Oxford University Press, 1978, p. 482. 另参见松原芳博『犯罪概念と可罰性—客観的処罰条件と一身的処罰阻却事由について—』(成文堂,1997年)197頁。

② David Lewis, *The Punishment that Leaves Something to Chance*, 18 Philosophy & Public Affairs 56 (1989).

③ Andrew Ashworth, *Criminal Attempts and the Role of Resulting Harm under the Code, and in the Common Law*, 19 Rutgers Law Journal 742-743 (1988); Sanford H. Kadish, *The Criminal Law and the Luck of the Draw*, 84 Journal of Criminal Law & Criminology 690 (1994); Larry Alexander & Kimberly Kessler Ferzan, *Crime and Culpability*, Cambridge University Press, 2009, pp. 190-191. See also, Leo Katz, *Why the Successful Assassin Is More Wicked than the Unsuccessful One*, 88 California Law Review 798-799 (2000).

则以此为前提，倾向于只关注与结果相关的运气。[①]

然而，对于这样的解释，有批评认为，即便决定论并不是正确的，意志和选择是自己所能掌控之物，但仍然很难否认在形成意志和选择的过程中，会有一些偶然的情况介入，现在还没有充分根据显示，在这些偶然情况的影响下形成的意志和选择可以作为道德非难的对象。[②] 还有人指出，在寻求排除与结果相关的运气的根据时，经常将向受害者开枪并命中的人与没瞄准的人进行比较，但这两种情形的比较并不能推导出道德判断的普遍原理。也就是说，某一行为没有惹起结果就结束了的原因，除了运气以外还可以有其他考虑。例如，可以提出这样一个问题：想要毒死被害人的人，由于不小心把还贴着有毒标签的瓶子递给了被害人，在被害人发现并导致犯罪失败的情况下，这种失败的原因又是否为行为人所控制呢？[③]

---

① Russell Christopher, *Does Attempted Murder Deserve Greater Punishment than Murder? Moral Luck and the Duty to Prevent Harm*, 18 Notre Dame Journal of Law, Ethics & Public Policy 426 (2004)(n.31). 另外，在量刑阶段，既然可以考虑被告人犯罪的经过和被告人的成长经历等，酌定予以减轻，那么与行为状况相关的运气和与犯罪因素相关的运气，在此范围内也被排除在外[David Enoch, *Moral Luck and the Law*, 5 Philosophy Compass 49 - 50 (2010)]。

② Dana K. Nelkin, *Moral Luck*, in The Stanford Encyclopedia of Philosophy, E. N. Zalta (eds.), 2013, see also online, https://plato.stanford.edu/entries/moral-luck/, 4.1.1; Ken O'Day, *Some Thoughts on Joel Feinberg's Modest Proposal: Is It Really Such a Modest Proposal After All?*, 37 Arizona Law Review 243 - 245 (1995); Thomas Bittner, *Punishment for Criminal Attempts: A Legal Perspective on the Problem of Moral Luck*, 38 Canadian Journal of Philosophy 63 - 64, 75 - 77 (2008). 另外，也有人指出，行为人即使选择实施犯罪，也有神经麻痹不能动手的情况，实际能否实施行为也是运气的问题(Bebhinn Donnelly-Lazarov, *A Philosophy of Criminal Attempts*, Cambridge University Press, 2015, pp. 163 - 164)。与上述观点相关，有人批评说，如果将未遂犯的本质理解为违反规范的行为人的意志，那么作为未遂犯成立要件的客观行为的必要性的根据就不清楚了。山田慧「未遂犯の本質に関する一考察—英米刑法および刑法哲学における議論からの示唆—」同志社法学68卷5号(2016年)345頁以下参照。

③ Thomas Bittner, *Punishment for Criminal Attempts: A Legal Perspective on the Problem of Moral Luck*, 38 Canadian Journal of Philosophy 58 - 59 (2008). See also, Barbara Herman, *Feinberg on Luck and Failed Attempts*, 37 Arizona Law Review 144 - 145 (1995). 还有人指出，即使考虑到在英美，未遂犯的成立一般需要完成犯罪的"意志"，也不能通过简单比较开枪事例，就未遂犯的量刑得出一般性的结论[Thomas Bittner, *Punishment for Criminal Attempts: A Legal Perspective on the Problem of Moral Luck*, 38 Canadian Journal of Philosophy 58 (2008)]。

2. 道德运气存在基础的积极根据

另一方面，积极地为道德运气的存在提供依据的主张有以下几点。

(1) 报应的感情、民主主义的同意

值得指出的是，认为结果的惹起影响道德非难程度的依据之一在于：当不正当的行为惹起结果时，公众会相应地感到愤慨，此外，对于未遂犯的处罚轻于既遂犯的法律及其适用，普遍会得到公众的支持。①

然而，有人批评说，公众的这种情绪取决于他们对受害者的感情投入程度，以及他们对导致结果的原因的认识程度，故而并不足以普遍性地肯定道德运气的存在。② 另外，即便公众对于结果的惹起所怀有的感情可以普遍化，且实际上，对未遂犯减轻刑罚也能得到实务支持，也仍不能将在道德非难的归属问题上要重视结果的惹起这一点，推导成为正确的结论。③

---

① George P. Fletcher, *Rethinking Criminal Law*, Oxford University Press, 1978, p. 483; Adam Smith, *The Theory of Moral Sentiments*, D. D. Raphael & A. L. Macfie (eds.), Oxford University Press/Liberty Fund, 1976, p. 100.(水田洋訳『道徳感情論(上)』(岩波文庫，2003 年)261 頁). See, Theodore Y. Blumoff, *A Jurisprudence for Punishing Attempts Asymmetrically*, 6 Buffalo Criminal Law Review 985 (2003).英国的哲学家和法学家，客观主义未遂犯论的主倡人安东尼・达夫也将刑罚理解为与合理和有责任的行为者的沟通，并重视公众对所惹起的结果的情绪。See, R. A. Duff, *Criminal Attempts*, Oxford University Press, 1996, pp. 345, 352 - 353. 关于达夫的观点，参见山田慧「未遂犯の本質に関する一考察—英米刑法および刑法哲学における議論からの示唆—」同志社法学 68 巻 5 号(2016 年)345 頁以下。

② Andrew Cornford, *Resultant Luck and Criminal Liability*, in The Structure of Criminal Law, R. A. Duff et al. (eds.), Oxford University Press, 2011, pp. 42 - 43; Judith Andre, *Nagel, Williams and Moral Luck*, 43 Analysis 203 (1983); Andrew Ashworth, *Taking the Consequences*, in Action and Value in Criminal Law, Stephen Shute et al. (eds.), Oxford University Press, 1993, p. 112; Bebhinn Donnelly-Lazarov, *A Philosophy of Criminal Attempts*, Cambridge University Press, 2015, p. 158 (n.8).

③ David Lewis, *The Punishment that Leaves Something to Chance*, 18 Philosophy & Public Affairs 54 (1989); Joel Feinberg, *Equal Punishment for Failed Attempts: Some Bad but Instructive Arguments against It*, 37 Arizona Law Review 126 (1995); Andrew Ashworth, *Taking the Consequences*, in Action and Value in Criminal Law, Stephen Shute et al. (eds.), Oxford University Press, 1993, pp. 111, 120, 124; Bebhinn Donnelly-Lazarov, *A Philosophy of Criminal Attempts*, Cambridge University Press, 2015, p. 169; Victor Tadros, *Obligation and Outcomes*, in Crime, Punishment, and Responsibility: The Jurisprudence of Antony Duff, Rowan Cruft, Matthew H. Kramer & Mark R. Reiff (转下页)

(2) 公众所抱有的感情的普遍化

受到这样的批评后，有人尝试把对被惹起的结果抱有的感情，作为普遍性的东西来进行说明。正如开篇所述，英国哲学家伯纳德·威廉姆斯着眼于自己导致结果时产生的悔恨（行为人的后悔，agent-regret），并论述了结果的惹起会影响道德责任的程度。例如，并没有过失但将行人撞死的司机，即使认识到自己没有过错，也应该对自己造成的结果抱有后悔的心情，如果完全没有这样的感情，那司机就会遭受鄙夷的目光。也就是说，行为人对不是别人而是自己引起的结果本身承担某种义务。① 目前，还不清楚威廉姆斯是否试图通过这一论述来证明，与结果相关的运气会影响道德的"非难"。② 不过，威廉姆斯指出，"行为人的人生经历，就像是一个网眼，任何意志的产物都被非意志的产物所包围和支撑，甚至部分地由它们构成"③，这对那些试图肯定道德运气存在的论者产生了巨大影响。也就是说，道德非难的实践运作是，以将行为人理解为"立身于'充斥着完全无法预见的结果的，具有复杂因果性的世界'中"④这一事实为前提的。在此基础上，还发展出了这样一种主张，即认为与对受害者的感情投入程度无关，行为人"应该"感受到威廉姆斯所说的"悔恨"，这意味着，对偶然惹起结果的人的严重非难的归属，可以被正当化（控制原则，不过是哲学的虚构）。⑤ 而

（接上页）eds., Oxford University Press, 2010, p. 179. 例如，正如学习了"囚徒困境"的学生不想采取合作行动一样，许多人认为未遂犯应该比既遂犯受到更轻的处罚，这可能是因为他们知道在实务运作中未遂犯被判处更轻的刑罚，参见 Leo Katz, *Why the Successful Assassin Is More Wicked than the Unsuccessful One*, 88 California Law Review 795 (2000).

① Bernard Williams, *Moral Luck*, in Moral Luck, Bernard Williams (ed.), Cambridge University Press, 1981, p. 27 - 30.

② David Enoch, *Moral Luck and the Law*, 5 Philosophy Compass 52 (2010) (n.5).

③ Bernard Williams, *Moral Luck*, in Moral Luck, Bernard Williams (ed.), Cambridge University Press, 1981, p. 29.

④ Margaret Urban Walker, *Moral Luck and the Virtues of Impure Agency*, 22 *Metaphilosophy* 19 (1991).

⑤ Barbara Herman, *Feinberg on Luck and Failed Attempts*, 37 *Arizona Law Review* 147 (1995); George P. Fletcher, *Rethinking Criminal Law*, Oxford University Press, 1978, p. 482; George P. Fletcher, *Basic Concepts of Criminal Law*, Oxford University Press, 1998, p. 174; R.A. Duff, *Criminal Attempts*, Oxford University Press, （转下页）

且,如果只能对行为人所能控制的事件追究责任,那么就不能把对他人的充分考虑作为一种德行来要求,而这无疑将导致一个悲惨的社会。[①]

不过,这些说法也饱受诟病。首先,由于行为人完全没有感觉到过错,因此,威廉姆斯所说的"行为人的悔恨",应该会与认为自己的行为是正当的这一认识一并存在。[②] 从而有人质疑,如果是这样,那么"行为人的悔恨",就不能成为将道德非难加诸于行为人的良好根据。[③] 还有人指出,行为人的悔恨、自责等情绪,与实际惹起的结果之间没有必

(接上页) 1996, pp. 335–338; Michael S. Moore, *Causation and Responsibility*, Oxford University Press, 2009, pp. 29–30. See, Andrew Cornford, *Resultant Luck and Criminal Liability*, in R.A. Duff, Lindsay Farmer, S.E. Marshall, Massimo Renzo & Victor Tadros (eds.), The Structure of Criminal Law, Oxford University Press, 2011, pp. 43–44; Joel Feinberg, *Equal Punishment for Failed Attempts: Some Bad but Instructive Arguments against It*, 37 Arizona Law Review 127 (1995); Fernando Rudy Hiller, *How to (dis)solve Nagel's Paradox about Moral Luck and Responsibility*, 39 Manuscrito 13–14 (2016).

① Margaret Urban Walker, *Moral Luck and the Virtues of Impure Agency*, 22 Metaphilosophy 25 (1991). See, Dana K. Nelkin, *Moral Luck*, in The Stanford Encyclopedia of Philosophy, E. N. Zalta (eds.), 2013, see also online, https://plato.stanford.edu/entries/moral-luck/, at 4.2.2.2; David Enoch, *Moral Luck and the Law*, 5 Philosophy Compass 45 (2010).

② See, Bernard Williams, *Moral Luck*, in Moral Luck, Bernard Williams (ed.), Cambridge University Press, 1981, pp. 28–33.

③ David Enoch & Andrei Marmor, *The Case against Moral Luck*, 26 Law & Philosophy 418–420 (2007); Andrew Cornford, *Resultant Luck and Criminal Liability*, in The Structure of Criminal Law, R. A. Duff et al. (eds.), Oxford University Press, 2011, p. 44–45; Neil Levy, *Dissolving the Puzzle of Resultant Moral Luck*, 7 Review of Philosophy and Psychology 129 (2016) (n.4); Joel Feinberg, *Equal Punishment for Failed Attempts: Some Bad but Instructive Arguments against It*, 37 Arizona Law Review 128 (1995); Norvin Richards, *Luck and Desert*, 95 Mind 203–205 (1986). See also, Nicholas Rescher, *Moral Luck*, in Moral Luck, Daniel Statman (ed.), State University of New York Press, 1993, p. 208; James Brady, Punishing Attempts, 63 The Monist 256 (1980). 威廉姆斯自己在后来的论文中明确指出,通过"行为人的后悔"说明运气的影响,在"伦理"(ethics)这一价值上是合理的,而在道德这一价值上是不合理的(并不肯定道德运气的存在)。Bernard Williams, *Postscript*, in Moral Luck: Philosophical Papers 1973–1980, Daniel Statman (ed.), Hart Publishing, 1993, pp. 251–258. See, Dana K. Nelkin, *Moral Luck*, in The Stanford Encyclopedia of Philosophy, E. N. Zalta (eds.), 2013, see also online, https://plato.stanford.edu/entries/moral-luck/, at 4.1.2. 在这方面,威廉姆斯试图从作为"损失的原因和赔偿"的责任这一角度来讨论运气的影响,指出其射程在于道德非难基础的"义务及其履行(违反)"的责任,即不涉及法律责任,参见古田徹也『それは私がしたことなのか行為の哲学入門』(新曜社,2013)184 頁以下。

然的关联。例如，向包括X在内的五个人随机分配枪支，其中只有一把枪装有子弹，但谁都不知道是哪把，随后五个人同时向俘虏开火，在该俘虏死亡时，X不管分配给自己的枪是否有子弹，恐怕都会感到同等程度的自责。[①] 更有人反驳说，否定道德运气的社会未必会变得悲惨。这是因为，在否定道德运气的存在的同时，仍然能够课以社会上的人们不实施可能导致犯罪结果的行为的义务，以及培养无论身处何种环境都能良好地行为这一素养的义务。[②]

(3)“危险假设”(risk assumption)

到目前为止，试图肯定道德运气的论据，还没有解决让运气介入道德非难的归属判断是不公平的这一问题，但这也提示了或许可以试图从公平性的角度肯定道德运气的存在根据。也就是说，与冒着赌输的危险而下注的赌徒，对赌场的庄家表明同意接受其结果一样，能够预想到自身的行为会产生一定的结果而仍采取该行为的行为人，对所谓道德性这一庄家，表明了其同意与自身行为的归结相对应的道德非难的归属。[③] 根据这一解释，对于施加道德非难来说，行为人对于任何可能影响行为或结果的因素的控制都是不必要的，而只要说他有“避免不法

① Jeffrey Brand-Ballard, *Moral Emotions and Culpability for Resultant Harm*, 42 Rutgers Law Journal 323 (2011). 对于这一观点，可以认为该事例是一个特殊的事例。换言之，即使分配给自己的枪里没有子弹，但无论怎样，由于其他人的开枪，受害者死亡，那么实际上是谁造成的死亡就变得不重要了，即使最后确定是由于自己的开枪造成的受害者死亡，自责的念头也并不强烈。但是，例如，如果X先杀死了早晚会被Y杀死的V，则不能认为X对V的死亡结果不承担责任，所以上述反驳失之偏颇(Ibid., at pp. 324－325)。

② Dana K. Nelkin, *Moral Luck*, in The Stanford Encyclopedia of Philosophy, E. N. Zalta (eds.), 2013, see also online, https://plato.stanford.edu/entries/moral-luck/, at 4.2.2.2.

③ Ken Levy, *The Solution to the Problem of Outcome Luck: Why Harm Is Just as Punishable as the Wrongful Action That Causes It*, 24 Law & Philosophy 264－266, 281－286 (2005). 从平等论中的选择性运气(option luck)和非选择性运气(brute luck)的角度出发，做出了相同说明的有：Michael Otsuka, *Moral Luck: Optional, Not Brute*, 23 Philosophical Perspectives 379 (2009). See, Bebhinn Donnelly-Lazarov, *A Philosophy of Criminal Attempts*, Cambridge University Press, 2015, p. 166; Andrew Cornford, *Resultant Luck and Criminal Liability*, in The Structure of Criminal Law, R. A. Duff et al. (eds.), Oxford University Press, 2011, pp. 47－48.

行为的公平机会"就足够了。[①] 而且,具有这样的机会,其实也是在说,行为人具有理解实施行为的理由(规范)的意义的能力,且没有出现明显阻碍这种能力发挥的状况,而这无外乎是缺少刑法上的免除事由(exemptions,精神异常、不成熟、无法抑制的愤怒等)以及免责事由(excuses,强制、强迫、无知等)的情况。[②]

然而,对于这乍一看似乎很有说服力的解释,也有人批评道,"这只是结论先行"。也就是说,意识到结果产生的危险而实施行为之所以能够成为一种"赌博"的前提,无非是结果的存在与否在道德上是重要的。[③] 在道德运气否定论者看来,在出现可能引起结果的行为时,该行为人的道德非难程度是确定的,从而应否定道德"下注"的想法。[④]

---

① Fernando Rudy Hiller, *How to (dis)solve Nagel's Paradox about Moral Luck and Responsibility*, 39 Manuscrito 19 (2016).

② Fernando Rudy Hiller, *How to (dis)solve Nagel's Paradox about Moral Luck and Responsibility*, 39 Manuscrito 20 - 21 (2016). 此外,有人指出,内格尔所说的道德非难悖论,是由于要求"完全控制"作为道德非难的前提,并将这种控制所不能及的、影响行为及其后果的外部因素与免除事由或免责事由并列而产生的。也就是说,即使与行为状况相关的运气或与犯罪因素相关的运气对行为产生了影响,但只要其没有导致满足一般免除事由和免责事由这一判断的做出(除非它们妨碍"能够避免非法行为"的认定),那么对于道德非难的归属而言就是无足轻重的(*Ibid.*, at pp. 22, 25 - 26)。

③ Andrew Cornford, *Resultant Luck and Criminal Liability*, in The Structure of Criminal Law, R. A. Duff et al. (eds.), Oxford University Press, 2011, p. 48.

④ Bebhinn Donnelly-Lazarov, *A Philosophy of Criminal Attempts*, Cambridge University Press, 2015, p. 167. 另一方面,有人认为,可以从于"赞赏"(praise)这一反应的类比来解释"是否能够避免采取不法行为"就足够了。也就是说,在得到某种善的结果的情况下,即使这是偶然的结果,只要行为人"出于正当的理由,做了正当的事情",该行为人就值得赞扬,那么在"谴责"(blame)这一反应中也同样,只要行为人"出于正当的理由,'能够'做正当的事情",该行为人就可以说是值得非难的[Fernando Rudy Hiller, *How to (dis)solve Nagel's Paradox about Moral Luck and Responsibility*, 39 Manuscrito 19 - 20 (2016)]。一般来说,对于从"赞扬"的类比来考察"非难"的做法,有批评认为,即使完全无法预期的善的结果是值得赞扬的,也不能说同样的事情就可以适用于非难[Leo Katz, *Why the Successful Assassin Is More Wicked than the Unsuccessful One*, 88 California Law Review 797 (2000)]。不过,在发生完全无法预期的善的结果的情况下,以及基于恶的意志进行的行为偶然产生善的结果的情况下,也可以说该行为人是不值得赞赏的。See, Larry Alexander & Kimberly Kessler Ferzan, *Crime and Culpability*, Cambridge University Press, 2009, pp. 178 - 179. 需要注意的是,质疑"是否能够避免采取不法行为"的观点,也认为只要"出于正当的理由,做了正当的事情",就值得赞赏。

(4) 着眼于“运气”这一词汇的意义

支持结果的惹起影响道德非难程度的根据——还有观点指出——在于即便对于结果,行为人也是能够加以控制的。换言之,他们主张,在控制原则上应该排除的只有使行为的结果等成为通常无法设想的异常之物的“运气”。例如,如果从非常近的距离,将枪口对准被害人,然后瞄准射击的子弹击中被害人,被害人因而死亡,既然该被害人的死亡结果是能够被合理地预想的,那么就很难再说“该被害人的死亡是运气造成的”。这种情况下,可以说行为人对其结果进行了控制。① 在关注“能够被合理地预想的结果”这一点上,这种解释与基于上述“危险假设”的解释具有相同的前提,但不同的是,其认为结果不取决于运气(行为者并非通过“下注”将结果交给运气)。也就是说,“只有在造成异常因果流程的运气介入的情况下,道德非难才会被否定”,这可以说是对“道德运气”的意义做了消极的理解。

但是,有批评指出,即使消极地理解道德运气的意义,但既然有可能发生异常情况,就谈不上对结果进行了控制。② 此外,根据上述解释,既然“实现通常会发生的结果”不是运气的问题,那么由此产生的结果就会成为非难的对象。但这也同时意味着,“因预想之外的事件导致

① Michael S. Moore, *The Independent Moral Significance of Wrongdoing*, 5 Journal of Contemporary Legal Issues 257 - 258 (1994); R.A. Duff, *Criminal Attempts*, Oxford University Press, 1996, p. 331; Ken Levy, *The Solution to the Problem of Outcome Luck: Why Harm Is Just as Punishable as the Wrongful Action That Causes It*, 24 Law & Philosophy 278 - 279 (2005). See, Bebhinn Donnelly-Lazarov, *A Philosophy of Criminal Attempts*, Cambridge University Press, 2015, pp. 161 - 162; Jeffrey Brand-Ballard, *Moral Emotions and Culpability for Resultant Harm*, 42 Rutgers Law Journal 321 (2011). See also, Thomas Bittner, *Punishment for Criminal Attempts: A Legal Perspective on the Problem of Moral Luck*, 38 Canadian Journal of Philosophy 71 - 75 (2008); Steven D. Hales, *A Problem for Moral Luck*, 172 Philosophical Studies 2385 (2015).

② Ken Levy, *The Solution to the Problem of Outcome Luck: Why Harm Is Just as Punishable as the Wrongful Action That Causes It*, 24 Law & Philosophy 280 - 281 (2005). 另一方面,存在这样的问题,即在被认为“对结果能够进行控制”时,如果没有产生结果,行为人应该是对“结果的不发生”进行了控制,这样,就会认定行为人没有惹起结果的意图,那么未遂犯的责任就会一律被否定了[Russell Christopher, *Control and Desert: A Comment on Moore's View of Attempts*, 5 Journal of Contemporary Legal Issues 114 - 115 (1994).]。

结果没有发生”是运气问题,这种“结果偶然地未发生”不会成为道德谴责的对象。这样一来,就可以提出这样的疑问,比如,在从非常近的距离瞄准开枪但偶然落空的情况下,对此进行道德非难时,恐怕无法不重视结果未发生这一点。[①] 即使能够说明确实可以对结果加以控制,但在由于运气的影响发生可以左右道德非难程度的事件时,其正当化根据至今还未被找到。[②]

(三) 与道德运气相关的讨论的现状

正如我们所看到的,伴随着对存在道德运气的否定,消解道德非难悖论的尝试受到了许多质疑和批评。另一方面,无论是试图通过否定控制原则,还是试图按照控制原则来建立,肯定道德运气存在的积极根据,都存在难以忽视的问题。因此,有人认为,关于道德运气存在与否的争论,处于不得不互相转嫁证明责任的境地[③],从而理论进展仅仅是停留在围绕控制原则与日常道德判断实践孰是孰非的直观对立的层面。[④]

---

① See, R.A. Duff, *Criminal Attempts*, Oxford University Press, 1996, pp. 333-334. See also, Barbara Herman, *Feinberg on Luck and Failed Attempts*, 37 Arizona Law Review 147 (1995).

② R.A. Duff, *Criminal Attempts*, Oxford University Press, 1996, p. 334. 另一方面,有观点[Thomas Bittner, *Punishment for Criminal Attempts: A Legal Perspective on the Problem of Moral Luck*, 38 Canadian Journal of Philosophy 79-80 (2008).]指出,对于那些为了杀害受害者而开枪,但因偶然而偏离目标的人,应认为“可以让他们对试图杀害受害者而造成的危殆化负责,但不能让他们负担侵害了受害者的责任,因为无论如何受害者没有受到侵害”。但是,这样的解释很难说服道德运气否定论者。

③ Dana K. Nelkin, *Moral Luck*, in The Stanford Encyclopedia of Philosophy, E. N. Zalta (eds.), 2013, see also online, https://plato.stanford.edu/entries/moral-luck/, 4.2.2.2. 此文指出,这作为肯定道德运气存在的依据,能够提出的唯一一点是,道德运气否定论者无法消除内格尔所说的道德非难悖论问题。

④ David Enoch, *Moral Luck and the Law*, 5 Philosophy Compass 48 (2010); Victor Tadros, *Obligation and Outcomes*, in Crime, Punishment, and Responsibility: The Jurisprudence of Antony Duff, Rowan Cruft, Matthew H. Kramer & Mark R. Reiff (eds.), Oxford University Press, 2010, p. 173. 另一方面,在这种情况下,有文章[Leo Katz, *Why the Successful Assassin Is More Wicked than the Unsuccessful One*, 88 California Law Review 799-806 (2000).]为有关未遂犯减轻刑罚的根据,增加了有趣的思考。过去根据道德运气问题对未遂犯科刑的讨论只关注结果的有无这一既遂犯和未遂犯的不同之处,而这一思考(转下页)

二、法律运气相关讨论的情况

在围绕道德运气的争论呈现出势均力敌的对立态势时，有观点认为，虽然在道德非难的层面，不应重视作为运气产物的犯罪结果，但在刑法这一制裁体系领域，可以将结果加入判断中。这是因为，刑法上的非难、责任及以此为基础的刑罚，具有公共性质，从而可以要求有表达道德非难以外的功能。刑法上的非难或责任的归属，不只反映道德非

（接上页）增加了"后悔并采取措施防止达到既遂的人，比不这样做的人应受到更轻微的非难"这一新视角。然后通过比较下面的各种事例，表明既遂犯比未遂犯应受到更严重的非难。

※即使让五个人喝下致死量的毒药，也能通过杀死另外一人，并从那个人那里移植器官，来救助这五个人：

① A1 打算杀死这五个人，并让他们服毒致死。

② A2 不打算杀这五个人，于是让这五个人服毒后又杀了另外一个人，救了这五个人。

③ A3 打算杀死这五个人，并让他们服下毒药，之后改变想法，杀了另一个人救了这五个人。

④ A4 打算杀死这五个人而让他们服下毒药，但由于投放的毒药未达到致死量，因此未导致这五个人死亡。

在这些情况下，A1（五项杀人既遂罪）比 A2（五项伤害罪和一项杀人既遂罪）值得更重的非难。其次，A3 的非难程度，位于 A1 和 A2 之间（A2 和 A3 的客观行为是相同的，A3 的主观方面在改变想法之前与 A1 相同，之后与 A2 相同）。而 A4（五项杀人未遂罪）的非难程度，比 A3 轻（A4 与 A3 不同，没有出现杀死另一人这种值得非难的行为）。综上，我们可以得出这样的结论：A1（既遂）应该受到比 A3 更重的非难，A4（未遂）应该受到比 A3 更轻的非难，因此既遂犯受到比未遂犯更重的非难。这样的结论，可以通过不依赖于与结果相关的运气的直观推导出来。此外，像 A3 那样，即使出现了杀害另一个人的违反义务的行为，其道德非难也会减轻，因此，不能说道德非难被已经发射的子弹的轨迹等无法控制的事件左右是不正当的。

另外有观点[Russell Christopher, *Does Attempted Murder Deserve Greater Punishment than Murder? Moral Luck and the Duty to Prevent Harm*, 18 Notre Dame Journal of Law, Ethics & Public Policy 427 - 432 (2004).]指出，可以将要求"履行防止使得受害者危殆化后发生结果的义务"作为上述中止行为降低非难程度的理论依据。关于中止行为的考虑，即便既遂犯和未遂犯值得同等非难，也仍然可以说明在实施了中止行为的情况下，非难的程度会有所降低。但是，如果只根据试图完成犯罪和是否履行了防止结果发生的义务来把握非难可能性的话，没有履行该义务的未遂（典型的未遂），应该比履行了该义务的既遂（中止行为没有奏效的情况）受到更重的非难，对于这一结论的接受程度，显示了只对自己能够控制的事件承担责任（结果的有无，不影响责任的有无和程度）这一立场的不正当性[Russell Christopher, *Does Attempted Murder Deserve Greater Punishment than Murder? Moral Luck and the Duty to Prevent Harm*, 18 Notre Dame Journal of Law, Ethics & Public Policy 433 - 434 (2004)]。

难,更是与道德非难“相关”的法的实践[①],运气有时在其中发挥着重要功能。[②] 如下所示,这些主张主要集中在对未遂犯和既遂犯的“量刑”问题上。在此,从有无结果这一“一般”特征出发,讨论了对未遂犯和既遂犯的量刑。也就是说,这里的焦点是,未遂犯的“法定刑”比既遂犯轻,或者法院统一对未遂犯判处比既遂犯轻的刑罚。因此,如果能够合理地说明结果的有无会对未遂犯的法定刑或者法院的统一量刑判断产生影响,那么在探讨犯罪是否成立时,也可以将客观结果定位为重要的因素,从而得出在未遂犯的处罚根据问题上,也应重视结果惹起的危险性。

下面,将对即使结果的有无是偶然造成的,也会影响刑法上犯罪的成立与否或是法定刑的轻重的观点,即认为存在法律运气的观点加以概述。

(一) 刑事上的抽签

首先,重视依赖于运气的结果惹起,从而对既遂犯的处罚比未遂犯更重的做法,等于是将刑罚的轻重交给抓阄这样的抽签结果,但有观点认为,既然所有试图犯罪的人都有机会抽到这个阄,只要阄没有被不正当地操纵,就不能说是不公平的。[③] 也就是说,如果是基于相同的意

---

① David Enoch & Andrei Marmor, *The Case against Moral Luck*, 26 Law & Philosophy 412 - 413 (2007). See also, Andrew Ashworth, *Taking the Consequences*, in Action and Value in Criminal Law, Stephen Shute et al. (eds.), Oxford University Press, 1993, p. 204.

② See, Ken Levy, *The Solution to the Problem of Outcome Luck: Why Harm Is Just as Punishable as the Wrongful Action That Causes It*, 24 Law & Philosophy 273 (2005); Thomas Bittner, *Punishment for Criminal Attempts: A Legal Perspective on the Problem of Moral Luck*, 38 Canadian Journal of Philosophy 57 (2008). 不过,那些否认道德运气的存在,支持未遂犯和既遂犯同等处罚的人也认为,贯彻这种想法,从而取消未遂犯和既遂犯的区别是不切实际的。See, Andrew Ashworth, *Criminal Attempts and the Role of Resulting Harm under the Code, and in the Common Law*, 19 Rutgers Law Journal 770 - 771 (1988); Sanford H. Kadish, *The Criminal Law and the Luck of the Draw*, 84 Journal of Criminal Law & Criminology 701 (1994). 另一方面,在彻底贯彻道德运气否定论,取消未遂犯和既遂犯的区别的基础上,也有人建议设立“不法杀人行为”(Wrongful Homicidal Behavior)这种不以死亡结果为成立要件的概括性犯罪,参见 Joel Feinberg, *Equal Punishment for Failed Attempts: Some Bad but Instructive Arguments against It*, 37 Arizona Law Review 119 (1995)。

③ David Lewis, *The Punishment that Leaves Something to Chance*, 18 Philosophy & Public Affairs 58 - 62 (1989).

志、以相同的方式试图实施的行为，由此发生结果的可能性是相同的，因此不会不公平地对待造成结果的人和没有造成结果的人。

然而，对这种主张的批评是，即使公正地进行抽签，在判处刑罚时，使用这种抽签也没有消除根本的不正义。[①] 换言之，既然具有犯罪意志并实行了犯罪行为，那么将在道德上应该值得同等非难的既遂犯和未遂犯判处不同的刑罚这一事实本身是重要的，而二者具有被判处轻刑的同等可能性这一事实（分配刑罚的程序是公平的）却并不重要。对此，也有人提出反驳，认为超过道德非难的程度而施加刑罚是不公平的，但由于运气的作用，科以"低于"道德非难程度的刑罚却并非不公平。[②] 但是，这种反驳所立足的是受到较轻刑罚的人的立场，对于受到较重刑罚的人来说，应该会对由于偶然的原因，只有自己受到较重的处罚这一点，感觉不公平。[③]

（二）被害、报应情感的填补

也有观点指出，在判处刑罚时之所以重视所造成的后果，是为了让犯罪分子弥补自身造成的损害，消除受害者和社会对后果的愤慨。杀害被害人的人虽然不能从物理上恢复其损害，但可以通过承担相应的刑罚，来履行弥补该损害的义务。[④]

---

① Sanford H. Kadish, *The Criminal Law and the Luck of the Draw*, 84 *Journal of Criminal Law & Criminology* 691 (1994). See also, Richard Parker, Blame, *Punishment and the Role of Result*, 21 American Philosophical Quarterly 273 (1984).

② See, Michael S. Moore, *The Independent Moral Significance of Wrongdoing*, 5 Journal of Contemporary Legal Issues 245 - 246 (1994).

③ Sanford H. Kadish, *The Criminal Law and the Luck of the Draw*, 84 Journal of Criminal Law & Criminology 691 - 692 (1994).

④ John Smith, *The Element of Chance in Criminal Liability*, *Criminal Law Review* 63(1971); James Fitzjames Stephen, *A History of the Criminal Law of England*, Vol. 3, Macmillan and Co., 1883, p. 311; George P. Fletcher, *A Crime of Self-Defense: Bernhard Goetz and the Law on Trial*, Free Press, 1988, pp. 63 - 83.指出，虽然基于控制原则的道德运气否定论很难被推翻，也还没有找到在非难归属中应该重视结果的根据，但法应该是从普通市民的感觉出发，被现实化的规则[可以参见渡辺修・佐藤雅美訳『正当防衛ゲッツ事件とアメリカ刑事司法のディレンマ』(成文堂，1991 年)87—115 頁]。

然而,这种主张一直受到批评——认为它混淆了以刑罚为基础的刑事责任和通过与产生的结果之间的关系来确定的赔偿责任。[①] 而且,既然不能从物理上弥补所产生的损害,那么根据损害施加刑罚,就只能是以满足受害者和社会的报应情绪为目的[②],回应这种情绪也许是明智的,但是要说可以将严重的刑罚予以正当化,恐怕还存有问题。[③]

另一方面,也有人指出,在对道德问题的争论势均力敌的情况下,在刑罚中考虑这种"罪犯对被害者承担的义务"的观点可能具有重要意义。英国客观主义未遂犯论的主倡者安东尼·达夫(Damien Anthony Duff)认为,法律应尊重公民作为一个能够接受劝说的、合理且有责任的行为人的身份,而刑罚应被视为一种能够使罪犯理解他们所做的行为之意义的沟通方式。这种观点试图将罪犯对被害人承担的义务,反映在国家所科以的作为其责务的刑罚中,这种思考方向本身是妥当的。[④] 但是,对于达夫的这种观点,有人批评说,作为国家的责务,没有根据在应该传达给罪犯并使其认识的内容中包含结果的惹起。[⑤] 更有

---

① H.L.A. Hart, *Punishment and Responsibility*, Oxford University Press, 2008, pp. 130-131; Andrew Ashworth, *Criminal Attempts and the Role of Resulting Harm under the Code, and in the Common Law*, 19 Rutgers Law Journal 735 (1988); Joel Feinberg, *Equal Punishment for Failed Attempts: Some Bad but Instructive Arguments against It*, 37 Arizona Law Review 123 (1995).

② Sanford H. Kadish, *The Criminal Law and the Luck of the Draw*, 84 Journal of Criminal Law & Criminology 692-693 (1994).

③ H.L.A. Hart, *Punishment and Responsibility*, Oxford University Press, 2008, p. 131; David Lewis, *The Punishment that Leaves Something to Chance*, 18 Philosophy & Public Affairs 54 (1989); Richard Parker, Blame, *Punishment and the Role of Result*, 21 American Philosophical Quarterly 274 (1984).

④ Victor Tadros, *Obligation and Outcomes*, in Crime, Punishment, and Responsibility: The Jurisprudence of Antony Duff, Rowan Cruft, Matthew H. Kramer & Mark R. Reiff eds., Oxford University Press, 2010, p. 173.

⑤ 对于安东尼·达夫观点的批判,可以参见山田慧「未遂犯の本質に関する一考察—英米刑法および刑法哲学における議論からの示唆—」同志社法学 68 巻 5 号(2016年)350 頁以下。此外,在刑罚中反映的(国家传达给犯罪人的)犯罪人所承担的义务也可以被认为是向受害者谢罪的义务,但当谢罪作为刑罚而被"强制"为时,它就失去了意义(Victor Tadros, *Obligation and Outcomes*, in Crime, Punishment, and Responsibility: The (转下页)

人指出,"未惹起结果的人一律不承担惹起结果的人所承担的义务(因此不应受到重刑)"的观点将导致允许没有造成后果的人"有权"从轻处罚,这种主张难言妥当。[①]

(三) 犯罪人所获得的不当利益之剥夺

从以下对于刑罚的理解来看,即着眼于剥夺罪犯不正当获得的利益,而不是着眼于弥补受害者受到的身体侵害和经济损失,重视结果这一思考方向也得到了支持。例如,我们可以看到这样的解释:对盗窃罪的既遂从重处罚,是从既遂犯身上,剥夺未遂犯绝不可能获得的不法利益的一种方式。[②]

然而,对于这种解释,有人批评说,剥夺不正当获得的有形利益,不仅不适用于经济犯罪以外的其他犯罪类型,而且应该通过刑罚的附随命令等方式来处理。[③] 从否定道德运气存在的角度来看,犯罪人获得

(接上页)Jurisprudence of Antony Duff, Rowan Cruft, Matthew H. Kramer & Mark R. Reiff (eds.), Oxford University Press, 2010, pp. 177－178)。

另一方面, Victor Tadros, *Obligation and Outcomes*, in Crime, Punishment, and Responsibility: The Jurisprudence of Antony Duff, Rowan Cruft, Matthew H. Kramer & Mark R. Reiff (eds.), Oxford University Press, 2010, p. 180. 以下,试图以弥补损害为目的的私法的不充分性,来说明刑法应当重视受害者所受侵害的根据。也就是说,对于汽车事故等犯罪引起的损害,在保险有效的情况下,由于行为人没有痛苦,因此不能充分抑制违法行为的发生,而在保险无效的情况下,根据犯罪人的财力,有时也不能期待得到完全的赔偿。另外,原本就有私人无法证明对方实施了不法行为的情况。由于私法的这种不充分性,刑法不仅具有① 施加公共谴责的作用,还具有② 抑制不法行为、③ 使实施严重不法行为的人承担支付自身不法行为后果的成本的作用。并就②③的作用,论述如下:当不法行为人对被害人产生侵害危险时,该行为人就产生了规避其侵害的义务,该被害人为规避侵害,允许其对行为人施加侵害。同样的情况也适用于侵害实际发生之后。这是因为行为人所承担的义务是以作为防止该被害人将来可能遭受第三人侵害义务的形式而继续存在的。由此可见,刑罚所具有的(积极的)一般预防效果,可以理解为对受害者的赔偿。而且,对于没有引起结果的未遂犯,也可以解释为,如果实施了可能惹起结果的行为,为了不发生侵害结果,受害者所分配的资源,既然可以用于避免将来其他人的侵害行为,那么作为对其赔偿,科处刑罚也是可能的。

① Peter Westen, *Why Criminal Harm Matters: Plato's Abiding Insight in the Laws*, 1 Criminal Law and Philosophy 314－315 (2007).

② See, H.L.A. Hart, *Punishment and Responsibility*, Oxford University Press, 2008, p. 131.

③ Andrew Ashworth, *Criminal Attempts and the Role of Resulting Harm under the Code, and in the Common Law*, 19 Rutgers Law Journal 745－746 (1988).

利益的实际情况,并不能指涉特定的有形结果,而只能指涉实施违反规范的行为(不自制,nonself-restraint),因而剥夺有形利益并不能成为在刑罚上做出差别设置的理由。[①]

针对这些批评,有观点认为,应从犯罪人身上剥夺的利益,应该被理解为,是指只使得自己脱离了为使社会活动顺利进行而需从其他人处接受的限制这一点。[②] 根据这一观点,犯罪人所不正当获得的利益,可以说是没有实施该行为的许可证而实施该行为,其利益的程度与该许可证的价值成正比。许可证的价值是指,如果在社会上拍卖它时,所需支付的价值,允许达到既遂的许可证比仅仅允许尝试实施的许可证的价值更高。[③] 因此,既遂犯比未遂犯获得的利益更大,由此得出既遂犯应当从重处罚的结论。

上述通过与拍卖许可证的类比所做的解释本身也存在问题[④],从根本上说,这种解释将犯罪人没有抑制反社会冲动这一点视为对其他人的"优越",而将刑罚理解为对此的"抵消"。换言之,虽然确实存在违反规范的行为被认为是优越于其他人的情况,例如,像逃税罪,就可以被视为是在有某种共同愿望或共同目的的人之间实施的欺诈行为,但同样的理解并非对所有犯罪都是妥当的。举例而言,遵守法律的人觉得希望对别人实施的杀人行为进行处罚,绝不是因为与遵守法律的自

---

① 另外,获得有形利益的人和没有获得有形利益的人的区别,不仅发生在未遂犯的语境中,还发生在达到既遂后是否赔偿损害的问题中[Andrew Ashworth, *Criminal Attempts and the Role of Resulting Harm under the Code, and in the Common Law*, 19 Rutgers Law Journal 746 (1988)]。

② Michael Davis, *Why Attempts Deserve Less Punishment than Complete Crimes*, 5 Law & Philosophy 9-23 (1986).

③ 其原因是,由于其资源的有限性,社会对任何犯罪都表现出某些程度的宽容态度(即发放允许其发生的许可证),但对造成严重后果的犯罪则不能表现出这种宽容,从而发放的许可证数量较少,而且为了防止造成后果,会囤积允许达到既遂的许可证,而允许未遂的许可证只要比允许达到既遂的许可证便宜,作为对犯罪失败的保险,也不会失去其市场需求[Michael Davis, *Why Attempts Deserve Less Punishment than Complete Crimes*, 5 Law & Philosophy 14, 20-23 (1986)]。

④ See, R. A. Duff, *Actions, Lotteries, and the Punishment of Attempts*, 9 Law & Philosophy 10-17 (1990).

己相比，该犯罪人获得了不正当的利益，或是自身遭受了损失。[①]

（四）危险行为的成本分配

对于前面已有介绍的"只要能够预想到该行为造成结果的危险，就等于行为人已经同意根据产生的结果所做的非难归属"的这一主张，有批评指出，这不过是先入为主地得出了结果会影响道德非难的结论。但也有学者认为，同样的观点在判处刑罚时可以被认可。[②] 具言之，在刑罚被作为与道德非难"相关"的反应而科处时，可能会产生另一个关于分配正义的问题，即应该让谁来承担实际实施的危险行为的成本。例如，如果一项投资决策事先看来是合理的，但由于偶然因素该投资失败，则该投资决策的结果不应成为道德非难的对象，但这并不意味着该损失金额就应该被返还。与此相同，在实施犯罪行为的情况下，事后偶然造成的后果也不属于道德非难的对象，但其后果的负担应由行为人承受。

然而，对这种观点的批评仍然是，没有充分的根据将偶然造成的结果反映在刑法的非难或责任程度上。确实，在刑法领域之外，偶然产生的结果，可能会作为自身危险行为所应承担的成本，但在刑事司法中，这种成本分配的思考是否妥当还存有疑问。[③]

---

① Sanford H. Kadish, *The Criminal Law and the Luck of the Draw*, 84 Journal of Criminal Law & Criminology 694 (1994). See also, R. A. Duff, *Actions, Lotteries, and the Punishment of Attempts*, 9 Law & Philosophy 6 (1990).

② David Enoch & Andrei Marmor, *The Case against Moral Luck*, 26 Law & Philosophy 416 - 417 (2007).

③ Bebhinn Donnelly-Lazarov, *A Philosophy of Criminal Attempts*, Cambridge University Press, 2015, p. 173 (n.40) 在先前提出的，通过与赌博类比来肯定道德运气存在的观点中，这种类比思维也被认为具有"法的"意义。换言之，否认道德运气存在的人，之所以认为应该在以试图杀人的行为为中心的基础上，对其进行"处罚"，无非是因为这种行为可能会造成夺人性命的后果，而不考虑"实际实现的结果"，却考虑这种"合理预期的结果"是不恰当的[相同的观点见，Bruce Chapman, *Agency and Contingency: The Case of Criminal Attempts*, 38 University of Toronto Law Journal 367 (1988)]。在此基础上，有人主张，刑法是以引导行为人防止侵害的发生为目的的，因此对于想要违反规范的人，要求其进入附加了更为严格的条件的契约是妥当的，可以说，与在违反规范时确定行为人道德地位的契（转下页）

(五) 威慑理论

从威慑理论(deterrence theory)出发,对于尚未惹起结果的未遂犯,围绕是否给予其比既遂犯更轻刑罚的问题,也有相当多的讨论。

1. 减轻刑罚的积极根据

从威慑的视角出发,在为未遂犯减轻刑罚寻找积极的根据时,存在这样的主张:如果在尝试实施犯罪的时候,就科以和已经惹起了结果的情形同等的刑罚,那么对行为人来说,就会失去中止犯罪的动力,以及失去在第一次犯罪失败后,不再尝试同样犯罪的动力。①

但是,有批评指出,对重复犯罪的威慑,其实是通过对试图实施两次犯罪的人,给予比只尝试实施一次犯罪的人更重的处罚来达到的,因

(接上页)约相比,在违反规范的基础上,在结果发生时附加了更多反道德性的契约对行为人来说是更为严厉的[Ken Levy, *The Solution to the Problem of Outcome Luck: Why Harm Is Just as Punishable as the Wrongful Action That Causes It*, 24 Law & Philosophy 290 - 292, 297 - 298 (2005)]。

然而,在违反规范的时候,要求在达到既遂的情况下接受同等非难的契约对行为人来说其实更为严厉,因此,针对"可以说,在结果发生的情况下,附加更多反道德性的合同对行为人来说更严厉"的主张,似乎仍有一种预设结论的批评是妥当的。

① See, David Lewis, *The Punishment that Leaves Something to Chance*, 18 Philosophy & Public Affairs 55 (1989); Stephen J. Schulhofer & Dan M. Kahan, *Attempt*, in 1 Encyclopedia of Crime & Justice 90 - 91 (Joshua Dressler ed., 2d ed. 2002). 阿什沃思认为,在没有达到面向既遂的最终行为的不完全未遂(incomplete attempt)中,为了给予任意中止犯罪以奖励,应该减轻刑罚[Andrew Ashworth, *Criminal Attempts and the Role of Resulting Harm under the Code, and in the Common Law*, 19 Rutgers Law Journal 741 (1988)]。对此,有批评认为,在给予这种奖励的意义上,导致面向既遂的最终行为的完全未遂(complete attempt)也应该减轻刑罚。例如,如果向V发送一枚设定了第二天爆炸的邮递炸弹,尽管它属于完全未遂,但减少刑罚仍然是防止炸弹爆炸的有力激励措施(Joshua Dressler, *Understanding Criminal Law*, LexisNexis, 2015, p. 385.)。

另外,由于既遂犯容易引起模仿犯等的二次侵害,因此可以得出对既遂犯判处重刑的立法判断,参见 Jeffrey Brand-Ballard, *Moral Emotions and Culpability for Resultant Harm*, 42 Rutgers Law Journal 323 (2011)。不过,这里的观点并不是把重点放在证明既遂犯容易引起二次侵害这一事实上,而是一般人根据从威慑理论出发的立法者判断而"社会化"的结果,在道德非难的归属上重视侵害的惹起。另一方面,结果的产生虽然不影响行为人的非难程度,但对行为人对自身道德地位的理解(自我设定,self-definition)有很大影响,根据受此影响的行为人的"改过自新",可以解释为何既遂犯将被判处重刑,Bebhinn Donnelly-Lazarov, *A Philosophy of Criminal Attempts*, Cambridge University Press, 2015, pp. 159 - 173.

此这不能作为在一次犯罪失败时，应当比成功的情况下给予更轻处罚的理由。[①] 另外，就认为应该给予中途中止犯罪的人以激励的观点而言，不仅在面向既遂的最终行为的情况下是不妥当的[②]，而且由于在实施使未遂犯得以成立的行为之前，行为人改变意志的可能性很低，因此在实施最终行为之前，即使有想要阻止犯罪的瞬间，仅仅依靠减轻刑罚的话，是否真的能起到充分的激励作用，也还存在疑问。[③]

2. 减轻刑罚的消极根据

另一方面，也存在只要不减少刑法带来的威慑效果，刑法的谦抑性能够作为说明对未遂犯的刑罚可以减轻的消极根据的观点。据其所言，对未遂犯减刑并没有减少威慑效果，这是因为行为人既然意图达到犯罪既遂，就已经克服了既遂犯处罚规定的威慑，而未遂犯处罚规定对威慑效果的发挥没有任何贡献。[④]

---

① David Lewis, *The Punishment that Leaves Something to Chance*, 18 Philosophy & Public Affairs 55 (1989); Gideon Yaffe, *Trying to Defend Attempts: Replies to Bradman, Brink, Alexander, and Moore*, 19 Legal Theory 194 (2013); Bruce Chapman, *Agency and Contingency: The Case of Criminal Attempts*, 38 University of Toronto Law Journal 360 (1988) (n.17). 另一方面，抑制重复犯罪这一论据也可以理解为，在第一次尝试未遂的情况下，通过减轻刑罚，给予行为人自我反省的机会。那么，即便如此，对第二次尝试的人，即使仍是未遂，也不会减轻刑罚。但是，对于这种想法，有人指出，没有理由只给予一次自戒的机会，参见 Theodore Y. Blumoff, *A Jurisprudence for Punishing Attempts Asymmetrically*, 6 Buffalo Criminal Law Review 995-996 (2003)。

② Sanford H. Kadish, *The Criminal Law and the Luck of the Draw*, 84 Journal of Criminal Law & Criminology 687 (1994); Stephen J. Schulhofer & Dan M. Kahan, *Attempt*, in 1 Encyclopedia of Crime & Justice 90-91 (Joshua Dressler ed., 2d ed. 2002). at p. 91; Yaffe, *op. cit.* n.82, at p. 194.

③ Sanford H. Kadish, *The Criminal Law and the Luck of the Draw*, 84 Journal of Criminal Law & Criminology 679-695 (1994), at pp. 687-688. 更有观点指出，为了激励犯罪中止，设立一个允许完全免责的中止犯定规是必要且充分的。See, *Ibid*.; Stephen J. Schulhofer & Dan M. Kahan, *Attempt*, in 1 Encyclopedia of Crime & Justice 90-91 (Joshua Dressler ed., 2d ed. 2002). at p. 88.

④ 从这一角度看，美国《模范刑法典》对于可能被判处死刑的最严重的犯罪，所相应的未遂犯设置为将低一个等级的犯罪。See, American Law Institute, *Model Penal Code and Commentaries* (Part 1, 1985), at p. 490.关于美国《模范刑法典》的相关规定，可参见山田慧「未遂犯の本質に関する一考察—英米刑法および刑法哲学における議論からの示唆—」同志社法学 68 巻 5 号(2016 年)295 頁以下。

但是,对于这一观点,有人指出,即使对自己的犯罪计划能否成功没有信心,但如果知道即便失败的话也不会付出任何代价,那么就会有很多人愿意冒这个险。而对于叛国罪这种成功就能免除处罚,失败就被处罚的犯罪,只有处罚未遂犯才具有威慑效果。[①] 还有人担心,对未遂犯的从宽态度,可能会造成对既遂犯判处过重刑罚的倾向。[②] 再者,否定道德运气的存在,并支持未遂犯和既遂犯同等处罚的观点认为,对基于完成犯罪的意志而实施的行为进行处罚,才有利于一般预防和特别预防,而不能接受对未遂犯减轻刑罚不会减少威慑效果的主张。[③] 因为结果的发生并不增加该行为人或行为的危险性。[④]

(六) 对道德运气的法的同意

有人主张,在道德哲学和伦理学上,可能很难找到道德运气的存在根据,但在法律上,可以"同意"它的存在。[⑤] 这一观点认为,只要否定道德运气存在的观点没有贯彻"即使没有尝试犯罪的人,也应该受到与

---

① H.L.A. Hart, *Punishment and Responsibility*, Oxford University Press, 2008, p. 129. 山田慧「未遂犯の本質に関する一考察—英米刑法および刑法哲学における議論からの示唆—」同志社法学 68 巻 5 号(2016 年)333 頁。又见 Sanford H. Kadish, *The Criminal Law and the Luck of the Draw*, 84 Journal of Criminal Law & Criminology 679 – 695 (1994), at pp. 686 – 687.

② Stephen J. Schulhofer & Dan M. Kahan, *Attempt*, in 1 Encyclopedia of Crime & Justice 91 (Joshua Dressler ed., 2d ed. 2002).

③ David Lewis, *The Punishment that Leaves Something to Chance*, 18 Philosophy & Public Affairs 54 (1989); Joel Feinberg, *Equal Punishment for Failed Attempts: Some Bad but Instructive Arguments against It*, 37 Arizona Law Review 125 (1995); Larry Alexander & Kimberly Kessler Ferzan, *Crime and Culpability*, Cambridge University Press, 2009, pp. 176 – 177.

④ 在试图杀害被害人但失败,被害人仅受到了伤害,但之后被害人病情突然恶化而死亡的情况下,认为该行为人或行为比当初更危险是不合理的。另外,同样的情况也适用于危殆化的行为,例如,由于莽撞驾驶导致被害者死亡的情况下,与进行了同样的驾驶但偶然没有导致被害者死亡的情况相比,不能说该行为人或行为更危险[Sanford H. Kadish, *The Criminal Law and the Luck of the Draw*, 84 Journal of Criminal Law & Criminology 685 – 686 (1994)]。

⑤ Ken O'Day, *Some Thoughts on Joel Feinberg's Modest Proposal: Is It Really Such a Modest Proposal After All?*, 37 Arizona Law Review 246 – 249 (1995).

尝试犯罪并导致结果的人同等的非难”的激进立场，那么关于道德运气的讨论最终就只剩一个问题，即在多大程度上允许运气的介入。例如，在没有一个统一的证明标准的情况下，随意运用法律是不被允许的，虽然这种“内在于法的运气”必须被作为不当的“差别”而排除，但以与结果相关的运气为前提的法律运用，却并不必然构成这种不当“差别”。这是因为，与结果相关的运气，在决定法须对应的事实的道德位置时，就已经具有影响力，从而是“外在于法律的运气”。在此基础上，如果否定了与结果有关的运气，那么正如内格尔所指出的那样，道德非难的归属主体就消失了，因此在法律上，就不得不同意包含了与结果相关的运气的道德运气的存在。①

(七) 被害者道德价值的再确认

在对刑法上的非难或责任加以归属时，为了对是否存在为运气所左右的结果这一点，给出充分的根据，也出现了一种不同于以往的，提及刑法性质与刑罚功能的观点。

1. 对被害人观点的重视

根据这一见解，刑法承担着对因犯罪人而尝到道德上屈辱(moral humiliation)的被害者的存在价值进行公开再确认(re-affirm)的功能，既然被害者感受到的屈辱在实际遭受侵害时会更大，那么就有必要将结果的惹起作为刑法的规制对象，并将其归属于犯罪人。② 具有“政治

① 内格尔还指出：“自律，可能是从对我们无法控制的事物承担责任开始的。”[Ken O'Day, *Some Thoughts on Joel Feinberg's Modest Proposal: Is It Really Such a Modest Proposal After All?*, 37 Arizona Law Review 249 (1995)]。

② Andrew Cornford, *Resultant Luck and Criminal Liability*, in *The Structure of Criminal Law*, R. A. Duff et al. (eds.), Oxford University Press, 2011, pp. 50－51. 此外，由于“结果对被害人的客观的道德重要性”和“被害人不合理的报应愿望”是可以区分的，因此，重视被害人的存在并不意味着赋予被害人对犯罪人待遇的决定权[Andrew Cornford, *Resultant Luck and Criminal Liability*, in *The Structure of Criminal Law*, R. A. Duff et al. (eds.), Oxford University Press, 2011, p. 52]。有文章[Alec Walen, *Crime Culpability and Moral Luck*, 29 *Law & Philosophy* 381 (2010).]指出，着眼于被害人受到的侵害的刑罚的功能，并非对罪犯的“复仇(vindictive)”，而是作为其词源的“对正当性的证明(vindicate)”。(转下页)

共同体的道德话筒”功能的刑事司法系统，负有公平对待所有公民的义务，因此仅着眼于行为人的意志，却完全不考虑刑事案件的其他重要事实(即被害者观点)的刑法是不正当的。①

2. 利益的比较衡量

这一观点指出，如果不影响对行为人“非难”的结果被包含在犯罪的定义中，那么社会可能会对被判有罪的人给予超过“非难”程度的对待。也就是说，这里可以看到以下两种利益冲突：① 通过将结果纳入犯罪定义，被害者的道德价值被重新确认的利益和② 罪犯受到与其“非难”相对应的对待的利益。而且，如果可以说“行为人可以很容易地避免，由于结果归属而受到超过非难程度的对待的情况”，那么就可以在一定程度上减少②的利益重要性，以谋求两种利益的平衡。也就是说，当行为人“意图”引起结果时，如果仅需自律地停止所进行的“攻击”，就不会惹起结果，那么就可以说该行为人很容易避免因结果归属而受到超过非难程度的对待的情况，从而②的利益重要性就减弱了。因此，例如，在带有使对方死亡意图的谋杀罪中，被害人的死亡结果可以包含在犯罪的定义中。而另一方面，如果产生的结果并非意欲为之，那么对于行为人而言，由于自身行为与结果的联系薄弱，就不能说容易

(接上页)　耶鲁大学的G.亚夫，作为一位法学家、哲学家和心理学家，近年来通过对“尝试”行为的形而上学分析，试图重建对未遂犯的理解(Gideon Yaffe, *Attempts in the Philosophy of Action and the Criminal Law*, Oxford University Press, 2010, pp. 311－316, 323－326.)。参见山田慧「未遂犯の本質に関する一考察—英米刑法および刑法哲学における議論からの示唆—」同志社法学68巻5号(2016年)132—133頁以下。不过，亚夫并不认为，根据这些刑罚的功能，未遂犯便应该“一律”地被判处比既遂犯更轻的刑罚。

① Andrew Cornford, *Resultant Luck and Criminal Liability*, in The Structure of Criminal Law, R. A. Duff et al. (eds.), Oxford University Press, 2011, p. 51. 此外，刑事司法既然是国家以普通国民的名义运行的一个社会系统，那么也不能忽视普通国民对结果有无所做出的反应[Andrew Cornford, *Resultant Luck and Criminal Liability*, in The Structure of Criminal Law, R. A. Duff et al. (eds.), Oxford University Press, 2011, pp. 52－53]。此外，有人还指出，惹起结果的犯罪人会产生向被害人道歉和赔偿等道德义务，刑法虽然没有强制履行这种义务的功能，但可以预想到有确证犯罪人承担这种重要道德义务的功能，因此，可以为重视“犯罪人所惹起的结果”提供解释(Andrew Cornford, *Resultant Luck and Criminal Liability*, in The Structure of Criminal Law, R. A. Duff et al. (eds.), Oxford University Press, 2011, p. 49)。

避免受到超过非难程度的对待的情况，从而不能降低②的利益重要性。因此，例如，对于不具有使对方死亡的意图也可以成立的故杀罪，应当慎重地而非简单地将被害人的死亡结果归属于行为人。[①]

另外，同样的比较，在实际上没有引起结果的情况下，也是有意义的。也就是说，当意图惹起结果时，即使结果实际上没有被惹起，由于其中也存在被当作客体的被害者，因此也需要重申该被害者的道德价值。而且，基于这种意志，自律地进行"攻击"的人，很容易避免因可能的结果被归属而受到超过非难程度的对待的情况，因此②利益重要性就下降了。在这样的考虑下，能够被认定为犯罪的只能是未遂犯。对于既没有惹起结果的意图，也没有产生实际结果的单纯的危殆化(endangerment)，由于并不具备削减②的利益重要性的机会，所以只需通过与未遂犯相比，一般就会得出难以将其作为犯罪的结论。[②]

不过，值得留意的是，这一观点讨论的是结果是否可以包含在"犯罪定义"中这一问题，而不是讨论结果被惹起时是否可以加重"刑罚"。[③] 因此，这一观点所设想的"超出非难程度的对待"是指，对那些根据将结果包含在其定义中的犯罪而被认定为有罪的人的"社会性反应"，并不一定意味着国家对犯罪人实施的刑罚。因此，这里并没有直接给出既遂犯应当比未遂犯受到更重处罚的结论。

---

① Andrew Cornford, *Resultant Luck and Criminal Liability*, in The Structure of Criminal Law, R. A. Duff et al. (eds.), Oxford University Press, 2011, pp. 54 - 56. 在英国的故意杀人罪中，包含了虽有杀人意图，但起因于被害者的挑衅等情况下的故意杀人(voluntary manslaughter)和不伴随杀人意图的非故意杀人(involuntary manslaughter)的类型。例如，后者所包含的推定故意杀人(constructive manslaughter)，在行为人实施了某种违法且危险的行为(例如施暴行为)，导致被害人死亡时，便会成立。但这种"危险"是指该行为产生某种侵害的危险性，行为人没有必要认识到这种危险性，而是只要理性一般人能够认识到了这种危险性就足够了。See, Dennis J. Baker, *Glanville Williams Textbook of Criminal Law*, Sweet & Maxwell, 2015, pp. 527 - 530; William Wilson, *Criminal Law*, Pearson, 2014, pp. 395, 397.

② Andrew Cornford, *Resultant Luck and Criminal Liability*, in The Structure of Criminal Law, R. A. Duff et al. (eds.), Oxford University Press, 2011, pp. 56 - 58.

③ Andrew Cornford, *Resultant Luck and Criminal Liability*, in The Structure of Criminal Law, R. A. Duff et al. (eds.), Oxford University Press, 2011, p. 54.

三、若 干 检 讨

到目前为止,已经概述了关于道德运气是否存在的争论,以及在否认道德运气存在的同时,是否肯定法律运气存在的争论。在下文中,我想从基于"结果是否产生在很大程度上受运气的影响"这一问题意识的讨论中,再次探讨其在揭示未遂犯的本质方面,能得到哪些有益的启示。

(一) 道德运气相关讨论的启示

刑法哲学中英美未遂犯论所着眼的围绕"道德运气"的讨论,是出于对道德非难的归属判断与运气之间关系的质疑。这种将道德哲学、伦理学上的讨论与刑法的讨论联系起来的做法本身,也会受到批评。诚然,既然刑法是一个带有沉重国家制裁色彩的统治体系①,其对象就应限于客观上损害(或有其危险性)他人法益的行为。因此,在以防止这种法益侵害为终极目的的刑法中,自然仅有惹起了构成要件所预设的客观结果(或其危险性)的人,才会受到相应的重大非难。② 但是,假设有无为运气所左右的结果在道德非难的归属中并不重要,那么在判断刑法非难的归属时,为什么可以考虑这种结果的有无,就产生了值得质疑的空间。③ 因为,被列为刑法的非难对象,意味着将面临比单纯的

---

① 关于道德非难和法律非难,参见 Andrew Ashworth, *Taking the Consequences*, in *Action and Value in Criminal Law*, Stephen Shute et al. (eds.), Oxford University Press, 1993, pp. 113-114。

② See, Theodore Y. Blumoff, *A Jurisprudence for Punishing Attempts Asymmetrically*, 6 *Buffalo Criminal Law Review* 983-984 (2003). See also, Adam Smith, *The Theory of Moral Sentiments*, D.D. Raphael & A.L. Macfie (eds.), Oxford University Press/Liberty Fund, 1976. 另外,在现代刑法中,在决定是否承担刑事责任时,肯定运气因素起到很大作用,相关讨论可参见ホセ・ヨンパルト「古代刑法における versari in re illicita の認否と現代刑法における偶然の役割」上智法学論集 24 巻 3 号(1981 年)235 頁。

③ 有观点(Larry Alexander & Kimberly Kessler Ferzan, *Crime and Culpability*, Cambridge University Press, 2009, pp. 176-177)指出,刑法以预防侵害结果的发生为目的,并不等于提高惹起结果的行为人的非难可能性。

道德非难归属更重的刑罚。即使法律和道德应该严格区分，但“结果取决于运气”这一难以被否认的事实，在涉及对未遂犯或既遂犯的“惩罚”时，似乎具有不可忽视的严重性。[①] 今天，在英美刑法哲学内蓬勃发展的未遂犯论中，除了有重视主观因素的学者之外，也有重视客观因素的学者加入，这大概可以作为重要论点之一，来印证讨论道德运气问题本身并不离谱。因此，围绕是否存在道德运气的争论，似乎可以作为在未遂犯成立与否的问题上，探讨应重视结果所引起的客观危险性的第一步。

对于道德运气存在与否的问题，肯定道德运气存在者的这一说法，在直观上似乎是可以接受的：“如果惹起了结果，那么就此便值得沉重的道德非难。”但是，这种直观的妥当性，对于所提出的“是否惹起结果，不是取决于行为人无法把握的运气吗？”这一问题，没有给出令人信服的回答。正如否定道德运气存在的人所批评的那样，伴随结果产生的报应情绪不能被普遍化，更何况，应该慎重将这种公众的报应情绪，作为带有严格制裁的刑法上的非难的根据。此外，根据对事件的把握，可以说“按照通常的因果流程产生的结果是能够被控制的”，但这样考虑的话，如前所述，“由于异常因果的介入而没有产生结果，就不应被重视”，从而不能说明惹起的结果本身具有重要性。[②] 否认道德运气存在的人之所以提出问题，并不是基于“无法控制结果”，而是基于“即使对结果有一些控制，但因为实际惹起结果的人和未惹起结果的人之间，对

---

① 井田良[井田良『講義刑法学・総論』(有斐閣，2008 年)218—219 頁]指出，虽然“过失结果犯的处罚具有偶然性处罚乃至杀鸡儆猴性处罚的一面”，但是，“仅凭一般处罚不注意的行为本身，就可以避免处罚范围的模糊化和扩大化，从这一点来看，不能停止过失结果犯这种形式的处罚”。另参见古田徹也『それは私がしたことなのか行為の哲学入門』(新曜社，2013 年)175—176 頁。See also, Alec Walen, *Crime Culpability and Moral Luck*, 29 Law & Philosophy 381 (2010). 这样的解释似乎符合刑法的谦抑性，但如果过失犯的处罚是“偶然的”，因而，在道德上只有不注意的行为才是非难的对象，这样的解释是否充分，还有待探讨。

② 此外，既然由于“因为异常的因果介入而没有产生结果，这一点不被重视”，例如，由于突然的强风，导致准确的开枪没有发生结果这一点不被重视，因此，需与既遂犯做同等处理，那么由于“由于异常的因果介入而产生结果，这一点也不被重视”(因果关系的否定)，例如，由于偶然的原因，胡乱地开枪也击中目标的情形，若仍被认为是未遂犯，则似乎是不平衡的。

于结果的控制程度并没有差别,因此对另一方施加沉重的非难是不公平的”。[①] 可以说,我们确实身处于一个偶然性无处不在的世界,但我们也不能简单地将那些否认道德运气存在的人所依据的控制原则归结为“哲学上的虚构”。

鉴于这一点,至少,我们应该慎重地将未遂犯的本质,仅仅理解为可能引发结果的客观危险性。的确,出于对作为社会伦理的强制手段的刑法被“任意”运用的担忧,重视结果这种客观性具有合理性。[②] 然而,至少需意识到,过于偏重这种客观方面,正如否定道德运气存在的人所指出的那样,也可以被理解为是“不公平”的刑法适用。[③]

(二) 法律运气相关讨论的参照可能性

不过,否认道德运气的存在伴随着一项艰巨的任务,那就是消除内格尔指出的道德非难悖论。在这方面,刑法上对非难的归属判断也要求有证据将被告人作为非难的对象,因此,在道德非难归属判断中,将运气的介入还原为证明问题的观点,并非没有值得深入思考的地方。[④]

---

① See, Gideon Yaffe, *Attempts in the Philosophy of Action and the Criminal Law*, Oxford University Press, 2010, pp. 311 - 312; 323 - 324.此外,鉴于重视结果所带来的这种相对的不公平性,前面所说的“导致犯罪以失败告终的原因有很多,单纯地将开枪命中的人和目标失灵的人进行比较,并不能就未遂犯的科刑问题得出一般性的结论”的批评似乎是失当的。就该批评指出的,想让被害人喝下毒药,不小心把标有表示是毒药的标签的瓶子递给被害人,使得被害人注意到了的事例而言,应该与该行为人相比较的是,以同样的方式进行行为,由于被害人偶然没有注意到标签而成功杀害的行为人。尽管两个行为人对结果的发生具有同等程度的控制,但基于被害人是否注意到标签这一运气的影响,对二者施加不同的刑罚是不公平的,这一点才是问题所在。

② 平野龍一『刑法 総論I』(有斐閣,1972年)44頁;同『刑法 総論II』(有斐閣,1975年)212頁。

③ 另一方面,作为否定道德运气存在的根据,有人指出“如果产生了行为人完全没有预料到的结果,尽管结果不归属于行为人,但如果行为人有可非难的意志,客观结果本身就很难被认为具有重要性”。不过,即使站在日本的结果无价值论的立场上,在责任阶段也会考虑行为人的主观方面,如果产生了预想不到的结果,虽然存在客观上的违法性(结果本身很重要),但可以判断为不能将其归责于行为人。因此,前面的论述并不足以否定客观结果本身的重要性。See, James Brady, *Punishing Attempts*, 63 The Monist 380 (1980).

④ 在美国,能发现与将运气对非难归属判断的介入还原为证明问题的观点具有亲和性的案例。例如,在将实际上并非海洛因的物质当作海洛因进行贩卖的行为,是否成立散播海洛因罪的未遂犯的争议案件中,第五巡回区联邦上诉法院认为,在通常情况下,如果(转下页)

但是,正如所指出的那样,为了证明行为人的意志,而一律要求客观结果的根据恐怕是薄弱的。[①] 此外,如果由于这种证明是困难的,从而认为证明到结果已经发生就足够了,那么正如有人所指出的,这可能违反了"存疑有利于被告人"原则。[②] 另一方面,对于只排除与结果相关的运气的观点而言,既然不能否定在形成意志、表达意志的过程中会有一些其他运气的介入,那么就很难只将与结果相关的运气作特别对待。因为如前所述,道德运气否定论者似乎把"行为者之间的控制程度没有差别"作为一个问题点。[③]

因此,在道德哲学和伦理学上,围绕道德运气的讨论可谓处于相互推卸证明责任的胶着状态,但在将目光投向刑法上的非难或责任时,似乎也可以采取某种程度的灵活应对。也就是说,作为肯定法律运气存在的依据之一,可以认为法律上能够同意道德运气的存在。确实,这样的处理,可以说是稍微方便了一些。然而,根据"人的意志是既被决定又能决定的"这一理解,对在该意志下采取行动的人加以谴责的思想,

---

(接上页)缺乏推定犯罪意图(mens rea)存在的客观因素,那么错误地得出"被告人相信该物质是违法药物"的结论的危险性就会增加,因此,要将被告人认定为散播海洛因罪的未遂,就需要被告人的行为客观上具备犯罪的特征,由于本案中被告人要贩卖的物质不是海洛因,因此不能以该犯罪的未遂定罪[U.S. v. Oviedo, 525 F.2d 881(5th Cir. 1976)]。此外,在英美,从将行为人的犯罪意图作为未遂犯的处罚根据这一主观主义未遂犯论的立场出发,也提出了未遂犯成立要求客观行为是为了从客观行为证明犯罪意图的解释,并也曾经出现过表明同样观点的判例。山田慧「未遂犯の本質に関する一考察—英米刑法および刑法哲学における議論からの示唆—」同志社法学 68 巻 5 号(2016 年)240—241 頁、312 頁、317—318 頁参照。

① 另外,也有人指出,为了证明是基于惹起结果的意志而进行的行为,即便没有根据要求实际的结果惹起,但至少要求,若遇到了能够表达该意志的情况,便将实施该行为作为证据(不能认为其他的证据是有力的)。例如,在纳粹掌权的德国,作为集中营的工作人员,"实施"了惨无人道的犯罪行为的行为人,但实际上,如果纳粹当时并不在德国掌权,他也不知道他是否真的会实施犯罪行为。See, David Enoch & Andrei Marmor, *The Case against Moral Luck*, 26 Law & Philosophy 422 - 423 (2007). 像这样,对特定的运气进行特定说明的可能性,也是如下文所述,只将与结果相关的运气视为问题的根据。

② 反对观点见:増田豊「犯罪論における法益侵害結果の重要性—最もラディカルな結果無価値論としての結果免責主義の言語ゲーム—」法律論叢 76 巻 1 号(2003 年)17 頁。

③ 也就是说,即使在具有犯罪意志的人偶然发现被害人而实施犯罪的情况下,该行为人也可以说是按照自己的意志(在控制下)实施了犯罪,但与如果能找到被害人就会实施犯罪,不过最终没有找到被害人的人相比,如果认为二者对实施犯罪的控制程度相同,那么就不能加以区别对待。

在刑法中占主导地位(相对意志自由论)。这种理解可以说是对道德运气的法律同意。正是因为人们具有需要对在“自由意识”下进行的行为负责的自觉,社会秩序才得以维持。[①] 但话虽如此,并不必然就会认为,这种同意会和与结果相关的运气有所关联。另外,如果对与行为状况相关的运气以及与犯罪因素相关的运气做出了同意,那么既然对在自由的意识下实施行为的人课以责任是可能的,也就可以避免法律上的责任主体消失的情形。[②] 而且,在看到最终的结果是不受行为人控制地引起的这一点时[③],要肯定可以在法律上同意有关结果的运气这一做法,还是让人有些犹豫。

那么,在法律上排除了与结果相关的运气之后,未遂犯将仅仅以行为人想要惹起结果的意志或尝试为其本质,从而认为其应当受到与既遂犯同等的处罚。根据这样的理解,区分未遂犯和既遂犯的实际价值就会不复存在[④],但这个结论恐怕难以让人接受。在此,应该承认参考其他为了证实法律运气的存在而提出的论据的价值。

(三) 法律运气相关讨论的启示

如前所述,刑法上的非难和责任有时伴随着强制剥夺被告人生命的残酷刑罚。因此,“结果的存在不影响道德非难的程度,但作为一种

① 大谷實『刑法講義総論 新版第四版』(成文堂,2012年)39頁以下。

② 与行为状况相关的运气和与犯罪要素相关的运气不同于与结果相关的运气,由于反映了关于因果决定论与道德责任的传统概念的兼容性问题,因而往往被排除在讨论的范围之外。See, Andrew Cornford, *Resultant Luck and Criminal Liability*, in The Structure of Criminal Law, R. A. Duff et al. (eds.), Oxford University Press, 2011, p. 38. (n.9); David Enoch, *Moral Luck and the Law*, 5 *Philosophy Compass* 49 - 50 (2010)。

③ 有观点[増田豊「犯罪論における法益侵害結果の重要性—最もラディカルな結果無価値論としての結果免責主義の言語ゲーム—」法律論叢76巻1号(2003年)12頁]指出,对自己行为的控制可以根据自己的判断立即解除,但对行为结束后结果发生的控制,则不能解除或即使可以解除,也需要积极的(意志的)行为,因而二者存在“质的区别”。

④ 过去,立足于主观主义刑法的牧野英一认为,因果关系论“从刑法的社会使命来看是没有意义的”,“应当将结果排除在犯罪构成要件之外”[牧野英一『刑法総論 第11版』(有斐閣,1935年)191—192頁)]。松原芳博『犯罪概念と可罰性—客観的処罰条件と一身的処罰阻却事由について—』(成文堂,1997年)180頁参照。

法律运气，它影响刑法上的非难和责任的程度”的根据，更值得仔细地研究。[①] 关于其根据，如前所述，各种各样的刑法或刑罚的性质、功能被推到了讨论的舞台上。对于道德非难程度相同的人，其中的主张，似乎可以大致分为两派：① 如果没有惹起结果，则在法律上主张降低非难或责任程度；② 如果惹起结果，则在法律上主张提高非难或责任程度。那么这样的主张，比起单纯的道德非难归属，作为科以更重的刑罚的根据，是否更具说服力呢？

1. 法的非难和责任之减少

“刑事抽签”这一论据认为，既然所有试图犯罪的人都有机会因犯罪失败而减轻刑罚，那么这其中就不存在不公平。此外，着眼于刑罚威慑作用的观点也认为，只要促进或不阻碍这种威慑作用，在没有结果的情况下，就允许在法律上降低非难或责任。对于这种着眼于威慑功能的进路，从经济学的观点来看，也能看到有认为从轻处罚未遂犯的妥当性得到了一般性认可的评价[②]，但对于其实证性，则有必要在考虑各种变量的基础上进行综合性的探讨。[③]

---

① Andrew Cornford, *Resultant Luck and Criminal Liability*, in The Structure of Criminal Law, R. A. Duff et al. (eds.), Oxford University Press, 2011, p. 42.

② Leo Katz, *Why the Successful Assassin Is More Wicked than the Unsuccessful One*, 88 California Law Review 792 (2000). See also, David Enoch, *Moral Luck and the Law*, 5 Philosophy Compass 49 (2010).

③ 从经济学的角度出发，讨论对未遂犯减刑与威慑效果之间关系的论文有：Samuel Kramer, *An Economic Analysis of Criminal Attempt: Marginal Deterrence and the Optimal Structure of Sanctions*, 81 Journal of Criminal Law & Criminology 398 (1990); Steven Shavell, *Deterrence and the Punishment of Attempts*, 19 Journal of Legal Studies 435 (1990); Omri Ben-Shahar & Alon Harel, *The Economics of The Law of Criminal Attempts*: A Victim-Centered Perspective, 145 University of Pennsylvania Law Review 299 (1996); Matthew T. Clements, *Precautionary Incentives for Privately Informed Victims*, 23 International Review of Law and Economics 237 (2002); Guttel Ehud & Harel Alon, *Matching Probabilities: The Behavioral Law and Economics of Repeated Behavior*, 72 University of Chicago Law Review 1197 (2005); Marcelo Ferrante, *Deterrence and Crime Results*, 10 New Criminal Law Review 1 (2007); Manuel A. Utset, *Inchoate Crimes Revisited: A Behavioral Economics Perspective*, 47 University of Richmond Law Review 1205 (2013); Murat C. Mungan, *Abandoned Criminal Attempts: An Economic* （转下页）

不过,更重要的是,“既然没有惹起结果,那么在法律上非难和责任的程度就会降低”这一说法似乎只是“如果惹起结果,那么在法律上非难和责任的程度就会提高”的反面。鉴于这一点,“刑事抽签”论据和“威慑理论”论据,是否足以作为在法律上基于结果的惹起提高非难或责任程度的依据,还存在疑问。[①] 这些疑问似乎也体现在对“刑事抽签”论据所做出的批评中。换言之,否定道德运气存在的人认为,在对于本来值得同等非难的行为人,由于偶然的作用,会被处以相对不同的刑罚的问题上,只诉诸形式上的公平性是不能令人信服的。另一方面,为了避免这种批评,也并非不能主张结果的惹起,并没有加重法律上非难的程度,而仅仅是一种处罚条件。[②] 但是,这样的理解可能会令人不禁担心,在刑事司法中出现过于轻视结果的情形。[③]

2. 法的非难和责任之加重

关注报应情绪的满足、对被害人的赔偿义务的履行、犯罪人获得的(有形或无形)利益的剥夺以及危险行为的成本分配的论据,积极地支持着以下观点:结果的发生将导致法律上的非难和责任的程度加重。但是,如前所述,由于与损害赔偿责任之间的关系等原因,将这些论据中所显示的点视为刑罚的功能本身就存在疑问,此外即便是对于结果

(接上页) *Analysis*, 67 Alabama Law Review 1 (2015); Murat C. Mungan, *Wrongful Convictions and the Punishment of Attempts*, 42 International Review of Law and Economics 79 (2015);等等。

① 从一般预防的角度出发,对根据结果的有无在刑罚程度上设置差别的做法加以正当化,则无异于将个人用于与其非难可能性没有直接关系的一般社会目的,即作为“儆戒”进行处罚,这种做法实在难称妥当,参见 Richard Parker, *Blame, Punishment and the Role of Result*, 21 American Philosophical Quarterly 274 (1984)。按照威慑效果来进行讨论,也可以说这是英国和美国大约一半的州没有中止犯规定的原因。

② 有观点[增田豊「犯罪論における法益侵害結果の重要性—最もラディカルな結果無価値論としての結果免責主義の言語ゲーム—」法律論叢 76 巻 1 号(2003 年)19 頁以下]指出,由于结果的产生具有偶然性,因此,在将作为“处罚根据”的不法和责任求诸规范违反性的同时,认为“即使是本来应该处罚的行为,如果没有结果,也不应该处罚,或者应该减轻刑罚;如果结果轻微,也应该减轻刑罚”,并认为根据刑法的谦抑性,将结果的存在和程度作为“处罚条件”是被允许的(“结果免责主义”)。

③ 另外,关于将结果定位为处罚条件的问题,可参见松原芳博『犯罪概念と可罰性—客観的処罰条件と一身的処罰阻却事由について—』(成文堂,1997 年)196—203 頁。

的有无是偶然产物这一问题的回答，也缺乏说服力。[①]

另一方面，对被害人（或损害利益）道德价值的再确认，这一着眼于刑法和刑罚功能的观点，则富有启发性。作为肯定道德运气存在的根据，有一种观点（“危险假设”理论）认为，“既然行为人预想到了自己的行为有产生结果的危险而仍然采取了行动，那么就等于同意这种结果的归属”。但对这种观点，有人批评指出，这不过是预设了结论。与此相对，“刑法需要重新确认被犯罪人否定的被害人的道德价值”的观点，似乎为结果的惹起提供了受到法律上重视的依据，而避免了预设结论的批评。另外，如果在法律上重视结果的引起，那么对引起结果的人的社会性处遇可能会加重，但行为者应该甘愿接受这一点或许更为重要。如上所述，这里所说的“社会性处遇”不包括“刑罚”[②]，但所谓“法律”上承认这种社会性处遇加重的根据，也可以被理解为法律上加重非难程度的根据。从“是否能轻易避免法律上加重非难程度的情况发生”这一角度出发，其根据在于惹起结果的行为人的意志，而且这种意志，产生了再次确认作为标的的被害人的道德价值的必要性，这也成为使得未遂犯并非作为单纯的危殆化的犯罪加以惩罚的理由之一，而展现出极大的启发性。这一观点，以行为人的主观为媒介，在重视基于运气的结果和良好把握对行为人非难的程度之间谋求平衡。有趣的是，它还区分了意图惹起结果的“攻击”和不意图惹起后果的“危殆化”，从而使得我们能够在于这些“攻击”中寻求未遂犯的本质的同时[③]，得以关注针

① 此外，认为没有惹起结果的人一律不承担惹起结果的人所承担的义务（因此，不应受到重刑），虽然会产生“难道没有惹起结果的人‘有权’主张从轻处罚就是被允许的吗”这样的疑问，但这一观点却能为未遂犯的法定刑罚被认为是任意减轻的日本的刑法，提供丰富的启示。

② 这一观点始终以“犯罪定义”中是否包含结果为问题，其主张，为了再次确认被害人的道德价值，至少应该将结果包含在犯罪定义中，并将导致该结果的人以该犯罪定罪。不过，为了实现这种再次确认的功能，对于罪犯，不仅要按将结果包含在定义中的罪名定罪，而且要对其施加相应的刑罚，那么，对法律上所要求的从重处罚的甘愿接受，似乎也可以由想要惹起结果的行为人的意志来加以说明。

③ 认为这一视角是有益的相关思考，参见山田慧「未遂犯の本質に関する一考察—英米刑法および刑法哲学における議論からの示唆—」同志社法学 68 巻 5 号（2016 年）391 頁以下。

对作为标的的被害人的侵害的危险性。[①]

值得注意的是，只要以刑法具有再确认被害人道德价值的功能和由此带来的非难程度的加重为前提，“危险假设”的理论也是可以成立的。虽然其所主张的“预想的危险”究竟意味着行为人多大程度的认识尚不明确，但至少可以说，如果行为人具有日本所讨论的未必的故意这种程度的认识和放任，并且在此基础上所实施的行为引起了结果，那么就应该心甘情愿地接受非难程度的加重。此外，如果有这样的认识和放任，虽然谈不上是“标的”，但也可以设想存在具体的受害者。

总之，作为心甘情愿地接受，由于惹起结果或其危险性，而在法律上加重非难程度的根据，重视行为人的主观方面这一点是很重要的。这种对行为人主观方面的重视，并非以单纯的规范违反性为依据，也不是以直接影响客观危险性的判断为依据。可以说，这一点将促使日本学界重新思考过去一直以行为或结果的“危险性”作为未遂犯处罚根据的讨论。[②] 进言之，客观结果被认为是加重非难程度的重要因素，在这

① 此外，指出“单纯的危殆化”很难被认定为犯罪，因为“单纯的危殆化”既不存在惹起结果的意图，也不存在作为标的的被害人，而这将有助于抑制处罚时间的过度提前。

② 近年来，在日本出现了一些值得关注的未遂犯判例。这是一系列审判案例，在以“是我是我诈骗”[日语原文为“オレオレ詐欺”，是指对不认识的不特定人，通过电话以及其他通信手段，以银行转账及其他方式骗取现金的诈骗。由于这种诈骗在打电话时往往以“オレオレ(是我是我)”作为开头，所以又称之为“是我是我诈骗”]为代表的特殊诈骗案件中，当被害人发现是欺骗行为，并在警察的监视下实施“假装受骗”时，如何确定在此之后参与该犯罪的帮忙跑腿“接收人”的罪责成为问题[福冈地判平成二十八年九月一二日(LEX/DB No.25543872)，名古屋地判平成二十八年九月二一日(LEX/DB No.25544184)(原审，名古屋地判平成二十八年三月二三日 LEX/DB No.25544199)，神户地判平成二十八年九月二三日(LEX/DB No.25448327)，名古屋地判平成二十八年九月二三日(LEX/DB 八年十一月九日(LEX/DB No.25544658)(原审・名古屋地判平成二八年四月十八日 LEX/DB No.25448222)]。在这些案件中，不能犯的观点到底是否妥当还有待探讨，此外，是否构成继承共同正犯也可能成为问题，但在判例中，从不能犯成立与否的观点出发，对于是否构成诈骗遂罪存在不同结论，这一点值得关注。既然警方已经介入，那么在这种不可能发生法益侵害的案件中，是否应该认定成立诈骗未遂罪呢？这种判断的合理性是否可以从传统的“危险性”框架中得出？我们认为，这些判例，包含着在现代重新审视未遂犯本质的契机。

一点上，可以说，比起将结果定位为单纯的处罚条件的观点更容易得到赞同。

四、代 结 论

在英美，存在以“结果的惹起是行为者无法控制的偶然产物”为根据，在处罚未遂犯时，认为应将重点放在行为者试图惹起结果的意志或尝试上的观点。本文首先概述了作为该观点之基础的，关于道德非难与运气之间关系的道德运气的讨论，以及作为该观点之前提的，关于刑法上的非难、刑罚与运气之间关系的法律运气的讨论。由此可以确定，按照否认道德运气存在者所依据的控制原则，要解释所惹起的结果本身的道德重要性并不容易。另一方面，即使在法律上应该重视结果的惹起本身，但鉴于刑法上的非难或责任伴随着刑罚这种严厉的制裁，结果的惹起会受运气左右的事实反而难以忽视，从这一观点来看，要找到在法律上应该重视结果惹起的根据也不是一件容易的事情。不过，在主张所惹起的结果在法律上具有重要性的观点中，认为刑法具有重新确认被犯罪人否定的被害人的道德价值的功能的思考，却提供了重要的启示。在行为人的主观方面寻求结果（或其危险性）的惹起将加重非难的法律根据的观点，似乎既显示了结果（或其危险性）本身在刑法中的重要性，又表明在未遂犯中，应当将行为人的主观方面作为独立于行为或结果的“危险性”这一判断框架的要素来加以重视。

这里必须强调的是，首先，虽然结果的惹起是偶然的产物，从而并不影响道德非难的程度（不存在道德运气），但这并不必然导致激进的主观主义未遂犯论，即否定未遂犯与既遂犯的区别。同时，对于“刑法或刑罚，具有重新确认被犯罪人否定的被害人道德价值的功能”这一观点本身也是褒贬不一。另外，这种观点在涉及个人法益以外的犯罪和危险犯的未遂时是否也具有通用性，仍有待研究。但是，至少上述激进的主观主义未遂犯论是难以赞同的，在认为犯罪结果也应该被重视的情况下[①],其结果或者其危险性的惹起是否是偶然的产物这一问题,可以被行为人的主观方面所涵盖的思考,这一点非常重要。

不过,根据这种启示,就会发现,在考虑未遂犯需要什么样的主观条件时,如前所述,并不必然要求具备惹起结果的“意图”和“目的”等更高层次的主观要素,至少,在日本,未必的故意层面的认识和放任便足够了。认为未遂犯的本质是与单纯的“危殆化”有所区别的,面向既遂结果的“攻击”的想法基本是妥当的,但对于为这种“攻击”奠定基础的行为人的主观意志是什么这一问题,仍有进一步研究的空间。另外,要警惕过分地强调既遂犯和未遂犯在道德非难的程度上并无差异这一点。因为未遂犯毕竟是通过修正构成要件的形式,例外地扩张了处罚。[②] 此外,以上思考并不否定行为人的主观方面直接影响结果发生的客观危险性的主张。关于未遂犯成立所必需的主观要件、客观危险性的意义、二者的关系等问题,恐怕需要更深入的探讨。[③]

此外,本文只是从在道德哲学和伦理学世界中盘根错节的道德运气问题,以及由此衍生的基于刑法或刑罚功能的法律运气问题的相关讨论的冰山一角中,获得了一些启示。关于道德运气,在道德哲学和伦理学上积累了更为深入的讨论。另外,本文的考察对象也有可能涉及

---

① 在日本,随着旧刑法的修正,未遂犯的法定刑从必要减轻变为任意减轻,这也可以理解为是主观主义的表现。不过,我们完全可以认为,之所以仅限于任意减轻,是为了在惹起可能导致既遂结果的重大危险时,留出判处比既遂犯法定刑被减轻时的处决刑上限更重的刑罚的空间。既然可以不以法律上的刑罚减轻为依据,将宣告刑降至既遂犯法定刑上限的一半以下,既然任意性的法律上的减轻规定,允许对未遂犯判处低于既遂犯法定刑下限的刑罚,那么由此似乎也能说明,刑法将未遂犯视为在类型上比既遂犯轻的犯罪这种理解具有合理性。和田俊憲「未遂犯」山口厚編『クローズアップ刑法総論』(成文堂,2003年)191頁;小林憲太郎『刑法総論』(新世社,2014年)124頁。

② See Peter Westen, *Why Criminal Harm Matters: Plato's Abiding Insight in the Laws*, 1 Criminal Law and Philosophy 319 - 320 (2007).

③ 对于行为人的主观方面与行为的危险性之间的相关讨论,可以参见 Hyman Gross, *A Theory of Criminal Justice*, Oxford University Press, 1979, pp. 74 - 113, 423 - 436. James Brady, *Punishing Attempts*, 63 The Monist 28 - 32 (1980).

作为犯罪论而被广泛讨论的领域。此外，作为允许法律运气的根据而显示的刑法或刑罚的性质和功能并不是相互排斥的。[①] 基于以上情况，或许可以期待更为综合的探讨。

① 参见David O. Brink, *First Acts*, *Last Acts*, *and Abandonment*, 19 Legal Theory 123 (2013)。

日本黑格尔刑罚论研究的最近动向[*]

川口浩一[**] 著

项佳航[***] 译

Recent Trends in Japanese Research on Hegel's Theory of Punishment

Kawaguchi koichi

Xiang JiaHang trans.

摘要：近来在国际上出现了“黑格尔复归”的研究现象。但在日本，关于黑格尔的刑法、刑罚理论的研究一直处于低迷状况。其中较为重要的是中村悠人和今村健一郎的相关论文。因此，本文将在介绍此两篇论文的基础上，做出相应的评论。中村的论文在厘清黑格尔关于刑罚的正当性问题的关键之处后，不仅阐述了黑格尔的思维方式以及其刑罚论的特点，而且在此基础上介绍了莱施和塞尔曼的相关分析。中村的论文综合了德国以及英美有关黑格尔研究的诸多学说。今村的论文则更多地关注犯罪与刑罚之间的关系，并分别讨论了“作为对否定的扬弃的刑罚”和“作为对犯罪人自身的Recht的刑罚”。与塞尔曼和中村依据“承认论据”来解读《法哲学原

---

* 本文出处：《ノモス（Nomos）》2019年总第45卷，第35—61页。原标题为：『日本におけるヘーゲル刑罰論研究の最近の動向』。作者为中文稿增添补订，放于文末。摘要以及关键词为译者所加。

** 川口浩一，日本明治大学法学研究科教授。

*** 项佳航，北京大学法学院博士研究生。

理》§97相比,今村的论文才是忠实于原文的解读。在今后的研究中,皮平将自我立法论和相互承认论相结合的方法是最值得关注的。

关键词:黑格尔;刑罚论;正当根据;否定之否定

Well I'd rather see you dead, little girl
Than to be with another man
You better keep your head, little girl
Or I won't know where I am
You better run for your life if you can, little girl
Hide your head in the sand little girl
Catch you with another man
That's the end ah little girl

——John Lennon/Paul McCartney,
Run for your life, 1965[①]

前　言

黑格尔(1770—1831)曾被卡尔·波普尔(Karl Popper)视为"开放社会"敌人的代表人物[②],并被批评为导致独裁国家主义和极权主义的元凶。在刑法学上,德国法哲学和刑法学家乌里希·克鲁克(Ulrich Klug)也喊出过"与康德和黑格尔诀别"的著名口号。[③] 与此相对,哲学界自20

① Vgl. Klaus Vieweg, *Das Denken der Freiheit: Hegels Grundlinien der Philosophie des Rechts*, 2012, S. 7 (Widmung zu Beatles), S. 136 (Epigraph).

② カール・ポパー(小河原誠/内田詔夫[訳])『開かれた社会とその敵・第二部:予言の大潮—ヘーゲル、マルクスとその余波』(未来社,1980年)1頁以下参照。

③ Ulrich Klug, *Abschied von Kant und Hegel*, in: Jürgen Baumann (Hrsg.), Programm für ein neues Strafgesetzbuch: Der Alternativ-Entwurf der Strafrechtslehrer, Frankfurt 1968, S. 36-41=ウルリッヒ・クルーク(久岡康成[訳])「カントとヘーゲルからの訣別」ユルゲン・バウマン編(佐伯千仭[編訳])『新しい刑法典のためのプログラム:西ドイツ対案起草者の意見』(有信堂,1972年)。Vgl. dazu Joachim Hruschka, (转下页)

世纪90年代以来,融合黑格尔哲学和分析哲学,着眼于其实用主义面向的"发自美国的'黑格尔复兴'席卷世界"[①],最近则"从现代哲学的观点出发,出现了将黑格尔哲学作为一种形而上学进行解释和重新评价的动向"[②],并宣布"黑格尔复归"。[③] 在德语圈的刑法学中,主要是库尔特·塞尔曼(Kurt Seelmann)[④]、京特·雅各布斯(Günther Jakobs)、[⑤]海科·H.莱施(Heiko H. Lesch)[⑥]和米歇尔·帕夫利克(Michael Pawlik)[⑦]等人

(接上页) *Die»Verabschiedung "Kants durch Ulrich Klug im Jahre* 1968: *Einige Korrekturen*, ZStW 122 (2010), 493 - 503; Wolfgang Wohlers/Floriaan H. Went, *Die Bedeutung der Straftheorie Hegels für die aktuelle strafrechtstheoretische Diskussion*, in: Andreas von Hirsch, Ulfrid Neumann, Kurt Seelmann (Hrsg.), Strafe-warum? Gegenwärtige Strafbegründungen im Lichte von Hegels Straftheorie, Baden-Baden, 2011, S. 173 - 203.

① 其中的代表当然是罗伯特·布兰登(Robert Brandom)。ブランダムについては大河内泰樹「合理性の階梯: R・ブランダムにおけるヘーゲル主義への一視角」一橋社会科学4巻(2012年)1—12頁;高橋洋城「ロバート・ブランダムの規範的プラグマティズムと「理由の空間」の分節化: その法哲学への射程を測るために」駒澤法学14巻2号(2015年)257—268頁;同「規範のパラドクスから規範のプラグマティクスへ: ドイツの法理論におけるブランダム受容の一断面」法の理論36号(2018年)51—84頁等参照。

② 飯泉祐介「復活するヘーゲル形而上学」思想(2019年)1号43頁。此外,关于英美最近黑格尔研究的动向,参见川瀬和也「ヘーゲルと英語圏の現代哲学」理想700号(2018年)121—133頁;同「ヘーゲル・ルネサンス: 現代英語圏におけるヘーゲル解釈の展開」情況6・7月号(2016年)178—196頁などを参照。

③ 《思想》杂志2019年1月刊(1137号)为"黑格尔复归(ヘーゲル復権)"特刊。在刊登的论文中,与本文主题尤为相关的内容有,川瀬和也「行為者性の社会理論: コースガード・ピピン・ヘーゲル」思想1137号(2019)53—70頁。

④ Kurt Seelmann, *Anerkennungsverlust Und Selbstsubsumtion: Hegels Straftheorien*, 1995;クルト・ゼールマン(飯島暢[訳])「ヘーゲルの刑罰論とその相互承認の構想」ノモス23号(2008年)43—52頁。

⑤ Günther Jakobs, *Strafrecht Allgemeiner Teil: Die Grundlagen und die Zurechnungslehre: Lehrbuch*, 2. Aufl., Berlin 1991, 1/21 ff.; ders., *Staatliche Strafe: Beutung und Zweck*, Paderborn 2004, S. 24 ff. Vgl. Kurt Seelmann, *Günther Jakobs und Hegel*, in: Urs Kindhäuser/ Claus Kreß/ Michael Pawlik/ Carl-Friedrich Stuckenberg (Hrsg.) Strafrecht und Gesellschaft: Ein kritischer Kommentar zum Werk von Günther Jakobs, 2019, S. 85 ff.; Michael Pawlik, *Das Strafrecht der Gesellschaft. Sozialphilosophische und sozialtheoretische Grundlagen von Günther Jakobs' Strafrechtsdenken*, a. a. O. S. 217 ff.

⑥ Heiko H. Lesch, *Der Verbrechensbegriff: Grundlinien einer funktionalen Revision*, Köln /Berlin /Bonn /München, 1999, S. 75 ff.

⑦ Michael Pawlik, *Rückkehr zu Hegel in der neueren Verbrechenslehre?*, in: Michael Kubiciel/Michael Pawlik/ Kurt Seelmann (Hrsg.), Hegels Erben? Strafrechtliche Hegelianer vom 19. bis zum 21. Jahrhundert, Tübingen 2017, S. 247 ff.

对黑格尔进行了重新评价。尤其是帕夫利克,他在最近的著作中根据英美哲学的这种趋势,对黑格尔的行为论进行了重新评价,并提出了一种新的行为论。[①] 相对于目前德国刑法学中的"黑格尔复归"趋势,日本刑法学中出现了以饭岛畅[②]为执牛耳者的"康德复归"趋势,但关于黑格尔的刑法、刑罚理论的研究[③]却一直处于低迷状况。在这种情况下,我将介绍最近为数不多的关于黑格尔刑法和刑罚理论的日本论文,即刑法学家中村悠人[④]的论文《关于刑罚正当化根据的考察》(刑罰の

---

① Michael Pawlik, *Normbestätigung und Identitätsbalance: Über die Legitimation staatlichen Strafens*, Baden-Baden 2017, S. 13 ff. und passim.

② 飯島暢「緊急避難のカント主義的な基礎づけの可能性」法政研究 85 巻 3/4 号(2019 年)401—424 頁;同『自由の普遍的保障と哲学的刑法理論』(成文堂,2016 年)等。此外,哲学家最近关于康德刑罚论的研究有,北尾宏之「カントの刑罰論」立命館文学 625 号(2012 年)79—89 頁。

③ 木村靖比古「ヘーゲルの刑法理論: その特色とカントの理論との比較」(1)奥州大学紀要 4 巻(1972 年)17 頁以下;(2)5 巻(1973 年)1 頁以下;山口邦夫「刑法学におけるヘーゲル学派: ケストリンとベルナーにみる基本的思惟」法学論集 10 巻(1973 年)132 頁以下;中義勝「ヘーゲルの刑法論と人間像」(1)関西大学法学論集 30 巻 5 号(1981 年)583 頁以下;(2)6 号(1981 年)756 頁以下;椿幸雄「ヘーゲル『刑法学』の世界: 刑法学における『全』・『個』の理論」鹿児島大学法文学部紀要 25 巻 1・2 号(1990 年)13 頁以下;平井京子「ヘーゲルにおける法-法律-裁判」法政研究 57 巻 3 号(1991 年)395—436 頁;松生建「ヘーゲル『法哲学』における報復の論理」海保大研究報告・法文学系 37 巻 1 号(1991 年)23—44 頁;同「ヘーゲルの公民社会論における犯罪と刑罰」(1)海保大研究報告 43 巻 2 号(1997 年)1 頁以下;(2)44 巻 2 号(1998 年)25 頁以下;同「法定刑の引き上げとヘーゲルの刑罰論」法律時報 78 巻 3 号(2006 年)38 頁以下;重松博之「ヘーゲル承認論における犯罪・刑罰の機能と位置」九大法学 68 号(1994 年)(以下简称:「ヘーゲル承認論」);同「承認・刑罰・他者をめぐって」三島淑臣教授退官記念論集編集委員会(編)『法思想の伝統と現在: 三島淑臣教授退官記念論集』(九州大学出版会,1998 年)127—136 頁。

④ 中村悠人目前是日本关西学院大学司法研究科的准教授,其关于刑罚论的相关研究有,中村悠人「刑罰の正当化根拠に関する一考察: 日本とドイツにおける刑罰理論の展開」(1)立命館法學 341 号(2012 年)244—324 頁;(2)342 号(2012 年)1014—1087 頁;(3)343 号(2012 年)134—199 頁;(4・完) 344 号(2012 年)2464—2511 頁(以下「正当化根拠」として引用);同「刑罰目的論と刑罰の正当化根拠論」現代法学: 東京経済大学現代法学会誌 28 号(2015 年)175—205 頁(以下引用时,简称「目的論」);同「刑罰論の現代的課題」刑法雑誌 57 巻 2 号(2018 年)163—179 頁;与刑罚论相关的翻译有,クルト・ゼールマン(中村悠人[訳])「ヘーゲル『法哲学要綱』における刑罰論」関西大学法学論集 61 巻 3 号(2011 年)727—753 号;エルンスト・アマデウス・ヴォルフ(中村悠人[訳])「一般予防についての最近の理解と犯罪への応答に関するその適格性」(1) 関西大学法学論集 62 巻 3 号(2012 年)1185—1207 頁; (2・完) 関西大学法学論集 62 巻 6 号(2013 年)2526—2556 頁;ベンノ・ツァーベル(中村悠人[訳])「フランツ・フォン・リストと刑法改正運動: 近代学派思想の革新と矛盾」龍谷法学 49 巻 2 号(2016 年)543—571 頁などがある。

正当化根拠に関する一考察：日本とドイツにおける刑罰理論の展開)中关于“黑格尔的刑罚论”的章节(第6章)和哲学家今村健一郎[①]的两篇论文①《黑格尔的刑罚论》(ヘーゲルの刑罰論)[②]以及②《论黑格尔刑罚论中“犯罪人通过犯罪确立了一条法则”这一纲要》(ヘーゲル刑罰論における〈犯罪者は犯行をつうじてひとつの法則を定立している〉というテーゼをめぐって)[③]的内容,并作若干评论。

一、中村悠人的研究:“黑格尔的刑罚论”

(《关于刑罚正当化根据的考察》第**6**章)

中村认为,黑格尔的刑罚论“将包括犯罪行为人在内的人们视为理性的存在,主张随着社会的发展,刑罚的必要性将减少”,展现了“与黑格尔是国家主义者的理解相距甚远的极为自由的黑格尔形象”(第199页)。[④] 而关于其刑罚的正当化论,则依据塞尔曼的“承认根据”,认为“在黑格尔的刑罚论中,刑罚被理解为犯罪的反作用”是“为了承认关系的恢复,也就是通过法律的恢复,侵害人和被害者重新回到承认人和被承认人这一通常的相互关系中而课以的”(第197页)。下面,我将稍微详细地追溯一下中村得出这样结论的探讨过程。

---

① 其关于刑罚论的相关研究有,今村健一郎「ジョン・ロックにおける刑罰正当化論の素描」哲学雜誌122巻794号(2007年)168—186頁;同「ロックとリバタリアン：刑罰の正当化論をめぐって」イギリス哲学研究31号(2008年)113—115頁があり、ヘーゲルについては今回紹介する二本の論文の続編として同「ヘーゲルの所有論」愛知教育大学研究報告：人文・社会科学編68巻(2019年)79—92頁がある。

② 今村健一郎「ヘーゲルの刑罰論」愛知教育大学研究報告：人文・社会科学編66巻(2016年)49—61頁(以下简称：[今村]①)。

③ 今村健一郎「ヘーゲル刑罰論における〈犯罪者は犯行をつうじてひとつの法則を定立している〉というテーゼをめぐって」愛知教育大学研究報告.人文・社会科学編67巻1号(2018年)75—86頁(以下简称：[今村]②)。

④ 高山守『ヘーゲルを読む：自由に生きるために』(左右社,2016年)8頁也将黑格尔哲学解读为“自由的哲学”。另一方面,佐藤康邦[佐藤康邦『教養のヘーゲル『法の哲学』：国家を哲学するとは何か』(三元社,2016年)11頁]指出,“就黑格尔是自由的敌人还是朋友这一问题而言,并不能一概而论”。

（一）问题所在

中村认为，主要在《法哲学原理》[①]中展开的“黑格尔的刑罚论批判了……以预防犯罪为目的的‘相对论’，特别是费尔巴哈的理论，将刑罚的正当性与脱离了经验验证这一认识论弱点的‘报应’联系在一起，并将其理解为脱离了目的这一意义上的‘绝对论’来加以解决。……黑格尔的刑罚理论是否可以被评价为不具有目的这一意义上的‘绝对论’，有必要重新考查”（第169页）。[②] 虽然，黑格尔将作为法的“否定之否定”的刑罚视为犯罪的反作用，但在其刑罚论中也涉及“目的”，从而设定了“通过考察黑格尔如何建立刑罚的正当性，探讨其刑罚的正当化根据与目的之间的关系”这一论题（第170页）。

（二）黑格尔的思维方式

中村认为，在黑格尔辩证法中[③]，正题与反题“二者的契机中的一方被证明是优越的，即在另一方中其自身被接受，然后作为一个整体，成为合题这一统一体。思辨或辩证思维是指概念的内在自我活动在对

---

① 本文所引用和参考的《法哲学原理》依据的是Suhrkamp版的选集（Werke in 20 Bänden mit Registerband）第7卷，G. W. F. Hegel, *Grundlinien der Philosophie des Rechts oder Naturrecht und Staatswissenschaft im Grundrisse. Mit Hegels eigenhändigen Notizen und den mündlichen Zusätzen*, Frankfurt a. M. 1986。以下引用时，关于该书的各节文本以§xx方式表示，各节注解（Anmerkung，原文的各段以下经过黑格尔本人检查的学生笔记等部分）以§ xx/A方式表示，黑格尔的高足甘斯（Gans）所做的各节补遗（Zusatz）以§ xx/Z方式表示，Suhrkamp版所附的黑格尔在自己版本的栏外手写的笔记部分（Handschriftliche Notizien）以N zu § xx（/A）[S. xx（Suhrkamp版的页数）]方式表示。关于译本，中村论文中虽未明确表明，但主要提到，藤野涉/赤沢正敏（訳）「法の哲学」『世界の名著：ヘーゲル』（中央公論社，1978年）与岩波书店版的黑格尔全集中的上妻性・佐藤廉邦（訳）『法の哲学：自然法と国家学の要綱』上・下卷（岩波書店，2000年），以资参考。

② 以下括号中的页数部分引用自中村“合理化依据（3）”（中村悠人「刑罰の正当化根拠に関する一考察：日本とドイツにおける刑罰理論の展開」）。

③ 日本最近对黑格尔辩证法的研究有，加藤尚武「『弁証法』の22用語例in『法哲学』」ヘーゲル論理学研究23号（2017年）7—20頁；同「ヘーゲルによる心身問題のとりあつかい」ヘーゲル論理学研究19号（2013年）7—25頁。在后者中，加藤指出黑格尔的辩证法“与克服主客观二元论有着密不可分的关系”（第10页）。

契机的区分和扬弃中所发生的认识过程”(第170—171页),并强调其特征是追寻“螺旋的过程”(第171页)(“黑格尔思维方法中的螺旋性特征”[①]第172页)。也就是说,黑格尔的思维方法是“首先,抽象且直接的事物,以中介的方式表示出来,但只在形式上比最初一般的普遍的事物更加丰富,其最终结果仍是作为抽象且直接的事物而被接受”(173页),对黑格尔来说,“学问的哲学”乃是“在作为具体之物的真实中包含的,只是在统一体中被汇总整合的东西,也就是说,正由于是整体性的东西,所以是本质的体系”,“内容只作为契机整体才具备了正当化”(第173—174页)。黑格尔的法哲学中的“抽象法”和“道德”“并不是可以分离的、独立存在的、可以自为地理解的法哲学的一部分”,相反,在伦理领域被扬弃的事物,正好是成为“更高级统一体的契机”(第174页)。“因此,黑格尔刑罚论在抽象法的考察中,以在伦理中才被处理的国家的存在、法院的存在为前提。”

(三) 黑格尔刑罚论的特点

接着,中村列举了黑格尔刑罚论的特征:① 经验与理性的融合;② 对“相对论”的批判;③ 犯罪的实存;④ 作为假象的犯罪。关于以上各点,分述如下。

1. 经验与理性的融合

在康德的刑罚理论中,人们被视为是理性的存在,但在经验性的现象世界和理念性的本体世界的分裂中,如何与现实相结合,仍然是不明确的。与之相对的是,在费尔巴哈的刑罚理论中,人们被视为是经验性的存在,一种受自然规律支配的冲动性的存在,“在两者的刑罚论中,这种理性的侧面和经验性的侧面是割裂的。”(第176页)这些见解与黑格尔的见解的异同值得关注,但在黑格尔这里,经验和理性再次相互融合。在他看来,所谓理性乃是一种“无限的力”,即“具有将主体仅仅作

① 此外,川瀬和也[川瀬和也「ヘーゲル『大論理学』における絶対的理念と哲学の方法」哲学68号(2017年)109—123頁、121頁]在提及这种“螺旋”时,指出“这是黑格尔在自己的讨论中作为逻辑起点的东西,不能被过度理解为是一种特权”。

为理念、达到当为的力量，并且是只在现实之外，对于明白这一点的人来说，在一些人的头脑中被作为一种特殊的东西加以处理的力量”，但在“任意、偶然、错误的领域”（§258 /Z）中，现象只是一种空虚的伪装[Schein（假象：§82 /Z）]，其本身是无效的，只是“暂时的、没有意义的东西”，而必须被破坏、摧毁，同样，事实也是这样的（第176—177页）。这个原理对于人也是适用的，违法者不是家畜、狗，抑或一块木头，也不是“物权的客体”，而是理性的人格。因为“犯罪人是活生生的人”，“可以肯定的是，生命，即使有瑕疵也是存在的”（§259 /Z），所以必须“在处罚中被作为理性的东西来尊重”（§100 /A）。但是，在不能从犯罪自身中提取出刑罚的概念和标准的情况下，或者只将其作为有害动物来考虑的情况下，无论是出于无害化的目的，还是出于威胁和矫正的目的，犯罪人都不能被认为是作为理性的存在而受到尊重（第177页）。

2. 对“相对论”的批判

黑格尔认为，在相对论中，“作为考察犯罪时的首要且实质性的视角，对正义的客观考察被搁置一边”（§99 /A），“在将刑罚视为威胁时，人变成了手段，并被假设为是不自由的”。此外，针对费尔巴哈式的威慑预防论，黑格尔如此批判道：“将犯罪的主观方面，跟一些庸俗的心理学上的观念相混杂，且竟被视作是本质性的东西，这些观念是关于刺激和感性冲动相对于理性太强烈的观念，关于心理的强制和对表象的作用的观念。”*（§99 /A）此外，黑格尔对刑罚威胁的正当性也提出了批

---

* 该段的德语原文为“Durch jene oberflächlichen Gesichtspunkte aber wird die objektive Betrachtung der Gerechtigkeit, welche der erste und substantielle Gesichtspunkt bei dem Verbrechen ist, bei Seite gestellt, und es folgt von selbst, daß der moralische Gesichtspunkt, die subjektive Seite des Verbrechens, vermischt mit trivialen psychologischen Vorstellungen von den Reizen und der Stärke sinnlicher Triebfedern gegen die Vernunft, von psychologischem Zwang und Einwirkung auf die Vorstellung (als ob eine solche nicht durch die Freiheit eben sowohl zu etwas nur zufälligem herabgesetzt würde)-zum Wesentlichen wird. ”G. W. F. Hegel, Grundliniender Philosophie des Rechts, Klaus Grotsch (Hrsg.), 2009, S. 109. 译文参照了两个中译本：黑格尔：《法哲学原理》，范扬、张企泰译，商务印书馆1961年版，第101页；黑格尔：《法哲学原理》，邓安庆译，人民出版社2017年版，第178页。——译者注

评,认为其并未将规范对象真正地当作自由理性人格,而是被定义为受感性冲动所推动的存在。也就是说,“刑罚威吓并不是以人的自由为前提,而是想通过恶害的表象来强制执行。但是,法和正义必须在自由和意志中,而不是在威吓所指向的不自由中寻找其根据。如果以威吓为刑罚的根据,就像对狗举起拐杖一样,这不是对人的尊严和自由予以应有的尊重,而是像对待狗一样对待他”(§99/Z)。因此,“相对论”试图通过威胁或矫正来为刑罚奠定基础的做法,并不足以作为刑罚正当化的依据(第178—179页)。

3. 犯罪的实存

在黑格尔的刑罚理论中,刑罚不仅仅是原始的复仇,也即并非是“因为已经存在其他恶害”(§99/A),所以要课以这一恶害,而必须是“自在且自为地正义的(an und für sich *gerecht*)”(§99/A:强调原文),并与“犯罪的实存(Existenz)”联系在一起。这种犯罪的实存是指“应被消除的真实恶害(das wahrhafte Übel),这正是它的本质。正是对于概念的这一点缺少一定的认识,才出现了刑罚观点的混乱”(§99/A)。要解决这种混乱,首先必须区分犯罪的定在[现存在][①]及其概念。所谓犯罪,针对的并不是内在的道德存在,也就是说,针对的不是单纯的心情,而是始终违背外在的法律存在,“在外在的事物中我的自由的定在”(§94:强调原文),即“在每个事物中的所有权——以及身体、其部位、生命”(§99/Z),超越这些的自由的“高级规定”(名誉、家庭或国家中的伦理规定等),犯罪“始终是对自由定在的侵害”。“然而,在这种形式中的实质要素是普遍性的”,“犯罪本来就适用于事物,是对其本身存在的意思的侵害”(N zu §95[S.183]),也即“各个外在方面的对象也好,本身存在的东西也好,在被侵害时的不法”。不过,

① 中村原文将 Dasein 翻译为“现存在”,在黑格尔那里,Dasein 是以在那里的形式“被规定的存在”,显示了“赋予日常表象的存在的直接性”,也有人[小阪田英之「定在」加藤 尚武/久保 陽一/幸津 國生/高山 守/滝口 清栄/山口 誠一[編]『ヘーゲル事典』(弘文堂,1992年)341—2頁]认为,翻译成“定在”(定有)或许是更妥当的。以下在引用部分将变更为“定在”。中村本人在论文的后面也采用了“定在”这个译词(中村“目的论”第190页)。

对于侵害,即表现为“仅限于针对外在的定在或占有所加的”(§98)[①],“对所有或财产以某种方式所加的损害”(§98),“扬弃造成损害(Beschädigung)的侵害”便是“给被害人以民事上的损害赔偿,只要这种赔偿是可以进行的”(§98)。也就是说,如果“外在的东西被否定”,那么“对于这种否定的再次否定”便是保留在司法上的恢复乃至赔偿,其结果是“我再次处于我之前的状态,取得所有”(N zu §98,[S.186]),但刑法不能实现这种外在的结果。因此,“犯罪应予扬弃,并不是因为其惹起了恶害,而是因为侵害了作为法律的法”(§99 /A)。“由此,意志的原则受到攻击,作为法律的法受到侵害的强制”,“这不仅仅是作为原本就有可能产生的产物而应被扬弃,相反,法的内在否定,必须在自在且自为乃至其整体性上维持定在”。因此,黑格尔在“对作为法律的法的侵犯”中,即在“主张不法”和“犯罪人的特殊意志”中找到了纯粹的刑法“侵害的积极实存”(N zu § 99 [S.189])(第179—181页)。

4. 作为假象的犯罪

但是,“个人在其自身的个别性中散布的东西,对于一般现实性来说,不可能成为法则”,“权利……作为绝对的东西……不能被扬弃”(§98 /Z),因此,伴随着犯罪积极地向外在实存推进的特别意志已经是“在其自身中无效的东西”(§97),也即实质上无效的东西。这是因为“外在的东西,如果没有对其本质的概念的话”,则始终只是单纯的“假象”。在黑格尔看来,假象是“不符合本质的定在,是本质的空洞的分离和设定,从而二者间的差别是一种本质的不同”,“从而,因其不正确性而消失”,“不法就是这种假象。……我们真正能称之为本质的是法本身,而与之相悖的特别意志被作为不正确的东西加以扬弃”(§82 /Z)。“现实性始终是普遍性和特殊性、本质和实存,以及内在和外在的统一”,“如果这种统一不存在,即使可以假设其具有实存,也是不现实的”(§270 /Z)。也就是说,黑格尔认为(据其所说)“实质的、内

① 中村原文将 Besitz 翻译为“所有”,但黑格尔在《法哲学原理》中,将“所有”(Eigentum)和“占有”(Besitz)加以区别使用(§45 等),因此本文将其修正为占有。

容的——概念的、现实的现实性和偶然的、外在的、历史的——经验的现实性，与实质现实性相比不过是假象现实性，但在它们之间存在区别”，理念是现实的，而其他现实性则成为假象现实性。因此，无论怎样，犯罪在形式上都是“理性的和普遍性的”(§100)，换言之“原理或法则”也是以“允许侵害某人”为内容的法则。例如，犯罪人通过杀人，“所告诉我们的是，杀人被作为普遍性的东西而被允许”，“作为杀人者，他确立了不尊重生命的法则。他在他的犯罪行为中表明了普遍性的东西。但是，在这个时候，他被判处了死刑”。但是中村批评黑格尔说：“仅凭这一论述来探讨是否足以正当化是不够的。”(第181—183页)

(四) 莱施的分析

因此，中村综合比较了两位刑法学者(莱施和塞尔曼)关于黑格尔所作刑罚正当化根据的观点。对认为后述的法则论据也具有一定正当性的莱施的见解，做如下总结。

1. 对于犯罪行为人的刑罚的主观正当化

在莱施看来，以上分析在形式上是理性的，但实质上不过是假象，根据犯罪所包含的法则，例如通过杀人使得杀害被允许的法则(§100)，“对犯罪人自身的刑罚予以正当化”是有问题的。从而，莱施认为“在刑罚作为……包含其自身的权利的评价这一点上，犯罪人被作为理性的存在来加以尊重”(§100/A)，“也就是说，通过对行为人的再次侵害，他被作为理性的存在，他的意志被作为法则来加以承认”。而且黑格尔说：“由于行为人是理性的存在，他的行为中存在的报复是普遍性的。……行为是你实施的，而你正好通过该行为设定了自在且自为地承认的法则。由此，行为人可以被涵盖在他实施的该行为形态下，并在此基础上再次建立起受他侵害的同等的东西。”然而，在那里，“行为人并不是被经验性的、自然规律决定的冲动所推动的存在，相反，他被认为是理性的人格。”

2. 作为“否定之否定”的刑罚的客观正当化

莱施认为，刑罚如果只是基于上述主观上的正当化，则只能对犯罪人自身进行正当化，还不能作为客观理性的东西，以及作为“自在且自为地正义的(an und für sich *gerecht*)”(§99 /A：强调原文)东西来奠定正当化的基础。因此，他想要通过着眼于黑格尔的“否定之否定”(§97 /Z[Gans])命题，来实现刑罚的客观正当化。这一命题来自黑格尔所说的，“破坏这一定在的意志……就是扬弃犯罪(否则就会变成有效的了)，和对法的恢复”(§99)(第186页)这一论述。对黑格尔来说，恢复秩序“具有历史的——辩证法的和社会的——功能维度”，在此基础上，他区分了刑罚的“内在必然性”和“外在必然性”(N zu §96/A[S. 184])。这与黑格尔的历史观有关。也就是说，世界史对黑格尔来说是“世界精神的理性的必然历程”，是“创造性理性的纯粹产物”。犯罪产生的假象必须被扬弃，因为这“与形式的——若非如此，特别的法则就可以认为它作为一种假象的权利是合理的，并且在这种过程中，所有的存在都变得更加理性的历史的——辩证法的过程相矛盾”。“对作为法律的法所加的侵害”的无效性表现在于“该侵害在其自身中是无效的——这就是法的现实性，亦即法通过扬弃对自身的侵害而中介自身的必然性(§97)”。“现实的法是……对这种侵害的扬弃，正是通过这一扬弃，法显示出其的有效性，并证明了自己是一个必然的被中介的定在”(§97/Z)。对黑格尔来说，“这种假象的真实情况在于其本身是无效的，法可以通过对自身的否定之否定来重新确证，通过自我否定返回自身这一中介的过程，法把自己确证为是现实的和有效的，而它最初仅仅是自在的和直接的(§82)”。莱施在这里看到了刑罚的“内在必然性”。此外，莱施还认为，在黑格尔所说的“否定之否定”中，展现的是与刑罚是理性内在必然并列的，刑罚的“外在必然性”也即社会性功能——服务于社会的理念性维持的刑罚功能。根据黑格尔的说法，犯罪“表征了作为现实中有效之物的理念的现实侧面”，“如果这件事能够自由地进行，就意味着与之相关的所有东西都是被允许的”(§96 /A)。如果不惩罚这种犯罪，“社会就会毁灭”(N zu §96/A, S.184)。由于“肆无忌惮地犯下犯罪”的状态在表面上呈现为“犯罪是有效的、被允许的，相对地，在内心中产生犯罪是有效的心理”，因此这必须被消除，必须将存在于表面的犯罪“确认为无效”(N zu § 96/A[S.185]),换言之,需要通过将“被侵害的规范仍然作为是理性的现实存在”,来指示其在今后仍然是正确的。也即通过“否定之否定”使得从完成犯罪的状态中返回,重新指示以前的状态才是正确的,从而在实际上表明社会中的规范仍是有效的(188 页)。

3. 刑罚与“一般预防”

按照莱施的说法,黑格尔所关注的是,犯罪所侵害的法的有效性,刑罚是使得法恢复其原本的有效性,而不能被理解为旨在以此来设定某种行为的动机,或是形成规范,因此,① 刑罚所产生的社会教育效果,以及② 行为控制效果都要被否定。不过,黑格尔并非没有提及科处刑罚的预防效果,“关于作为现象的刑罚及其与特别意志之间的关系,以及将其效果与代表性观点(威吓、矫正等)联系起来的各种考虑,确实具有本质性意义,这尤其体现在刑罚方式的考虑中,但所有这些考虑的前提都假定刑罚是自在且自为地正义的)”(§ 99 /A)。这也就是说,归根结底是以刑罚正当为前提,在此基础上,才能进行对刑罚执行方式、量刑对象的相关考察。

4. 小结

虽然中村分别论述了,莱施对黑格尔关于刑罚正当化的理解中,① 犯罪行为人自身的主观正当化,② 在社会上,将犯罪所展现的假象状态无效化的客观正当化,但刑罚说到底是作为犯罪的反作用来科处的,因此在以犯罪为原因这一意义上具有“绝对论”的一面。另一方面,为了将犯罪宣告为无效而科处刑罚,即通过“否定之否定”的方式,来表明被侵害的规范今后仍然是正确的。这不是刑罚没有目的这一意义上的“绝对论”,而是对具有刑罚目的的“相对论”的一面的承认,包含了威胁和矫正的预防,只有在刑罚是正当的情况下才会被考虑,并且应该认为这不是刑罚的本质,而只是刑罚的方式。对此,中村批评说:“莱施的主要着眼点并不是刑罚为何被允许,而是从刑罚论的视角出发对犯罪论进行再构成”,“虽然明确了以犯罪为原因的刑罚,也是带有目的地被科处的,但关于为什么刑罚这种伴随危害的强制被允许,为什么刑罚是正当的问题,像黑格尔那样,主张是‘自在且自为地正义的东西’的分析是不充分的”(第183—185页)。

(五) 塞尔曼的分析

塞尔曼认为,在黑格尔的刑罚论中,关于刑罚的正当化问题,《法哲学原理》的§100[①]和§97[②]分别展开了各自不同的尝试,其中注①被称为“**法则论据(Gesetzesargument)**”[③],②被称为“**承认论据(Anerkennungsargument)**”[④]。[⑤]

1. 法则论据

首先,塞尔曼批判了“法则论据”(§100)。黑格尔认为:“作为理性的人,他的行为中包含着普遍性的东西,也就是说,通过行为,犯罪人定下了一条法则,并在行为中自为地承认该法则(Gesetz)”,“因此,他应该从属于它,就像从属于自己的法一样”(§100:强调原文),关注的是对自身法则的从属。即基于犯罪行为人也具有理性这一事实,含蓄地必然地主张自己的“犯罪基础中存在的准则普遍化的可能性”,由此可

---

① 这两节可谓是黑格尔的刑罚论中最为重要的部分,故将其原文摘录如下:

§100 Die Verletzung, die dem Verbrecher widerfährt, ist nicht nur an sich gerecht-als gerecht ist sie zugleich sein *an sich* seiender Wille, ein Dasein seiner Freiheit, *sein* Recht-, sondern sie ist auch *ein Recht an den Verbrecher* selbst, d. i. in seinem *daseienden* Willen, in seiner Handlung *gesetzt*. Denn in seiner als eines *Vernünftigen* Handlung liegt, daß sie etwas Allgemeines, daß durch sie ein Gesetz aufgestellt ist, das er in ihr für sich anerkannt hat, unter welches er also als unter *sein* Recht subsumiert werden darf.

② §97 Die geschehene Verletzung des Rechts als Rechts ist zwar eine *positive*, äußerliche *Existenz*, die aber *in sich* nichtig ist. Die *Manifestation* dieser ihrer Nichtigkeit ist die ebenso in die Existenz tretende Vernichtung jener Verletzung-die Wirklichkeit des Rechts, als seine sich mit sich durch Aufhebung seiner Verletzung vermittelnde Notwendigkeit.

③ Kurt Seelmann, *Günther Jakobs und Hegel*, in Urs Kindhäuser, Claus Kreß, Michael Pawlik & Carl-Friedrich Stuckenberg (Hrsg.) Strafrecht und Gesellschaft: Ein kritischer Kommentar zum Werk von Günther Jakobs, 2019, S. 68 ff.

④ Kurt Seelmann, *Günther Jakobs und Hegel*, in Urs Kindhäuser, Claus Kreß, Michael Pawlik & Carl-Friedrich Stuckenberg (Hrsg.) Strafrecht und Gesellschaft: Ein kritischer Kommentar zum Werk von Günther Jakobs, 2019, S. 70 ff.

⑤ 此外,塞尔曼还强调了黑格尔所尝试的是有别于以契约论来奠定刑罚基础的其他正当化。Vgl. Kurt Seelmann, *Günther Jakobs und Hegel*, in Urs Kindhäuser/ Claus Kreß/ Michael Pawlik/ Carl-Friedrich Stuckenberg (Hrsg.) Strafrecht und Gesellschaft: Ein kritischer Kommentar zum Werk von Günther Jakobs, 2019, S. 99 ff.

以推导出“犯罪分子通过犯罪，可以被推定为同意处罚”。

但塞尔曼批判道，这是不能被支持的。也就是说，从“人作为更详细的、特定意义上的理性存在，也可以实施同样的犯罪这一事实”出发，并没有立即产生“推定性地提高自己的准则被无矛盾地普遍化的可能性的要求”，也没有“从自我矛盾出发，对所产生的作为道德必然性的，行为人错误的准则适用，更进一步”地给出说服性的理由。这是一个**“主知主义错误”(谬误，intellektualistischer Fehlschluß)**[①]，即“非理性，是否应该成为对非理性的反应的标准，就道德内在而言也是值得怀疑的”。从“将行为人视为理性存在这一正当要求”出发，通过“个别非理性的犯罪”并不能对该行为人产生普遍约束性，也不能推导出归责，而只能对“进行了非理性的行为”进行非难，由此，刑罚还不足以被正当化(第194页：下划线・川口)。[*]

2. 承认论据

因此，塞尔曼将视线转向“承认论据”(§97)。黑格尔认为：“作为法律的法所产生的侵害，确实是一种积极的、外在的存在，但它本身是无效的。这种无效性的表现，就在于同样出现于外在实存中的对这种侵害的否定——法的现实性，是通过扬弃这种侵害而中介其自身的必然性”。(§97)塞尔曼援引黑格尔对法律的这一理解，即“作为自由且

---

① 主知主义(intellectualism)是指“通常，作为与主意主义对立的思考方式而被赋予特征，将知性置于相对于意志的优势地位的立场”[米山優「主知主義」『岩波哲学・思想事典』(岩波書店，1998年)746頁]，这里所说的“主知主义谬误”是指从将行为者作为理性存在对待的要求出发，通过“非理性的”犯罪而要求该行为者具有普遍性拘束性的行为不会被推导出来的意思，从“重视理性的立场来看是错误的”。

* 为便于理解，将塞尔曼与该部分内容相关的原话摘译如下：实际上即便黑格尔就犯罪人的矛盾行为提供了叙述的根据，也必须进一步追究，仅仅以行为的矛盾性，作为刑罚前提的社会道德性的非难是否有可能。如果尝试从理性的使用的各种条件出发，换言之，从由于是理性的而必然会发生的对自我矛盾性的回避这一点出发，演绎出具有约束力的道德规范的话，我认为这在原则上已经是值得怀疑的了。因为从逻辑中导出道德的上述推论，应被视为一种“主知主义错误”。

但是，退一步而言，即便不考虑这一点，也会产生这样的疑问：仅仅依靠自己确立的法则对行为人的自我包容，则国家并未对法侵害做出任何正当的反应。在此，我们的考察需要迈出以下一步。从赋予刑法的任务来看，将犯罪人的行为准则普遍化，并将该犯罪人包容在其之下，完全是不恰当的观点。——译者注

平等的人格间的相互承认”，认为“违反人格意志而产生的对外在领域的介入都是——只要侵害者认识到自己不拥有法——对人格的侵害，并且与之同时，是对整个承认关系的侵害”，也即对“作为法律的法”的侵害；犯罪被认为是“超出了民事法律中的‘法的侵害’，是对人格的侵害，即对整个承认关系的妨害”，“不法地侵害他人的人剥夺了承认，认为自己是单方面地凌驾于他人之上的主体”，而这不过是将自己贬低为自身恣意的手段。因此，犯罪行为人在“侵害作为法的主体、具有人格的他人”的同时，“也侵害了作为社会性的人格间关系基础的相互承认原理”，从而犯罪行为便也侵害了作为“法主体”的自身。换言之，“只有当行为人使自己与直接受害者以及其他人，重新在相同的水平上活动，并与他们产生新的承认关系时，与他人的法律关系才能得到恢复。由于行为人单方面地凌驾于他人之上，他必须主动减少其法的地位。只有这样，才有可能再次相互承认”。在塞尔曼看来，承认关系的恢复，同时也是法的恢复，这意味着侵害人，即便从受害者的角度来看，也必须重新回到承认人和被承认人这一通常的尺度上。在这里，承认是以彼此平等为前提的，“单方面凌驾于他人之上的人”必须“以可识别的形式加上与承认关系丧失相等的东西，才能再次与他人平等”，因此其需被判处刑罚(第 194—196 页)。

3. 公民社会中的刑罚

承认关系的妨害，超越了具体的当事人，破坏了公民社会中所关注的相互承认的原理本身。由于将所有承认关系都作为“通过相互承认嵌入社会整体的网络结构中的东西”，所以承认的妨害虽然发生在个别事例中，也会成为妨害“普遍性的东西”，即妨害当作人格来尊重这一原理。因此，承认关系的恢复关系社会的每一个成员。在塞尔曼看来，犯罪是对承认的否定，而刑罚将意味着承认关系的恢复。刑罚将在公民社会中，为恢复被侵害的承认关系而被科处。不过，当社会稳定、力量强大的时候，就要注意侵害的意义将减少(§218)。“各个侵害，在总体功能化的承认网络中，其大小便有可能在整体关系上被轻视”。在一个不成熟的社会中，承认关系会受到强烈动摇，所以刑罚确实被用于恢复这种关系,但是社会如果稳定的话,处罚也就会变得温和,而且社会越稳定,刑罚的必要性就越小。由于黑格尔将抽象法的逻辑“前进”视为历史的“前进”,因此使行刑和量刑应服从历史条件。

4. 小结

塞尔曼批判了法则论据,在其中,只可能意味着犯罪行为人实施了某种非理性的行为,法则中包含的,例如可以杀人等非理性,并不能作为对犯罪这种非理性的反应的标准,相反认为,仅有“相互承认”为论据的承认论据,能够为刑罚奠定基础。即“承认关系通过相互的承认与社会整体相关,因此通过犯罪行为剥夺对方承认的人,同时也侵犯了相互承认的原理本身”,而“由于是相互的,所以剥夺他人承认的人,也剥夺了自己的承认”,“恢复这种承认关系是必要的,但承认以彼此平等为前提”,因此“单方面凌驾于他人之上的人”“为了再次与他人平等,必须遭受与承认关系丧失相同的待遇”,因此需要被处以刑罚。在黑格尔的刑罚论中,刑罚被理解为对犯罪的反作用,但从“承认关系的恢复,也就是法的恢复来看,是为了侵害人和受害者,重新回到相互承认人和被承认人这一通常关系,而被科处的”,因此,它不是脱离目的的“绝对论”,而恰恰可以说是具有以上目的的“相对论”。中村认为,“问题在于,伴随着危害的刑罚,即使因为平等的相互承认而被允许,但为什么必须是刑罚呢”,“塞尔曼的分析没有充分回答这一点”。中村认为,关于这一点,“可以通过与现实的自由和自律性的保障相结合来奠定基础,以及可以参考通过与维持现实中的法律秩序的规范效力相联系,来回答必须是刑罚的见解”,即便如此,塞尔曼的“社会的稳定可以缓和刑罚”的分析也很重要,“社会越稳定,则用刑罚来应对的必要性就越少,那么作为最终手段的刑罚(即使刑罚的内容和执行方法发生变化)最后是否能够保留下来”这一点仍是有待解决的课题。

(六)总结

基于以上分析,中村认为“黑格尔的刑罚论,无疑是报应性的刑罚理论,但绝不是没有目的的‘绝对论’”,另一方面,黑格尔“以犯罪行为人也是理性存在为前提，否定了刑罚的威吓和矫正等目的”。因此，倒不如说，“黑格尔的刑罚目的……近似于规范确证的预防论”，但“它必须与刑罚内在地联系在一起，而不是外在地纳入预防目的”，因此，存在①“可能内在于应报性刑罚理论的目的”是什么的问题和②“为什么必须是刑罚的问题”（第198页）。此外，③黑格尔和康德一样，将犯罪行为人和其他人都作为理性人格来对待，这是与生俱来的人格，但是可以作为理性存在自发形成互认关系的存在来看待，还是在法律秩序中作为人格相互承认的存在，对此有必要加以探讨。中村指出，在黑格尔看来，“伦理和公民社会既是归宿也是出发点”，因此“以法律秩序为前提，在其中作为人格建立相互承认关系，然后扩展到整个社会，形成法律秩序，这种螺旋式的理解是妥当的”，“该社会和法律秩序对黑格尔来说是向前发展的”，“随着社会的发展，社会将变得稳定，从而刑罚的必要性因之减少，这一点是重要的”（第199页）[①]。

二、对中村论文的若干评论

中村说的特点是：①从对刑罚论中康德·黑格尔的重新评价这一视角出发，指出两人的刑罚论不是在没有“目的”的意义上的“绝对论”；[②]

---

① 中村悠人在“刑罚目的论”第190页，对黑格尔的刑罚论总结如下：“另外，黑格尔的刑罚论也不是脱离目的的绝对报应刑论。黑格尔也以犯罪行为人是理性的存在为前提。不过，犯罪是‘对自由的定在的攻击’，是犯罪行为人的特殊意志，是对作为法律的法的侵害，只是在表面上它本身是无效的，并有必要表明这种无效。这种无效性的显现即是刑罚。根据塞尔曼的分析，黑格尔将法律‘全方面理解为自由且平等的人格间的相互承认’，犯罪被认为是对人格的侵害，同时也是对整个承认关系的妨害。承认是以相互平等为前提的，因此‘成为单方面凌驾于他人之上的主体’的人，为了再次与被害人平等，必须遭受与承认关系丧失相同的侵害。这就引起了刑罚。在这里，被科处刑罚，是为了法律的恢复，也就是承认关系的恢复，侵害者和被害者再次回到承认者和被承认者这一通常的关系。”此外，在同文的“现代性课题”第39页指出，黑格尔的刑罚论也是以“犯罪行为人是理性的存在为前提的。犯罪是犯罪行为人的特殊意志，是对作为法律的法的侵害，只是在表面上它本身是无效的，并有必要表明这种无效。这种无效性的显现即是刑罚。根据塞尔曼的分析，在黑格尔看来，刑罚的实施是为了通过恢复法律，即恢复承认关系，使侵害人和受害者重新回到承认人和被承认人这一通常的关系。”

② 同样的观点，参见増田豊『規範論による責任刑法の再構築：認識論的自由意思論と批判的責任論』（勁草書房，2009年）608頁以下。

② 着眼于二者均围绕个人的自律·自由展开报应刑论这一点;③ 其刑罚论综合了德国刑法学中以康德为依据展开基于相互承认论的刑罚论的 E. A.沃尔夫(E. A. Wolff)和科勒等人的理论,以黑格尔为依据展开基于相互承认论的塞尔曼的理论,以及黑格尔的抽象法·道德·伦理的三个阶段,分别对应人格·主体·公民,认为犯罪是"公民的不法",而在刑罚论中展开报应刑论的帕夫利克的理论。中村批判了受到雅科布斯学说影响的莱施对黑格尔的解释,而基本赞成塞尔曼的"承认论据"。在这里,我们可以看到,试图找出以"相互承认"论为基础的,康德和黑格尔的刑罚论的连续性的姿态(图 1)。

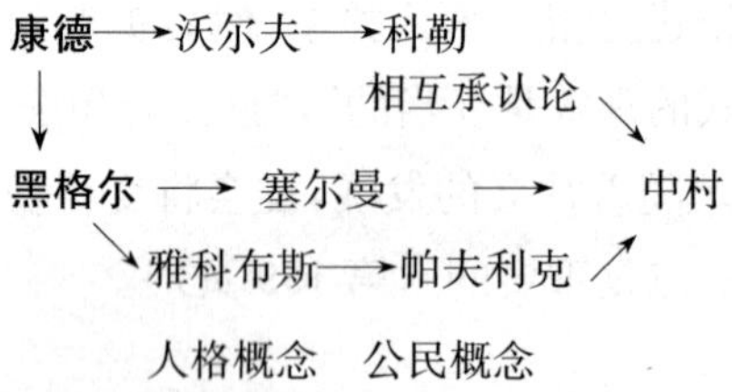

图 1　在刑法学中对康德·黑格尔的再评价

在日本,法兰克福学派的阿克塞尔·霍内特(Axel Honneth)[①]是最广为人知的黑格尔承认论研究者,但最近川濑和也所特别介绍和探讨的,将黑格尔的行为论解释为"行为者性的社会理论"的罗伯特·皮

① 重松博之认为,霍内特的"以所谓福柯和哈贝马斯的相互克服为方向,对承认斗争论重新提及,不仅是在批判性社会理论内部对其进行批判性补充的尝试,而且也应注意到,这是对商谈伦理学和罗尔斯正义论等现代程序性正义论进行某种实质正义论的复归的尝试"[重松博之「ヘーゲル承認論における犯罪・刑罰の機能と位置」九大法学 68 号(1994 年)259 頁」。此外,重松博之「ヘーゲル承認論の現在: A・ホネットの承認闘争論を中心として」日本法哲学会編『法哲学年報 1999』(有斐閣,2000 年)120—130 頁も参照]。最近有关霍内特的研究有,石井基博「コミュニケーション的自由」と国家: A・ホネットのヘーゲル法哲学解釈の検証」文化学年報 68 号(2019 年)119—141 頁;同「人倫と自由: A・ホネットの『コミュニケーション的自由』概念から見たヘーゲル自由論」同志社哲學年報 41 号(2018 年)20—36 頁;玄哲浩「法における承認: アクセル・ホネット承認論の人間学的モチーフと道徳的観点」関西大学法学論集 68 巻 1 号(2018 年)189—220 頁等参照。此外,霍内特的最新论著(Axel Honneth, *Anerkenung: Eine europäische Ideengeschichte*, Suhrkamp, Berlin 2018, S. 131 ff.)以承认和自我决定为主线,讲述了从康德到黑格尔的演进过程。而皮平则对霍内特将黑格尔的学说加以"心理学化(psychologisieren)"这一点进行了批判(Robert B. *Pippin*, Die Aktualität des Deutschen Idealismus, 2016, S. Fn.32)。

平(Robert B. Pippin)①的观点也很重要。川濑将皮平的学说与作为约翰·罗尔斯的继任者的克里斯汀·科斯加德(Christine M. Korsgaard)的实践同一性论*进行了对比讨论(图 2)②。

康德⟶罗尔斯⟶科斯加德：实践同一性与黑格尔相近？
↓
黑格尔⟶皮平(黑格尔是康德的完成形态)

图 2　美国哲学中对康德·黑格尔再评价

皮平认为黑格尔的行为者性理论是具有“实践推论总是包含对社会规范的应答性”特征的理论③，而为了说明“对社会规范的应答性”，援引了相互承认论。换言之，“我之所以能成功地被视为行为人，即成功地被承认在授权和许可的基础上行事的前提在于，我也承认他人为这样的行为人，并根据这种关于同等授权的主张对他人做出回应(否则我不能承认他是承认我的)，或者承认可以是相互的时候”。④ 因此，根

---

① Robert B. Pippin, *Hegel's Practical Philosophy: Rational Agency as Ethical Life*, 2008；星野勉监訳/大橋基/大藪敏宏/小井沼広嗣訳『ヘーゲルの実践哲学：人倫としての理性的行為者性』(2013)。

* 这里的同一性对应的日语原文是“アイデンティティ”，也即英文的“identity”一词，虽然该词更多时候被翻译为“身份”，但在科斯加德的理论中，“identity”是与“agency”和“integrity”并列的与自我构成(self-constitution)相关的概念，相应的，这三者可以被翻译为“同一性(认同感)”“能动性”和“完整性”。需要进一步指出的是，在本文中 anency 被日本的相关学者译为“行为人性”。从词源上看，区别于 actor 所表达的一般行为人，agency 更多表示一种有效率的、有能力的执行人或代理者，如此看来，将其翻译成“能动性”，字面意思也并无错误，但却容易与常说的“主观能动性”相混淆。在英语学界对黑格尔所做相关翻译中，agent 指代有行动能力的实体，比起 subject 更加的中立，因此将 anency 翻译为“行为人性”而非“主体性”，正是为了体现出这种中立性。——译者注

② 川濑和也·前揭(注 3)「行為者性の社会理論」(以下简称：①)；同「行為者性・自己立法・承認」哲学会第 57 回研究発表大会(2018 年 11 月 3 日)報告原稿[https://researchmap.jp/kkawasee/よりダウンロード可能](以下简称：②)。在这些论文中，川濑将皮平对科斯加德学说的评价概括如下(②；详细内容在①的 58 页以下)：“科斯加德在讨论中提到了实践同一性这一行为人的实际状态，在这一点上脱离了康德，而向黑格尔靠拢。因为实践同一性若不考虑黑格尔所强调的社会性之物是不能确定的。”

③ Robert B. Pippin, *Hegel's Practical Philosophy: Rational Agency as Ethical Life*, 2008, 149-150；日译本第 255 页。

④ Robert B. Pippin, *Hegel's Practical Philosophy: Rational Agency as Ethical Life*, 2008, 201；日译本第 337—338 页。

据他对黑格尔的解释,“我们通过相互承认为合理的行为人,而被认为是对社会规范具有应答性的、正当的行为人”。[①] 皮平指出,“为了使这种基于相互承认的行为者性的赋予不陷入相对主义,作为相互承认基础的社会制度本身必须是合理的(理性的)这一想法必须被归属于黑格尔。”他引用了①《哲学全书》§537(“作为了解自己的活动的直接主观性和现实性,国家的本质是一个个体”)[②]和②《法哲学原理》§147 作为其根据。特别是在②中黑格尔论述了“个别行为主体与伦理实体,即与行为有关的制度的关系”:

> 对于主体来说,它(客观伦理的实体)并不是陌生的东西。相反,主体的精神证明它是其自身的本质,在这种本质中,主体感觉到自己的价值,并且像在自己的、同自己没有区别的要素中一样地生活着(§147)。

川濑认为,在这一表述中可以看出黑格尔的想法,“即制度的普遍性是由主体的自我立法所支持的”。[③] 在皮平的这些观点中,尤为重要的一点可能是其指出了,黑格尔将康德的自我立法论纳入自己的学说中并使之完善,并且强调社会制度作为理解和互认

---

① 对此,值得注意的是,川濑提出,这一讨论不仅是对科斯加德的批评,也是对布拉特曼(Bratman)和法兰克福(Frankfurt)的批评。因为布拉特曼关于将某种欲望诉诸于“作为给出理由的东西来对待”的讨论,与自我立法具备相同的结构。在黑格尔看来,仅仅是这样的叙述,并不能保证能够反省性地给予行为理由的权威。我们可以看到,德国古典哲学中的自我立法(康德)和自我处置(费希特)问题与现代行为人性的讨论直接相关,而且这些讨论动摇了现代主流的布拉特曼的行为人性理论。”(② 第8页)

② 皮平认为,“通过合理的(理性的)自我立法”,制度“是普遍的这一点是可以被支持的”(Robert B. Pippin, *Hegel's Practical Philosophy: Rational Agency as Ethical Life*, 2008,258-260)。但是,川濑对这一点持批判态度(① 第67页;② 第9页)。

③ 川濑在这一表述指出,“我们可以从中看出,制度的普遍性是由主体的自我立法支持的这一黑格尔的观点。制度必须是主体自身的本质,在这种本质上,我们能够感受到自我的价值,也就是说,它必须表现出自己。因此,科斯加德的实践认同感必须是由制度来实现的。而且,它必须得到‘精神的证明’,而不仅仅是主体的承认。也就是说,这样的制度必须表现各个主体的认同感,必须是相互承认的。”也就是说,在科斯加德看来,“作为行为者需要在行为中表现实践认同感,但在黑格尔看来,则更需要在社会和制度上承认其实践认同感”(②)。

基础的重要性。[①] 如果以皮平所解释的黑格尔学说为基础来解释刑罚论，那么它将接近帕夫利克的刑罚论，而中村对帕夫利克的刑罚论也表达了积极的评价。帕夫利克将“刑罚作为违反共同维护既有之自由生存秩序这一义务（Pflicht zur Mitwirkung am gemeinsamen Projekt der Freiheit）的犯罪的反应，而为了实现这样的自由生存秩序，保障自由的制度是必不可少的”。[②] 另外，在最近关于行为论的讨论中，帕夫利克引用了皮平等人的行为人性论[③]，并触及了同一性问题。而从皮平这种将自我立法论和承认论相组合的解释中，也可以对《法哲学原理》的 § 100 和 § 97 进行整合性的解释。因此，①中村将如何评价皮平对黑格尔的解释，是我必须要问他的第一点。

其次是关于中村对以此为依据的塞尔曼学说的评价。塞尔曼在其对黑格尔的解释中强调相互承认这一点是值得高度肯定的，但与此相反的是，黑格尔自己将《法哲学原理》的逻辑展开和方法论的基础放在“逻辑学”上，认为“正因为‘逻辑学’先行展开，所以‘法哲学’的逻辑展开才可以自圆其说”[④]，对此，霍内特等人提出了批评，而島崎隆也认为“作为先于现实世界的天上世界叙述的逻辑学，还是不能正当化”[⑤]。

---

① 同样重要的是，皮平认为，根据黑格尔的说法，“解释和评价的通常标准不适用于塑造自我权威和理解自我立法的权威”，“为了正确地处理这种主体性”，“辩证的逻辑”是必要的。如果从黑格尔《逻辑学》之顶点“概念论”来看，“自我立法”的观念“在他关于规范性和行为者人的一般理论中发挥了多大的作用，会变得更加明显”（Robert B. Pippin, *Hegel's Practical Philosophy: Rational Agency as Ethical Life*, 2008, p. 19；日译本第 24 页）。

② 此外，马库斯（Markus Abraham, *Sanktion, Norm, Vertrauen: Zur Bedeutung des Strafschmerzes in der Gegenwart*, 2018, S. 131）也认为帕夫利克的这种基本思想是“根本性且具有说服力的（grundlegend wie einleuchtend）”（但他认为这种构想并不一定能与刑罚痛苦的附加联系在一起）。

③ Michael Pawlik, *Normbestätigung und Identitätsbalance: Über die Legitimation staatlichen Strafens*, Baden-Baden 2017, , S. 8, S. 14 ff. und passim.

④ 島崎隆「ヘーゲル『法哲学要綱』とホネットの解釈」(訳者解説 2)、アクセル・ホネット(島崎隆/明石英人/大河内泰樹/徳地真弥[訳])『自由であることの苦しみ：ヘーゲル『法哲学』の再生』(未来社，2009 年)177—178 頁。

⑤ 島崎隆「ヘーゲル『法哲学要綱』とホネットの解釈」(訳者解説 2)、アクセル・ホネット(島崎隆/明石英人/大河内泰樹/徳地真弥[訳])『自由であることの苦しみ：ヘーゲル『法哲学』の再生』(未来社，2009 年)(注 41)178 頁。

塞尔曼在这方面似乎也持批评态度，那么② 中村又将如何看待黑格尔的逻辑学与《法哲学原理》的关系呢？另外，③ 如果中村支持塞尔曼的承认论据，那么又要如何回应关于雅科布斯(*Jakobs*,GA 1996,585)的承认论据和《法哲学原理》§ 258 /A 的表述存在不一致的批判呢？[①] 最后一点，与对下一篇今村论文的评价有关，即④ 对于塞尔曼所批判的“法则论据”§ 100，中村是全面否定其意义呢？还是承认其中仍然具有某种意义呢？听闻中村计划在这一研究中加入对刑法中黑格尔学派的考察，并出版专著，我想请他务必在其中阐明对以上几点问题的回答。

三、今村健一郎的研究：①“黑格尔的刑罚论”以及②“围绕黑格尔刑罚论中‘犯罪人通过犯罪确立了一个法则’这一命题的讨论”

接下来，我将介绍哲学家今村健一郎的观点，并与中村的观点进行对比，在此之后也想做若干点评。

今村认为，“我们确实具有‘犯罪应该用刑罚来应对’的坚定信念”，但“问题是如何阐明这种信念所表明的刑罚的必然性”，“这种阐明，仅仅通过考虑损害赔偿这一形式的利害关系和刑罚所具有的各种效用，恐怕是无法实现的”。因此，今村认为“正是黑格尔的刑罚论，从正面回应了这个问题”，“而为了阐明这个问题，其想要参照着黑格尔的刑罚论进行探讨”。在第一篇论文中，① 与黑格尔一起确认了刑罚论中问题的核心是犯罪的不正义和刑罚的正义(第1章)，② 犯罪是通过对个别特殊的 Recht(法・权利)的侵犯来否定 Recht 概念自身的暴力(第2章)，在刑罚正当化论中，包括了③ 刑罚是对 Recht 之否定的扬弃的讨论(第3章第1节)和④ 刑罚是将犯罪人通过犯罪确立的法则适用于

① 关于这一点，参见中村悠人「【解説】ゼールマンの『承認モデル』によるヘーゲル刑罰論解釈」関西大学法学論集 61 巻 3 号(2011 年)107—115 頁、110—111 頁。

他自身的讨论(第3章第2节),⑤ 刑罚对服刑者来说也是对 Recht 的恢复,而服刑者本人对这一点的理解对于刑罚概念来说,是本质上的一个契机(4章)。而在第二篇论文中,包括了以下内容,① 提出了“犯罪人立法命题”的内容(第1章);② 指出了由于“犯罪人立法命题”没有任何关于刑罚的积极规定,所以不仅是刑罚,对犯罪的不正当报复也被正当化了(以芥川龙之介的《罗生门》为例);③ 对于要如何区别真正的刑罚和单纯的复仇这一问题(第3章),给出了“始终以实现法的普遍意志为目标且基于审判的报复”才是真正的刑罚的回答。最后,④ 分析了黑格尔关于陪审团制度的讨论,在此基础上,认为必须将犯罪人的意志与 Recht 联系起来这一黑格尔的信念,既贯穿于“犯罪人立法命题”,也贯穿于以基于认罪的判决为理想的裁判论(第4章)。下面,在第一篇论文的④部分中处理第二篇论文中对①—③的讨论,至于第二篇论文的④部分,本文将略过不表。[①]

(一) 黑格尔所提出的问题

黑格尔将其同时代的刑罚论评价为“近年来实证法学中最失败的题材之一”。其原因在于“单纯地把犯罪和刑罚看作是恶害,并且把刑罚的实现看作是善”。他说道:

---

① 今村指出,“在黑格尔看来,满足被告自我意识的权利,才是陪审团制度的首要存在意义。而这同时也是实现公民参与审判的制度。公民参与审判对于发挥他们的‘接受审判的权利(站在法庭上的权利)’(§221)是必要的。因为如果公民被排除在法律知识和探究法律的可能性之外,那么这些权利将被法律专家垄断,于是这种权利就会变成空洞的东西。”(②第83页)。这最终体现了黑格尔重视刑事“诉讼中嫌疑人和被告人的主体(Subjekt)地位”(Bettina Nolltenius, *Zur Legitimationseinheit von materiellem Strafrecht und Strafverfahren in Hegels Rechtsphilosophie*, in Kubiciel, Pawlik & Seelmann (Hrsg.), Hegels Erben? Strafrechtliche Hegelianer vom 19. bis zum 21. Jahrhundert, Tübingen 2017, S. 313)。此外,佐藤康邦[佐藤康邦『教養のヘーゲル『法の哲学』: 国家を哲学するとは何か』(三元社・2016年)90頁]也指出,黑格尔在拥护陪审制的根据中,提出了对“自我意识的权利”(§228)的保障,即“作为自律市民的自觉,通过在法庭上发挥做出判决的作用,以及通过对该判决的接受,得到确证”,这也表明黑格尔关于“司法”的想法“是如何站在近代主观性的立场上,使其具有哲学的纵深”。这个关于黑格尔的陪审团理论的题目非常有意思,有机会我想另撰他文对之加以探讨。

恶害的这一表面特征,在与刑罚相关的各种理论中——如预防说、抑制说、威吓说、矫正说等——都被假定为首要的东西。而刑罚所对应产生的东西也同样被规定为表面上是善的。但问题并不仅仅在于恶,也不在于这个或那个善。而肯定地在于不法和正义。但是,如果采用以上表面的观点,就等于把考察犯罪时首要而实质的观点——对正义的客观考察搁置一边。(§99 /A)

黑格尔指出,用刑罚这另一种恶害来应对犯罪这一恶害,是如何被正当化的这一问题,以及通过诉诸刑罚这一恶害所带来的"好处"(效用)对这一问题的回答,都没有抓住问题的本质。今村认为"问题的本质在于犯罪是不正义的,刑罚是正义的",因此,要阐明我们关于"犯罪应该由刑罚来应对"的信念,只有通过考察① 犯罪无论如何都是非正义的,② 对之加以应对的刑罚无论如何都是正义的这两点,才能实现(① 第50—51页)。

(二) 黑格尔的犯罪概念(犯罪是怎样的不正义呢?)

根据黑格尔的说法,犯罪是一种强制,是"对作为Recht的Recht的侵害的暴力"。与此相对,欺诈虽然是对个别特殊的Recht的侵害,但并不是对作为Recht的Recht进行侵害,所以黑格尔意义上的犯罪与通常不同,不包含欺诈(今村认为这样的理解是不妥当的)。虽然欺诈在实质上是不正义的,但对受害者保持了外表上的正义性,而犯罪由于是强制的,所以连外表上的正义性都不具有,也即Recht的"主客观两方面都受到了侵害"(§90 /Z)。这种露骨的不正义中的暴力性,是不同于欺诈的以强制为手段的犯罪的特征,它既否定对方对某一特定财产的所有权,也否定对方的权利能力本身,甚至还否定所有权制度(对作为Recht的Recht的侵害)(① 第51—52页)。犯罪又是"由自由的人"实施的,"在其具体意义上对自由的现实存在"加以侵害的行为,即"作为自由存在的犯罪人以具体的方式侵害同样作为自由存在的他人的自由的行为",因此,"并不存在'犯罪人'这一特殊种类的人。犯罪人和受害者都同样是自由的存在，犯罪人通过犯罪以具体的方式侵害了其共同的自由”。这意味着“犯罪不仅是对受害者，也是对所有自由权利主体的侵害”，也就包括了“对作为自由权利主体的犯罪人自身的侵害”。换言之，“犯罪不仅是个别特殊的对 Recht 的侵害，它同时也是侵害共同的 Recht，也即 Recht 本身的暴力”（① 第 52 页）。

（三）黑格尔的刑罚正当化论（刑罚是怎样的正义呢?）

今村在这部分内容中分析了黑格尔对①“作为对否定的扬弃的刑罚”[①]的讨论和②“作为对犯罪人自身的 Recht 的刑罚”的讨论，并得出了二者无法整合的结论。

1. 作为对否定的扬弃的刑罚：第一个讨论

对黑格尔来说，犯罪是一种自由存在的犯罪人以具体方式侵犯同样自由存在的他人的自由的行为：

> 意志只有达到定在的时候才是理念，才是现实地自由的。而意志体现于其中的定在是自由的存在。因此，暴力或是强制在其概念中就直接破坏了自己。这是因为，作为意志的表达，它却扬弃了一个意志的表达或存在。（§92）

犯罪行为是“犯罪人自由意志的表达”，“犯罪所侵害的对象（所有）也是被害人自由意志的表达、外化”。如果舍弃加害者和被害者是不同的人这一点，“在其概念中”观察的话，“犯罪是<u>通过自由意志对自由意志的侵害</u>，即<u>自由意志的自我侵害</u>，因此它具有<u>自我破坏性</u>”（下划线·川口）。“犯罪所具有的这种概念上的自我破坏性的真实（real）表现，正是犯罪及其后续的刑罚”（① 第 52 页）。[刑罚是一种强制]根据黑格尔的说法，“从其概念上看，强制是自我破坏的，基于强制被强制所扬

① 今村将刑罚规定作为法的“否定之否定”的表现（§97/Z[Gans]），“黑格尔将刑罚定义为‘不正义的否定’（单纯地不是不正义的东西），有可能引起误解，因此比起‘否定之否定’，‘否定的扬弃’会更为准确”（① 第 61 页注 16）。

弃这一事实,强制获得了一种真实的表现。因此,强制不仅是附条件地合法的而且是必然的。也就是说,作为对第一种强制的扬弃,第二种强制是必然的。"(§93)这种"强制概念的自我破坏性"在"作为第一种强制的犯罪通过作为第二种强制的刑罚所扬弃这一事实中获得了真实的表现。作为第一种强制的犯罪被作为第二种强制的刑罚所扬弃的必然性,即以刑罚应对犯罪的必然性,源于犯罪所具有的概念上的自我破坏性"。第二种强制(刑罚)对第一种强制(犯罪)的扬弃也表现为"无效的无效化"。

> 对作为 Recht 的 Recht 侵害虽然确实是一种肯定的、外在的实存,但是其本身是无效的。这种无效性的表现,就是同样出现在外在实存中的对上述侵害的无效化。这就是 Recht 的现实性,亦即通过对 Recht 侵害的扬弃,而中介其自身的必然性。(§97)

也就是说,"侵害(=犯罪)的发生是一个事件。在这种情况下,侵害确实是肯定的、积极的存在。但是,侵害只能被定义为对 Recht 的否定(对所有权的侵害),它本身没有任何肯定的、积极的定义。"在这个意义上,侵害往往只能是"无效的存在",既然是"无效的存在",那就必然会归于无效。刑罚对犯罪的扬弃就是这样"无效的无效化"。"刑罚所扬弃、破坏的不是作为肯定存在的 Recht,而是对 Recht 的否定这一否定存在,即'无效的存在',所以这种无效化、破坏不是暴力。"由此可见,刑罚是"对 Recht 侵害的扬弃",但它也是"Recht 的现实存在状态"。"Recht 即权利被侵害时,权利必须击退侵害并保全自身。而且,这种保全不是通过其他别的媒介,而是必须通过权利自身。也就是说,权利必须以自己的名义,即通过自己而非别的权利来击退侵害并保全自身。Recht=权利就是以这样的方式所现实存在的东西,否则,Recht=权利就名不符实了。"根据今村的说法,黑格尔将"以刑罚应对犯罪的必然性"作为"从 Recht 和对 Recht 的侵害概念中得出的逻辑归结"。这种必然性不能通过"诉诸经验"即"诉诸刑罚作为结果所带来的效用"来导出。对这种诉诸效用的例子，“如果我们能够合理地确信，刑罚在预防犯罪、缓和被害人情绪和消除危险方面比其他可选择的手段更有效”，便只能提供“附条件地”支持。“由于刑罚的有效性与否取决于无数因素，以上说法难免具有偶然性。因此，为了支持以刑罚应对犯罪的必然性，仍然需要诉诸概念和逻辑，而非经验”（① 第 52 页）。

另外，根据今村的说法，“这种对逻辑的诉诸并非是错误的”，[前面提到的]塞尔曼所指出的黑格尔犯了从逻辑中导出伦理这一“主知主义错误推论”的看法并不妥当。即今村认为，“如果逻辑专门与事实相关，那么从逻辑中推导出伦理确实是自然主义的错误。但是，逻辑是约束推论这一行为的规范，而不是对某种事实的叙述。因此，违反逻辑规范和违反道德规范一样，可以成为道德非难的对象（例如‘你的发言是矛盾的’这样的非难）。黑格尔从 Recht 和对 Recht 的侵害概念中推导出刑罚必然性的论证，也不应被认为是自然主义的错误”（第 52 页）。[①]

2. 作为对犯罪人自身的 Recht 的刑罚：第二个讨论

接下来，今村从① 立法者立法和② 犯罪人同意的观点出发，对《法哲学原理》§100 中的刑罚正当化论进行了探讨（上述第一篇论文），并进一步考察了③ 其超越刑罚正当化论的意义（第二篇论文）。

（1）犯罪人立法

黑格尔还提出了，“刑罚作为犯罪人所确定的法律对其自身的适用而被正当化”这一正当化论。

施加于犯罪人身上的侵害是自在地正义的，这种侵害同时也

① 今村将塞尔曼的“主知主义错误推论”（上文中中村译为“主意主义错误”）的内涵，作为从逻辑中推导出伦理这一“自然主义错误”的内涵来理解和反驳（不过，今村认为塞尔曼是就§100 说到了这个错误，因此这个错误也保留了指代其他错误的可能性[① 第 60 页注 9]），如上所述，塞尔曼所说的错误是指“主知主义错误”，即“从将行为人作为理性的存在来对待这一要求中，并不能推导出要求通过非理性的犯罪来对该行为人产生普遍约束性”。但这一点可能是因为塞尔曼以不明确的形式使用了“主意[主知]主义”一词，而产生了这种误解。另外，对于黑格尔从《逻辑学》的逻辑展开中推导出《法哲学原理》的逻辑展开这一点，虽然存在上述霍内特和岛崎那样的批判，但可以认为对这些批判的反驳是有效的。

> 是他自在地存在着的意志，是他自由的定在，他的Recht。不仅如此，这种侵害也是对犯罪人自身的一种，定立于他定在的意志之内，定立于他的行为之内的Recht。之所以这样说，是因为在作为理性存在的他的行为中，存在着某种普遍性的东西，并以此建立了某种法则。他在行为中自为地认可了该法则，因此从属于它，像从属于自己的Recht一样。(§100)

今村认为这一普遍法则的内容便是，如“抢则被抢”或“杀则被杀”等这样的“同害报复”(jus talionis)(① 第55页)。但是，黑格尔明显否定了这种对同害报复的简单理解，为此他列举了犯罪和刑罚的特殊同等性要求，使刑罚的制定具有难以跨越的困难，甚至使刑罚显得荒谬(§101/A)(① 第60页注11)，这里的报复同等性不是恶害形态上的同等性(特殊同等性)，而是恶害价值的同等性(§101)[①]。

但是，今村对黑格尔的这种设想提出了如下批评(① 第55页)。“只要没有特殊情况，犯罪人就会有对犯罪有所认识，并预料到自己会受到处罚。但是，大部分犯罪人在犯罪时并没有制定普遍的法则。因此，从实际情况来看，黑格尔的设想是不合理的。”此外，今村还认为，“一次犯罪所定立的法则并不能完全确定。从这一点来看，通过犯罪来确定普遍法则的设想是不合理的”(① 第61页注13)。今村指出，黑格尔做出这种不合理设想的背景是，他认为犯罪人是“理性的存在”(§100/A)(① 第55页)。犯罪人通过其罪行建立了某种普遍性法则，并承认了这种法则，且使自己从属于这种法则。而且刑罚必须是将行为人通过犯罪所定立并同意的普遍性法则适用于行为人自身的结果，“只有这样的刑罚才能赋予他尊严。若针对他的刑罚的目的仅仅是威胁或矫正，那么这个刑罚就把他当作应该通过威胁或驯服而使之无

① 黑格尔将犯罪和刑罚中恶害价值的等同性类比于交易两种不同形态的财产时所假设的价值等同性(§101/A)。关于这一点，今村在第一篇论文的最后提出了这样一个问题：“商品的价值是通过交易确定的，那么犯罪和刑罚中恶害的价值以及价值的等同性又是如何确定的呢?”(① 第59页)。

害化的猛兽，这样便使得他作为理性存在的尊严受到了损害。”因此，黑格尔拒绝了“单纯作为威胁的预防刑”[消极的一般预防刑]和“单纯的矫正刑(教育刑)”[特别预防刑]这两种刑罚(① 第56页)。

(2) 犯罪人同意(运用了“被害人同意”法理的刑罚正当化论)

犯罪者同意自己所确定的普遍性法则(其实质是同害报复)，既然这种同意是对“普遍性”法则的同意，那么这也就包含了“对将该法则适用于自己的同意”，“通过这种同意，对犯罪人的加害行为(刑罚)被正当化了。”今村认为，这种诉诸被害人同意法理的刑罚正当化论绝非黑格尔所独有，类似的观点也可以在例如洛克的《政府论》中找到(① 第56页)。即“在洛克看来，杀人犯或通过其言行表明杀人意图的人，可以被推定为是通过其罪行和言行向全人类宣战。他们通过这种宣战破坏了人类共同的自然法……，现在既然只以力量和暴力作为自己的规则，那么将他们视为危险和有害的动物而加以杀害也是被允许的”(《政府论》下卷第11章，第16—18章)。[①] 被害人同意的法理是通过该行为接受者的同意来阻却原本构成侵害的行为的违法性。今村认为“大多数犯罪人在犯罪时应该都没有做出同意刑罚的自觉”，因此，这种同意不是“事实上的同意”，而是“推定的同意”。即“只要有犯罪的事实，不管事实上有无同意，都被认为是犯罪人的同意。在这里，同意原本的自发性和犯罪人本人的主观已经不成问题了。成为问题的只有……犯罪人本人的权利能力。”根据今村的说法，若从“如果有犯罪人的同意的话，刑罚就不是侵害”这一命题中，将犯罪人同意这一条件作为不必要的东西去掉，那么就只剩下“刑罚不是侵害”的主张，所以推定同意将诉诸于犯罪人同意的刑罚正当化论，实际上变成了“刑罚不是侵害(因此不是不正义)”这一主张。但是要将“刑罚不是不正当这一主张作为刑罚正当

① 今村认为，虽然洛克没有使用“同意”一词，但这里的“宣战”可以理解为“同意自己成为被杀害的对象”(① 第56页)。关于这个“通过言行宣战的人”，今村引用了洛克的以下内容(① 第61页注14)：“[那个人]会把自己的生命暴露在自己应该除掉的对方的权力上，或者是为了保护对方而实际参加或指出向他作战的人的权力上。是因为拥有杀死威胁要杀我的人的权利是合乎道理的，也是正当的。”(《政府论》下卷第16章)

化论还任重道远”,“完美的刑罚正当化论应该更进一步地说明刑罚是正当的。这种不完美源于将刑罚本身视为是不正当的,即认为刑罚的本质是加害行为,而对人施加恶害是不正当的。”功利主义的刑罚正当化论以“刑罚本身总是不正当的”为出发点,但“这应该不同于黑格尔将刑罚理解为对 Recht 的存在恢复的出发点。”如果刑罚是作为理性存在者的犯罪人将既定的普遍法则应用于他自己的结果,那么这种要求就得到了满足。黑格尔是这样认为的。但是,通过将该法则设想为同害报复原理,黑格尔在自己的刑罚论中造成了无法整合的东西。这是因为,同害报复原理在其前提中将刑罚与犯罪一起视为本来就不正当的加害行为,这一前提与将刑罚理解为不是侵害而是对其的扬弃的第一个讨论是不相容的。

(3)“犯罪人立法命题”的意义

今村在第二篇论文中将[与上述塞尔曼的“法则论据”相对应的]“犯罪人通过其罪行定立、承认了一个法则,并使自己从属于它”称为“犯罪人立法命题”,并指出,虽然黑格尔也提及了使用该命题的刑罚正当化论,“但是,众所周知,对该命题的评价难言流芳,而是成为多名学者猛烈批判”的对象,同时“这些批判大体上是妥当的”。正因为如此,今村“无意于斗胆拥护这一命题”,第二篇论文的目的不是要拥护这一命题,而是通过这一命题来分析黑格尔的裁判论,特别是陪审团制度论。出于这一理由,“黑格尔通过‘犯罪人立法命题’所表现出的对刑罚主观面向的坚持,也反映在他以基于认罪的判决为理想的裁判论,以及赋予陪审员以被告的代言人功能的陪审团制度论中”(② 第75页)。

① “罗生门”事例

今村指出,在芥川龙之介的《罗生门》中可以找到印证,“人有时会犯罪。但是,人不能因此而逃避法律。因为他的罪行本身就定立了一项法律”(② 第77页)这一黑格尔的观点的令人印象深刻的例子。在《罗生门》中,“老妇人和家将都一边知道应受责备的不正当行为,一边做着。但不管是从尸体上拔头发的老妇人,还是从老妇人身上剥衣服的家将,都各有各的说法。而且,二者的说法都可以诉诸于‘犯罪人立法命题'来解释。"也就是说,老妇人的说法是,"这个女人生前把蛇冒充鱼来卖,所以定立并承认了'可以进行不正当行为'的法则。既然如此,就把这个法则适用于她,于是从她的尸体上拔下头发,便不是不正当的了。"家将的说法是,"从女人的尸体上拔下头发,那么老妇人就定立并承认了'可以偷东西'的法则。既然如此,就把这个法则适用于老妇人,于是从老妇人身上剥下衣服,便也不是不正当的了。"在黑格尔看来,"犯罪人立法命题"是刑罚正当化的理由,但"同样的命题,却被援用于正当化老妇人和下人的不正当行为",据此可以得出两个发现:① 这意味着这个命题不仅仅只是可以使得刑罚正当化,因此"这个命题也就不能单独作为刑罚正当化的根据"和② 家将所说的"我并不是检非违使*的衙门里的公吏……所以并不是要锁你去有什么事"包含了"真正的刑罚不是私人的,而是应该通过有资格的'官员'来科处的",换言之,"要求科处刑罚的人具备某种资格"。"通过从《罗生门》的情节中得到的两个发现,我们得以直面在黑格尔的刑罚论中真正的刑罚与单纯的复仇间的区别问题。"(第 78 页)

② 刑罚与复仇

今村对刑罚与复仇间的区别的分析可以概括如下(② 第 80 页)。"作为法哲学家,黑格尔终生抱持着'犯罪人立法命题',并以此作为刑罚的正当化理由。刑罚本身就是对犯罪人的加害行为。但刑罚是他(只有他)所确立和认可的法律对他自己的适用,所以对他进行处罚并不是不正当的。恰恰相反,刑罚是他意志的实现乃至他的 Recht 的实现。然而,这一命题并没有关于刑罚应有形态的积极定义。因此,它不仅使刑罚正当化,也使本应区别于刑罚的复仇正当化。复仇是被害人一方主观意志的行为,并不以实现法的普遍意志为目标。因此,其报复内容大体上缺乏正当性。这种复仇只是被害人的特殊意志的实现,因此,从犯罪人的角度来看,它只是一种新的侵犯。而这一新的侵犯将引发更多的复仇。为了切断这种复仇的连锁反应,刑罚,必须通过始终以

* 日本古时的公职机构,司追捕、纠弹、裁判、诉讼等事。——译者注

实现法的普遍意志为目标的裁判——在那里追诉犯罪人的检察官和对犯罪人进行判决的法官,是从被害当事人特有的主观感情和特殊利害关心出发自由地——来实施。只有在这种形式上的正当性得到满足后,对犯罪的报复才能真正被称为刑罚。”

(4) 受刑人本人的理解

在此,我们再次回到第一篇论文,看看今村关于“第一个讨论和第二个讨论无法整合”的评价。首先,对于“刑罚是对作为 Recht 的否定的犯罪的扬弃,通过这种扬弃 Recht 恢复自身的存在”这一第一个讨论,进行如下论述。这个“通过刑罚的‘Recht 的恢复’具体是怎么回事呢?是指通过刑罚排除犯罪人,恢复人们互相尊重 Recht 的社会吗?通过排除犯罪人,预期的未来危险可能会有所降低。然而,这种排除将犯罪人贬低为一种单纯的手段,有损他作为理性存在者的尊严。因为犯罪人和其他人一样是分有 Recht 的理性存在者,所以 Recht 的恢复应该也是犯罪人自身的恢复。因此,在刑罚的意义上,被判处刑罚的人不是把它理解为对自己的侵害,而是理解为对自己的 Recht 的恢复,而这就必须包含‘受刑人本人的理解’这一主观契机。”从黑格尔的刑罚概念中主观契机的重要性出发,有像英国的代表性唯心主义者麦克塔格特(John McTaggart, 1866—1925)那样,将黑格尔的刑罚的目的理解为是犯罪人的悔改。对此,今村发表了如下评论(① 第 58 页),“没有异议的是,黑格尔的刑罚概念所包含的‘服刑者本人的理则’是‘服刑者曾经在犯罪中所拒绝的对法的妥当性的承认’。这种承认也可以称为‘悔改’吧。但是,如果说刑罚的目的是服刑人的悔改的话,恐怕是将黑格尔的刑罚论误解为矫正刑罚论(教育刑罚论)了”。“在黑格尔刑罚论中,服刑人本人的‘理解’或‘承认’与其说是刑罚的目的,不如说是刑罚概念本身应该包含的本质契机。”

此外,今村关于两个讨论所无法整合的“复仇的连锁反应”问题作了如下论述(① 第 58 页)。“在第二个讨论中,因为刑罚是痛苦的,所以它本来就是不正当的。然而,在第一个讨论中,尽管刑罚仍然是痛苦的,但它不再是作为犯罪代价而被科处的不正,而是对 Recht 的恢复,对正义的恢复。这种恢复也是服刑者本人的恢复，刑罚要求他理解到这一点。这也是因为，正是通过这种理解，刑罚才会名副其实。第一个讨论和第二个讨论的不一致源于对刑罚本质的理解，第二个讨论的刑罚理解必须产生于对第一个讨论的刑罚理解的超越。否则，刑罚就不再名副其实，转而成为单纯的复仇——接着第一个不正之后产生的第二个不正。单纯的不正的连锁反应不知何时才能停止。能够结束这一连锁反应的，不是进一步的不正，而是通过扬弃不正来恢复正义，也即刑罚。"黑格尔在谈到这一复仇的连锁反应时说：

> 在 Recht 的直接性这一领域中，犯罪的扬弃首先是复仇，但只要其包含了报复，在内容上就是正当的。但从形式上看，复仇是一种主观意志的行为。主观意志可以将自己的无限性放置在任何侵害中，因此，这种主观意志的正当性，和这一意志对于其他意志来说只不过是作为其他意志而存在一样，一般都是偶然的。复仇是一种新的侵害，因为它作为另一意志的积极行为而存在。因为这一矛盾，复仇成为无限进程的一部分，世代相传以至无穷。(§102)

今村指出："刑罚虽然带有复仇的性质，但只要是与犯罪相匹配的报复，就是正当的。但是，没有办法保证，接受正当复仇的一方也会认为这是正当的。""他可能会把这看作是施加在自己身上的一个新的侵害。""复仇的正当性就是如此偶然，在这种情况下，复仇就会产生新的复仇，复仇的连锁反应就会永无止境地持续下去。"(① 第 59 页)。为了消除复仇的连锁反应这一矛盾，人们需要一种"从主观的利害和暴力中以及从权力的偶然性中解放出来的，且不是复仇的，刑罚性的正义"(§103)。"刑罚，要求受刑人将其理解为对 Recht 的恢复，而非不正当的侵害。但是，如果它是由受主观利益影响的个人或恣意的权力所科处的，那么便不能做如上理解。因此，刑罚要求由不受私人利害影响的公平机构来执行——刑罚的正义。这是源自刑罚概念本身的要求。"

(① 第59页)由此可见,今村也重视"不受私人利害影响的公平机构"这一制度。

四、对今村论文的若干评论

上述塞尔曼、中村与今村的共同点是对《法哲学原理》§100(塞尔曼称其为"法则论据",今村称其为"犯罪人立法命题")进行了详细而彻底的批判。塞尔曼批评说,上述将行为人作为理性存在来对待的要求是正确的,但通过"个别非理性的罪行"来产生对该行为人具有普遍约束性的要求,并不能推导出归责,而只可能对"实施了非理性的行为"进行谴责,由此,刑罚还不足以被正当化。我认为,与其像上述塞尔曼和中村那样将"承认论据"解读进§97中,不如像今村那样将"应以刑罚应对犯罪的必然性"解释为"从 Recht 和 Recht 的侵害概念中得出的逻辑性结论"(以下称为"逻辑性结论论据"),这才是§97的忠实读法。的确,"法的否定之否定"(§97/Z[Gans])这一表述不仅不是黑格尔自己所提的,而且容易让人产生误解(在此意义上,我认为今村所说的"否定的扬弃"会更好),但是,这展现了黑格尔在《逻辑学》的基础上展开了《法哲学原理》的逻辑,因此,像塞尔曼那样从§97中直接读取出"相互承认",并作为对黑格尔的解释,恐怕多少有些勉强。而实际上,重视耶拿时期"承认斗争"论的哈贝马斯和霍奈特认为"黑格尔在后期的'法哲学'中放弃了耶拿时期的相互承认概念"[①]。

此外,今村是以研究约翰·洛克的刑罚论和死刑论而闻名的一之濑正树(一ノ瀬正樹)的弟子,自己也作为约翰·洛克的研究者而广为人知。因此,其所引用洛克的地方值得关注。特别是关于逻辑性结论论据的说明,"说句题外话,作为概念上的论证性结论,这种推导出规范的方法,让人想起洛克的'论证道德'(《人类理解论》第3卷第11章第

① 星野勉监訳/大橋基/大藪敏宏/小井沼広嗣訳『ヘーゲルの実践哲学:人倫としての理性的行為者性』(2013年)502頁(監訳者解説)。

16 节等)”(① 第 60 页注 7),也让人颇感兴趣。在今后的研究,期待其更正式地对洛克和黑格尔的刑罚论进行比较。

五、面向今后的研究

以上概述了最近年轻的刑法学家和哲学家对黑格尔刑罚论的研究,并作了一些评论,二者的共同之处是,都受到了塞尔曼对黑格尔的解释的影响,而且与此相关的是,对《法哲学原理》§100 中刑罚正当化的批判。我自己则在将 §100 与卢梭和康德的自我立法论相关联的基础上,与 §97 结合起来探索解释的方向。在这一点上,皮平基于行为人性(agency)的观点,将自我立法论和相互承认论相结合的方法是最值得关注的,今后还想进行包括对同样尝试从行为论立场出发的帕夫利克进行比较等研究。

对中译稿的补充

在本文刊载之后所出现的有关黑格尔刑罚论的论文中,尤其需要注意的是,《黑格尔哲学研究》(『ヘーゲル哲学研究』)杂志第 27 期所刊登的,日本黑格尔学会举办的“《法哲学原理》出版 200 周年:现代刑法论与黑格尔——黑格尔《法哲学原理》的实践性”研讨会上的报告,特别是刑法学家中村悠人的《黑格尔对刑法学的影响》(「ヘーゲルの『応報主義』とその持続可能性」),稻谷龙彦的《黑格尔与法的现代性议题》(「法をめぐる現代的課題とヘーゲル」)以及哲学家大桥基的《黑格尔的“报应主义”及其可持续性》(「ヘーゲルの『応報主義』とその持続可能性」)对黑格尔的刑罚论进行了详细探讨。另外,中村在最近发表在《立命馆法学》上的论文《关于表达刑罚论的备忘录》(「表出的刑罰論についての覚書」)中,论述了所谓的表达刑罚论和黑格尔的刑罚论的关系,“在黑格尔的刑罚论中,能够看出,在着眼于所实施的犯罪方面具有回顾性的视角,在着眼于现在的社会状态和着眼于将来的社会方面,具

有规范确证性和前瞻性的视角。如果这些视角也可以成为表达刑罚论的基础，那么它就可以成为超越应报和预防这一二项对立模式的刑罚论。”(见《立命馆法学》2022年5·6号第546页。另外，也可参考松宫孝明《关于今天的刑罚体系和刑罚论的备忘录》[「今日における刑罰の体系と刑罰論についての覚え書き」浅田和茂ほか編『刑事法学の系譜 内田文昭先生米寿記念』(信山社，2022年)第57頁以下，60頁以下])。

更值得一提的最近的文献是，法哲学家重松博之的《黑格尔的承认论与法》(『ヘーゲル承認論と法』，成文堂，2021年)。该书详细论述了黑格尔《法哲学原理》中承认、不法和刑罚的关系(第22页以下)，并将其根源追溯到黑格尔耶拿前期的《自然法论文》(第62页以下)和《伦理体系》(第103页以下)中关于自由、犯罪和刑罚问题的论述，以及《哲学科学百科全书》第三部分“精神哲学”(『体系構想Ⅲ』「精神哲学」，第167页以下)中关于承认论和“犯罪与刑罚”的论述，与上述塞尔曼和中村的观点相同，强调了承认论在黑格尔刑罚论中的重要性(此外，该书第217页以下对A·霍内特等关于现代承认论与黑格尔承认的比较也很有趣)。因此，黑格尔的刑罚论通过新的解释，在现在的日本刑法学和法哲学中也仍然保持着实效性。

研究论文

自由的报应论：康德、黑格尔与甘斯论刑罚的根据[*]

黄钰洲[**]

The Retributivism of Freedom: Kant, Hegel and Eduard Gans on the Ground of Punishment

Huang Yuzhou

摘要：在法哲学和刑法理论中，报应论总是与报复混淆在一起，从而引起了一系列不佳的联想。康德在其《法权论的形而上学初始根据》中一反近代启蒙的刑罚理论复活了报应论。但是，康德所重新阐发的是一种自由的报应论，其目的亦是要抵制刑罚的预防论所隐含的反自由倾向。在康德所奠定的这一基础上，黑格尔致力于消除康德理论中的模糊性，发展出了一种体系性的刑罚哲学，把刑罚进一步确立在自由之上。而甘斯也继续坚持了黑格尔的法哲学，对近代各种刑罚理论进行了批判，甘斯向我们指出，报应论是现代所达到的自由意识的体现，刑罚乃是罪犯自由的表达，刑罚体现了罪犯最为根本的权利。

关键词：康德；黑格尔；甘斯；报应论

---

* 本文系中国社会科学院大学校级科研项目“青年黑格尔派法哲学思想研究”阶段性成果。

** 中国社会科学院大学法学院讲师、中国社会科学院法学研究所助理研究员，弗赖堡大学法学博士。

在1797年康德的《法权论的形而上学初始根据》(*Metaphysiche Anfangsgrunde der Rechtslehre*)出版之前,人们对这部著作的期待达到了前所未有的顶点,格洛尔曼(Karl Ludwig Wilhelm Grolman)在他对这本书的书评中说:“对一本允诺出版的书,哲学界对这本书(《法权论的形而上学初始根据》)的渴望已到了无以复加的程度,这本书在几年前就已经欺骗了我们获得它的愿望,就在我们认为完全有把握实现的时刻。”①但是,在这一本书出版之后,对康德的批判就接踵而来,而其中最有争议的就是康德对报应论的复活。在当时的启蒙自然法学家们看来,康德重新返回到已经被抛弃的报应论立场上,是一种严重的思想倒退,甚至根本不能称之为是一种“科学的尝试”。格罗尔曼就指出:

> 对此,我当然相信,只有一个纯粹的正义原则是合适的——谁还会怀疑这一点呢?但只要这个充分的原则是《旧约》中的报应原则,对此我就无法给出任何理由。当然,康德一定有他的充分理由,为什么他认为每一个其他的原则都应该受到谴责;然而不幸的是,他没有把这些理由传达给我们,没有给我们其他的干预考量,出于这些考量,他们的不适当性被纯粹的正义所澄明,是的,他甚至忘记了推导他的报应原则,因此,每个本来就不赞同康德意见的人发现,除了康德的权威,找不到其他理由来放弃他以前的信念。②

而在当时的思想家看来,报应论是与一种神学的、神权政治的论证模式相联系的。康德在他著名的岛屿喻中也使用了“血债”(Blutschuld)这样的说法,在其中,康德指出,一个已经决意要解体的共同体,“也必须先把

① Karl Ludwig Wilhelm Grolman, Rezension der Metaphysischen Anfangsgründe der Rechtslehre, in: Bibliothek für die peinliche Rechtswissenschaft und Gesetzkunde 1. Theil, 1797, S. 123 f.

② Karl Ludwig Wilhelm Grolman, Rezension der Metaphysischen Anfangsgründe der Rechtslehre, in: Bibliothek für die peinliche Rechtswissenschaft und Gesetzkunde 1. Theil, 1797, S. 123 - 141, hier S. 117 f.

监狱里的最后一名杀人犯处决掉，以便每个人都亲历他的行为所应得的，并且不使血债铭记在人民心头”[①]。但是，血债这样的说法在当时的启蒙思想家们看来，就代表着一种神权政治的刑罚理论，在这种理论看来，统治者的义务即是，对臣民的罪孽和违法行为进行严厉的惩罚，以此整个民族才不会由于疏于刑罚而欠下血债，成为神之报应的对象。因此，这样一种血债式的或神权政治式的报应论关心的就是，防止被个体的罪所玷污的共同体遭受神之怒火的惩罚：

> 尽管施加最严厉的刑罚无助于消灭犯罪或改造罪犯，但是因为其他的理由，刑罚不能被取消；换言之，不是因为他人对同一国家中的其他人犯下的要被惩罚的罪行更为严重。而是因为某人的犯罪如果不施加报复，神就会降怒于世人。[②]

在这种报应论看来，统治者之行使刑罚权受命于神，因此他有义务对犯罪采取严厉的刑罚，从而让整个民族和国家不至于欠下神的血债。但是，随着现代世俗国家的出现，这样一种神权式的报应论也就愈发显得不理性。启蒙思想家们认为，报应论以及与之相联系的神权政治已经是不恰当的了，在他们看来，“血债”是一种希伯来或阿拉伯式的神权政治表述：

> 这个希伯来式的言说方式取自血债复仇者(Bluträcher)，因为死者的近亲如果不想在全世界面前被鄙视，被认为是一个懦弱的无赖，那么，除此之外，他自己也有义务向杀人者复仇。这种义务被称为血债，因此当局有义务支持复仇者，如果当局关押了杀人犯，就把他交出来，以便这个血债的复仇者能够亲自杀死他，向他

---

① Kant, *AA* Ⅵ, S. 333.

② Benedikt Carpzov, Practica nova, Pars Ⅲ, quaestio 101, n. 15 (zitiert nach Wolfgang Sellert/Hinrich Rüping, Studien-und Quellenbuch zur Geschichte der deutschen Strafrechtspflege, Bd. 1: Von den Anfängen bis zur Aufklärung, Aalen 1989, S. 286).

复仇……我毫不怀疑,这种血债血偿的做法在四处流浪的原始民族那里是一种有治愈效果的法律,他们不知道有什么权威,在其他民族和其他时期也是如此,但在基督徒中的表述是:**让自己背负血债**;让一个国家背负血债。这只是一些非常令人惊讶、让人战栗的词语,但是,说起来,其中的真正含义就像喧哗和吵闹一样,没有任何意义,但却是一个强有力的词语。把血债带到一片土地上,这是什么意思?这意味着神会因为一个法官的宽大而毁灭整个国家,一百万人,其中包括正统的教徒,一百万,我说,不参与政府的无辜者。这样的事情与神圣的属性相一致吗?[①]

除此之外,报应(Vergeltung)也会让人联想起报复与同态复仇。而在近代思想看来,这是残暴、非人性的。在近代,人们普遍认为,刑罚应当指向未来,而不是过去,不指向未来的刑罚只是一种报复。叔本华在《作为意志和表象的世界》中就试图这样揭露报应与报复之间的隐秘关系,"通过施加一种痛苦,而对未来没有任何目的,一切的报应皆是报复,报应所拥有的目的无非就是通过目睹他人自我招致的痛苦,由此安慰自己所遭受的痛苦。这是道德上无法辩护的恶与残暴。"[②]施塔尔也指出:"刑罚无法否认,一种对被侵害的秩序之恢复如何在于对侵害者施加一个恶?由此,第二个恶就来到世上,第一个恶所包含的矛盾却没有被扬弃。"[③]施塔尔试图指出,报应论并没有为我们产生出任何积极的意义,而这是传统的矫正论或威慑论能够为我们提供的。

由康德开始的自由报应论就是要对这种所谓的积极意义进行批判,康德、黑格尔和甘斯所开启的自由报应论试图表明,矫正论等相对主义刑罚理论是一种有缺陷的工具论,而一种经过改造的报应论才是

---

① N. N.: Rezension der Rechtslehre, in: Allgemeine juristische Bibliothek, Jg. 1797, Bd. 3, S. 166 f.

② Schopenhauer, Die Welt als Wille und Vorstellung I, in: ders., Werke in fünf Bänden, Bd. 1, 1991, S. 451.

③ Stahl, Die Philosophie des Rechts, 5. Aufl. 1878, Bd. Ⅱ/1, S. 165 f.

真正自由的理论。所以，在《法权论的形而上学初始根据》中，康德指出，他的报应论并不能按照旧有的字面意思来理解，而应该根据他所重新赋予的精神来重新解释。

一、康德——Ultima Thule(终极远境)

当代德国著名刑法哲学家帕夫利克(Michael Pawlik)在他的《公民的不法》(*Das Unrecht des Bürgers*)中，强调了康德的"体系"概念对于现代刑法学的重要意义。在康德的哥白尼转向完成之前，体系不过就是"教科书"，法学家们的野心不过是创造出一种新的秩序和陈述形式，而在康德那里，体系已经不再是一种偶然的教科书形式，不再是一种平常的集合体，而是具有了其内在的结构。正如康德所言，体系是一且唯一的，体系的各个部分都被一种最高和内在的目的所引导，每个部分在体系中所处的位置都被先天地予以确定，以一种绝对必然的方式进行划分，不会出现偶然的附加物，其目的和形式是完全一致的[①]。因此，康德才会说，在批判哲学出现之前甚至还不曾有过任何哲学。同样，康德之于刑罚论亦是如此。在18世纪，刑法学的研究状况可以说是可悲的，根本的问题在于，尽管启蒙刑法学家们也对刑罚的目的和正当性进行了大量的探讨，但是，前康德的刑罚哲学往往从个体情感、温情脉脉的人道主义这些不稳靠的立场出发，往往满足于独断式的保证，缺乏理论应有的严整性和一贯性，遑论创建一个真正的体系。所以，康德才被称作是19世纪刑法学的"终极远境"，康德以一己之力把刑法学推到了别人不曾到达过的边界。

康德所达到的最根本洞见就是对"刑罚的正义"与"刑罚的明智"的区分：

> 所以，刑罚的正义(Strafgerechtigkeit，iustitia punitiva)在这

① Vgl. Michael Pawlik, Das Unrecht des Bürgers: Grundlinien der allgemeinen Verbrechenslehre, Tübingen, 2012, S. 1－23.

> 里就必须与刑罚的明智区分开来，因为后者纯然是实用性的(ne peccetur)[不要犯罪]，而且是建立在什么能最有效地防止犯罪的经验之上。刑罚的正义在法律概念的位置学中具有一个完全不同的位置，即 locus iusti[公正之事的位置]，不是某种意图上的 conducibilis[有益之事]或者有利之事的位置，也不是纯然 honesti[正直之事]的位置，其位置必须在伦理学中去寻找。[①]

按照康德的规定，所谓“技巧的明智的规则”[②]本身只是一种理论哲学的补充，它是属于自然概念的，这也就意味着，“刑罚的明智”是从自然的、手段的动机，而不是法则、自由来理解刑罚，而这也是在整个启蒙时代所通行的刑罚观。启蒙时代是一个自然主义、工具理性不断扩张的时代，我们面临的是一个被充足理由律所支配的世界。现代世界根本的问题是只承认一切事物的感性存在，因此，一切事物包括他者和自我都被工具化为一种物和手段，因此，刑罚以及刑罚所指向的对象自然而然就都被理解为了工具，简而言之：刑罚强制作为一种对自由之阻碍的阻碍，也就是一种预防和阻却的工具。正像帕夫利克所指出的那样，预防论就产生于这样一种“工具化的世界关系”[③]，这种科学化、实用主义和未来导向的世界理解试图把世界还原为一种可以技术操控的对象。

但是，在《法权论的形而上学初始根据》中，康德举了这样一个例子：

> 也就是说，不存在这样的刑法，它判处这样一个人死刑：在船沉时此人和另外一个人一起在同样的危险中漂浮，他为了自己活命而把那个人从其曾经赖以活命的木板上推开。因为，法律所威

① Kant, *AA* Ⅳ, S. 363.

② Kant, *AA* Ⅴ, S. 172.

③ Michael Pawlik, Person Subjekt Bürger: Zur Legimitation von Strafe, Berlin 2004, S. 21.

胁的惩罚毕竟不可能比这个人丧命的惩罚更大。于是，这样一种刑法根本不可能产生预期的作用；因为一个尚不确定的灾祸（由法官判决而来的死亡）的威胁，不可能胜过确定的灾祸（亦即淹死）的恐惧。”①

在这里，康德某种程度上背离了他所谓的刑罚的正义，而采取了某种预防论的观点，康德在这里预设的人之形象是一个功利最大化的追求者或者说经济人（homo oeconomicus），如果刑罚无法对他的动机进行调整，让其预见到，就苦乐计算而言，服从刑法要优越于违反刑法，那么国家的刑罚暴力也就陷于终结，他也就不应当被施以刑罚。但是在进一步的论证中，康德完全抛弃了这种预防论的论证模式，他坚决指出，

司法的刑罚永远不能仅仅作为促进另一种善的手段而为了罪犯本人或者为了公民社会来实行的，而是任何时候都必须仅仅是因为罪犯犯了罪而施加于他的；因为人绝不能仅仅作为手段被用于一个他者的意图，被混同于物的法权的对象。②

在康德看来，一种着眼于未来的刑罚理论必定会滑落为一种心理学或犯罪心理学的考察。在相对主义的刑罚理论中，始终存在着一个无法解决的张力，① 大多数近代刑法学家都接受所谓的比例性原则；② 但是，矫正或威慑本身却缺乏一个量刑的先天原则③。因此，一方面，他们强调罪刑要相适应，但是另一方面却往往为了提高预防和威慑的效力，而无节制、无限地扩大刑罚的强度。一切预防论的出发点都是对安全的需求，但是，安全是一个永远也达不到的目标，任何安全水平都是

① Kant, *AA* Ⅵ, S. 235.

② Kant, *AA* Ⅵ, S. 331.

③ Vgl. Dieter Hüning, Kants Strafrechtstheorie und das jus talionis, in: Aufklärung durch Kritik. Festschrift für Manfred Baum zum 65. Geburtstag, hrsg. v. Dieter Hüning, Karin Michel u. Andreas Thomas, Berlin 2004, S. 333.360.

可以进一步提高的,一切都可以被感知和宣布为威胁,所以,预防总有一种未完结的特征,预防总是不够的、不够早的,预防论这种不断扩张的性质导致了一切自由空间的窒息,正如德国刑法学家海尔施纳(Hugo Hälschner)所言,预防论和自由是不相容的:

> 作为具体的国家,国家是一个居于其他国家之侧的共存的个体,正如个别的人一样,国家也有义务和权力行使强制,针对每一对它加以威胁的暴力保卫它的完整性。毫无疑问,它拥有针对外部敌人和在其内部运用强制权力以对不法进行防卫、阻却以及预防的权能。然而,对不法的防卫和阻却却不能是它强制权能的排他性的或唯一的原则性目的。如果赋予国家强制权能的任务是尽可能地预防和阻却不法,那么国家只能通过完全消灭一切自由的方式才能满足这一任务,并且不再是一个伦理有机体,从而转变为一个规训和强制的机构。[①]

同时,康德的报应论在很大程度上针对的就是沃尔夫所代表的威慑论。由于在威慑论的语境中,惩罚的尺度并不是在行为人的行为本身或是罪责,而完全取决于立法者的意图,也就是通过威慑和刑罚的实施对不法行为进行威慑。但是,恶的威慑对于每个人的意志所能产生的效果是非常不同的,因此,我们也无法先天地确定,是否一种特定的刑罚尺度会对一个人行为的意图产生威慑效果,威慑效果也就变成了一个漫无边际的东西,因此,我们根本无法确定一种普遍有效的刑罚尺度原则。因此,沃尔夫就认为,刑罚权应当是无限的:

> 刑罚权是无限的。因为刑罚权是你对伤害你的人,在避免将来的伤害危险的限度内,允许你对其施加相应的惩罚的权力;要么通过这一范例对你和他人,要么通过其他的服从者对你产生威慑;

---

① Hugo Hälschner, Das gemeine deutsche Strafrecht, Bd. 1, 1881, S. 13.

> 刑罚权本质上是不能规定限制的，但终究可以根据当时的情况预先对其做出规定。因此，法也是无限的，对其在本质上不能规定限制，但终究可以根据当时的情况预先对其做出规定；惩罚权是无限的。①

这也就是为什么沃尔夫非常热衷于详尽地描述如何在刑事实践中产生出威慑效果，在他看来，刑罚一定要让犯罪的可耻性暴露和展示出来：

> 正因为罪犯受到的惩罚是为了给其他人树立榜样，从而促使他们提防这种犯罪，并对这种犯罪感到厌恶，所以旁观者必须有机会向他们生动地介绍这种犯罪的可耻性以及当局惩罚这种犯罪的严肃性。在一些地方，盗贼被特别装扮，把他们带出去，这样他们就可以通过窃贼的习惯向观众表现出他们的性情，也就是说，他们看起来很奸诈、很狡猾，急于掩盖他们所偷的东西。②

从而，沃尔夫所代表的预防论根本就无法确定行为人的行为在司法上的质（Qualität），而是漫无边际地因应国家权力所提出的预防犯罪的要求，但这种要求往往又是时刻变动、充满偶然性的。所以，在康德看来，预防论始终有一种摇摆不定的性质：

> 只有报应法权（ius talionis）［罪刑相等的法权］，但听好了，是在法庭面前（而不是在你的私人判断中）的报应法权，才能明确地规定刑罚的质和量；其他一切法权都是摇摆不定的，而且由于其他种种干预性的考虑，不能与纯粹的和严格的正义之判决相符合。③

---

① Christian Wolff, Jus naturæ I, Frankfurt/Leipzig 1740, § 1063.

② Christian Wolff, *Dt*. Politik, § 354.

③ Kant, *AA* Ⅵ, S. 332.

由于这种不确定、不可捉摸性,预防论也就倾向于把刑罚变成一种“骇人的剧场”。刑罚的作用也就是,通过展示犯罪人可悲形象和他对死亡的恐惧,在旁观者心目中留下深刻的印象。因此,预防论的构想必定会把国家体制推向一种“全面的监控体系”,这种警察国家“不仅会摧毁公民自由,而且也向国家的组织能力提出了过高的要求;这种国家简直要为他监视的饥渴所窒息。”[①]预防论的结果就是,刑法被“归为一种与危险作斗争并对行为进行引导的包罗一切的体制,因而,规范相对人的身份也被缩减为其有效的可被引导性的条件。”[②]在这种刑法体系中,由于规范被视作是一种外在的“强制性机制”(Zwangsapparate),个体在面对这种强制秩序时只是一种可被引导(也可以说是监控和警惕)的对象,受制于国家刑事政策的偶然和任意。因此,作为规范相对人的社会个体也就被剥夺了规范参与者与规定者的地位,规范所形成的秩序对个体来说就是一个异己化的、外在给定的“规训和强制机制”。这种监控者与被监控者的体系必然就会导致这样一种后果,由于在作为引导者的规范与被视作为危险之可能性来源的被引导者之间产生了一种“不平等的关系”,这种体系也就表现为一种“专家制的精英主义”。在这种情况下,“刑罚的正义”的伦理学指向同时也就被践踏了,个体沦为了工具和手段,但是,人之为人绝不能沦为手段,而是自身要被看作为目的,他与生俱来的人格性本身必须得到尊重:

> 现在我要说,人以及一般的每一个理性存在者,都作为自在的目的本身而实存,不仅仅作为这个或那个意志随意使用的手段,而是在他的一切不管指向自己还是指向其他理性存在者的行动中,都必须总是被看做目的。[③]

① Michael Pawlik, Normbestätigung und Identitäsbalance. Über die Legimitation staatlichen Strafens, S. 36.

② Michael Pawlik, Normbestätigung und Identitäsbalance. Über die Legimitation staatlichen Strafens, S. 83.

③ Kant, *AA* Ⅳ, S. 428.

因此，在康德看来，刑罚绝不是一个最高权力手中所拥有的机械工具(Maschinenwerk)，通过它，有理性的存在者可以向着幸福这个终极目的而行动[①]。康德认为，立法者并不是国家的医生，并不担负让国家变得更好的工作，国家要将其臣民作为独立自主的公民来看待[②]，每个人都有权独立地追求自己的生活道路，自主地承担责任，法并不能触及、更不可能引导每个人独立自主的意向。

康德指出，“刑法就是一条绝对命令”[③]，犯罪人人格中的人格性必须被当作目的来对待，他之受到刑罚仅仅是因为他的犯罪行为，“唯有当罪犯因自己的罪行而自食其果，尽管不是按照刑法的字面，而是按照刑法的精神承受他对别的人犯下的罪行时，他才不能抱怨说受到了不公正的对待。”[④]通过对他施加刑罚，他作为一个有理性的存在者的身份得到了尊重，因为，他的同胞并没有把他工具化，试图在他的刑罚中为自己得到某种好处。康德向我们指出，作为报应的刑罚恰恰是对一个人之自由本质的承认，如果我们把刑罚的目的扩张到行为人的罪行以外，那么也就会出现一个“排除性的行动”“规范的不平等”[⑤]。康德通过岛屿喻向我们表明，规范的平等对刑罚的正义具有根据的意义，一个人只能服从他自身所立定和赞同的法，通过他的规范违反行为，他侵害了另一个理性本质，他实际上侵害的是同样作为理性本质的自己，因此报应实际上是一种自我报应，

> 所以：你使人民中的一个他者遭受什么无辜的灾祸，你就把它加给了你自己。你辱骂他，就是在辱骂你自己；你偷他的东西，就是在偷你自己；你打他，就是在打你自己；你杀死他，就是在杀你自己。[⑥]

---

① Vgl. Kant, *AA* Ⅴ, S. 38.

② Vgl. Kant, *AA* Ⅵ, S. 317.

③ Kant, *AA* Ⅵ, S. 331.

④ Kant, *AA* Ⅵ, S. 331.

⑤ Michael Pawlik, Normbestätigung und Identitäsbalance. Über die Legimitation staatlichen Strafens, S. 83.

⑥ Kant, *AA* Ⅵ, S. 331.

正因为他是一个自我规定、只受自己支配的公民，所以，他服从的是自己的法、共同体的法，这种法是他自己参与、共同定义的法，他所面对的法的要求不过是他自身公民身份的体现，而这就是康德改造的报应论，或者说，一种共和主义自由哲学，法权的自由"是除了我已经能够同意的法则之外不服从任何外在法则的权限。"[①]帕夫利克在刑罚领域将之表述为"公民的不法"[②]。也就是说，不法之为不法必然只能是公民的不法，行为人通过实施一个偏离刑法规范秩序、片面地有利于他个人的规范，也就违背了他共同作用以维续现存法权状态的义务，因此，也就破坏了他作为法共同体代表的角色，而这也就是所谓的共作义务(Mitwirkungspflicht)。

二、同态复仇的困境

但是，康德哲学亦有其内在的困境。康德刑罚理论的困境就体现在他粗糙的同态复仇理论上，而这也为黑格尔以及黑格尔派提供了修正康德理论的机会。康德在《法权论的形而上学初始根据》中指出，对强奸罪的罪犯的唯一同态复仇就是阉割。而这样一种严格的字面上的报应论在当时就已经遭到了批判，黑格尔就曾在他的《法哲学原理》的第101节补充中讽刺了同态复仇的荒诞性，如果行为人是独眼龙或是牙齿脱落，那么，我们还如何能够以牙还牙、以眼还眼？康德刑罚理论的问题就在于，康德混淆了理智的东西与质料性的东西，阿贝格就认为，康德的刑罚理论还处于缺乏教化的直接的立场上[③]。首先，康德的考察方式是以结果为导向的，所以康德的理论无法解释行为人对不法行为的发生所要承担的主观责任的范围，比如说，康德就无法解释在未

---

① Kant, *AA* Ⅷ, S. 350Anm.

② Vgl. Michael Pawlik, Das Unrecht des Bürgers: Grundlinien der allgemeinen Verbrechenslehre, Tübingen, 2012, S. 82－115.

③ 参见黑格尔：《法哲学原理》，范扬、张企泰译，商务印书馆1982年版，第105页，第101节附释。

遂的情况下应当施加何种刑罚。其次，康德承认，根据所要克服的自然障碍的不同，行为人所展现出的自由程度也是不同的，因此，行为的可归责性也是有不同的程度的，但是康德的刑罚理论却不能说明这一点。最后，正如同黑格尔所指出的，在一个食品过剩的年代和在一个物质匮乏的时代，偷一袋子土豆所代表的不法之程度是完全不同的，黑格尔反复强调，量刑的问题一定是和市民社会的状况联系在一起的。康德的刑罚理论的问题就在于，它无法恰当地把握刑事不法的性质，究竟报应指向的对象是什么、这种对象具有怎样的性质。正是因为康德的刑罚理论未能清晰地解释这一问题，所以他才在报应的尺度和标准上陷入了错误。

康德看到了报应的意义所在，也就是刑法是出自正义的理性、理念的，报应论是抵御工具化的唯一出路，任何一种预防论都会导致个体的自我规定被取消，成为一种被引导和教育的对象。但是，康德并没有发现刑罚本身所具有的肯定性意义。康德认为，只要论证了所有预防论的刑罚论证都是违反人的尊严的，我们就已经论证了报应论的正当性。康德并没有真正地演绎出报应论的积极意义。从根本上来说，康德是从人格间的关系来界定刑罚秩序的，这也是为什么康德认为量刑要采取同态复仇的形式，因为不法侵犯的始终是具体的个别人格，而不是普遍性。但是，不法所侵犯的绝不是个别的人格，刑罚也绝不仅仅是在保护个别人格所承载的法益。在汉斯·维尔策尔(Hans Welzel)的《德国刑法》(*Das Deutsche Strafrecht*)一书中，他向我们指出，刑法的核心任务就在于，通过对现实的法权意向价值之偏离施加刑罚，同时也就保护了与那种行为价值相关的法益，比如说，当我们保护了对国家的忠诚时，国家的福利本身也就得到了保障，而当刑法保护了对他人人格性之尊重时，生命、健康、同胞的荣誉、他人的财产等一系列法益也就得到了保护。但是，维尔策尔强调，刑法的首要任务并不是“现时的法益保护”，也就是说，刑法并不是要保护个别人格和财产，因为当刑法采取实际行动的时候，它总是来得太迟①。另一方面，刑罚往往并不能为受

---

① Hans Welzel, Das Deutsche Strafrecht, 11. Aufl. 1969, S. 3.

害人得来直接的利益。帕夫利克教授在他的《人格 主体 公民》(*Person Subjekt Bürger*)中就指出：首先，损害赔偿只是展现了“构成了公民的不法之多重维度的承认关系”①之中的一种，损害赔偿并不足以弥补特定的公民的不法；其次，刑罚虽然施加给行为人以一种恶，但是对行为人的刑罚却往往妨碍、阻碍了受害人的损失得以获得弥补的机会。究其原因，因为刑罚具有一种“超个体”的特征，刑罚让行为人和受害人之间的冲突“去私人化”了，也就是说，刑罚指向的并不是一种私人个体之间的人格间(interpersonal)的冲突，而是超人格的(überpersonal)的“法权自由的定在秩序”。从康德的人格间走向黑格尔的超人格秩序——黑格尔与黑格尔派的主要任务是消除康德刑罚理论中的不清晰性，更清楚地界定刑事不法的性质。

三、黑格尔刑罚哲学——不法作为法之为法的侵害

黑格尔的法哲学或者说哲学法学的目标就在于，探究理念如何自己为自己创造出一个自由的世界，为自己创造出合理性的制度性生活形式和条件。对于黑格尔来说，理念塑造世界的过程、参与实在的过程，也是理念自我实现的过程。客观精神就是“在作为一个必须由它来产生和已被它产生出来的世界中，在这个世界中自由是作为现存的必然性出现的。”②人作为自由的存在者，创造了“作为第二天性的精神的世界”，但是，这个世界不能是单个人的信念、一种不具有现实性的应当，或者用黑格尔的话说，在伦理中“绝对的应当同样程度上是存在”、是“已达到了的此岸”③。个别的道德主张本身是内嵌在一个更大的伦理框架之中的，个人意志、自律和良心必须被整合在一个更大的共同体

① Michael Pawlik, Person Subjekt Bürger: Zur Legimitation von Strafe, Berlin 2004, S. 88.

② Hegel, Enz § 385.

③ Hegel, Enz § 514.

的自由运动、伦理价值和历史现实中：

> 抽象的普遍性现在消失了。自由的理念首先也就是伦理的，然而这种自由是活生生的。善在这里并不是被置于一个彼岸、一种道德的世界秩序中，而是说，善是现实的和现在的。①

理性的国家并不是与抽象法的人格和道德的主体相对立的，这些形态都是黑格尔所谓的“自由意志的定在形式”，也就是说，他们都是自由意志展现自己为现实的制度和生活领域所必需经过的历程。只有在国家之中，这些抽象的人格和道德才能得以现实化，这也就意味着，国家作为活生生的善和自由的理念，是自由的制度化、组织化和具体形态，在其中，法、道德都并不是被消灭了，而是得到了实现。因此，当一个公民在履行他的协作义务时，他也就是在为自由概念的组织做出贡献，而当他侵犯他的协作义务时，他就是在对自由的这种现存状态进行攻击。

黑格尔对不法的描述是以契约为逻辑前提的。在契约关系中，契约缔结方的交互承认只是一种抽象的同一性，是自为的形式的，契约关系构成的只是一种形式的、抽象的主体间性，个人意志与其相互达成的一致之间只不过是一种“共同意志”，而不是自在自为的普遍意志，所以，契约关系就具有一种偶然性，契约是可以达成也可以不达成的。而在不法中，契约关系所达成的偶然一致性就被变成了“假象”(Schein)，抽象法在其发展的顶端也就转变为了不法。不法亦分为三个层次，即无意的不法(das unbefangene Unrecht)、诈欺和犯罪。这三种不法分别对应黑格尔逻辑学的三种判断形式，分别是简单的否定判断、肯定的无限判断或作为同一判断的无限判断和否定的无限判断。在无意的不法中，只是一种特殊的权利遭到了否定，法本身却得到了完全的确证，

---

① Hegel, Philosophie des Rechts. Die Vorlesung von 1819/20 in einer Nachschrift, hrsg.v. Dieter Henrich, Frankfurt a.M. 1983, S.122.

而在诈欺中,虽然有一种法的外观,双方是通过契约的方式就物的交换达成了一致,但是却缺乏自在存在的普遍性。而在否定的无限判断中,“在这个判断里,判断的形式被扬弃了……它应当是一个判断,从而包含着主词和谓词的关联;但这样一个关联同时不应当存在于其中。”[①]犯罪作为否定的无限判断,也就意味着,在犯罪中,他人自由人格性被侵害了,受到侵害的不仅是我的意志统摄一个物这样的特殊方面,而且包括法权能力本身这样的普遍方面,从而,犯罪指向的既是一个人对特定物的特殊权利,也指向了人格性本身:

> 犯罪可以被作为否定的无限判断的一个客观例子来考察。一个人犯了罪,像偷窃,他不仅像在民事权利争执里那样,否定了别人对于特定财物的特殊权利,而且还否认了那人的一般权利(das Recht desselben überhaupt)。[②]

因此,犯罪否定的不仅是特殊的法,而且是否定了法本身。黑格尔指出,犯罪虽然是一个现实的行为,但是它完全以否定的方式与伦理相关联,所以它是悖理的,由此,黑格尔引出了刑罚,当犯罪之虚无性的毁灭是由被侵犯的人格来进行时,那么就是复仇,而以普遍意志的名义来实施时,则是刑罚。

黑格尔认为,意志在其外在的定在形态中是可以被侵犯的,可以通过暴力而被强制,在这点上,黑格尔和康德保持了一致,强制只能涉及外在的行为方面,但是自在自为的自由意志本身、“在其概念中的自由意志”[③]是不能被侵犯的。黑格尔在《法哲学原理》中的第 92 节中指出:

---

① Hegel, Wissenschaft der Logik Ⅱ, Redaktion v. Eva Moldenhauer u, Karl Markus, Frankfurt a,M. 1986, S. 324.

② Hegel, Enz § 173, Z.

③ Hegel, Vorlesungen über Naturrecht und Staatswissenschaft. Heidelberg 1817/18 mit Nachträgen aus der Vorlesung 1818/19, nachgeschrieben von P. Wannenmann, Hamburg 1983, S. 52.

> 由于意志只有在获得定在时才是理念、现实的自由的，意志把自己置于其中的定在即是自由的存在，如此一来，暴力或强制在其概念中直接地摧毁了自身，作为一种意志的表达，它扬弃了一种意志的表达或定在。[①]

黑格尔表明，第一种暴力或强制并不是一种自由的行动。康德向我们指出，第一种强制是对自由的阻碍或抵抗，而对第一种强制施加强制的权能也就是第二种强制是对自由之阻碍的消除，因此法和强制权能是一个东西[②]。因此，第二种强制作为一种反强制针对的是那种任意的、他律的、自然的意志，并寻求扬弃之：

> 强制之中的合法的东西即是说，强制之为第二种强制，要扬弃第一种强制。[③]

而这也就是法反对不法（das Recht gegen das Unrecht），通过强制扬弃强制（Aufheben des Zwangs durch Zwang），只有如此，才能被视为是对法的恢复与重建。黑格尔认为，刑罚颠转了不法，由此，行为人的行为才真正得以完全，“复仇女神是由犯罪人自己的行为所唤醒的，它要向犯罪人证实自己。”[④]，因而，刑罚之于犯罪：

> 并不是外在的，毋宁说，是通过行为自身所设定的一种本质的结果，是从行为自身的本性中流淌出来的，是行为的一种显现。[⑤]

---

① 黑格尔：《法哲学原理》，范扬、张企泰译，商务印书馆 1982 年版，第 96 页。译文有改动。

② Vgl. Kant, *AA* Ⅳ, 231 – 233.

③ Hegel, BL S. 85.

④ Hegel, Philosophie des Rechts. Nachschrift der Vorlesung von 1822/23 von K.L. Heyse, hg. v. E. Schilbach, Frankfurt a.M. u.a. 1999, S. 4.

⑤ Hegel, Philosophie des Rechts. Nachschrift der Vorlesung von 1822/23 von K.L. Heyse, hg. v. E. Schilbach, Frankfurt a.M. u.a. 1999, S. 15 – 16.

对法的侵犯、犯罪是与自由意志的概念、自由行为的概念相矛盾的，因此，就其本质而言，犯罪被视为是虚无的行为、对自由意志之为自由意志的侵犯、一种法所不允许的行为，而不法之“肯定性的外部实存”本身也是虚无的，这种侵犯也要通过刑罚的方式被消灭掉，正如黑格尔所言，这体现了“法的现实性，作为法之通过对它的侵犯的扬弃与自身相中介的必然性”[①]。

帕夫利克指出，“报应论认为，刑法的作用就是为自由理论所要求的守法者之间的相互尊重状态提供一种必要的外在稳定性”[②]。一方面，我们可以要求他人履行法权义务，另一方面，我们本身也必须作为自由定在秩序的共同担负者为之做出贡献。黑格尔作为第一个真正把自由的刑罚理论转变为一个完整体系的思想家，对近代以来的启蒙主义刑罚理论展开了批判。黑格尔认为，“如果采取了上述肤浅的观点(即启蒙的刑罚理论)，就会把对正义的客观考察搁置一边，然而这正是在考察犯罪时首要和实体性的观点”。[③] 启蒙刑法理论从主观的、道德的视野来界定犯罪，把犯罪界定为一种“祸害”(Übel)，刑罚称之为一种“反祸害”(Gegenübel)，没有认识到犯罪所侵犯的是“作为法的法”，是一种“对自在地存在的意识(不仅指加害人的意志，而且包括被害人和一切人的意志)所加的侵害”。黑格尔非常清楚，就外在的现象而言，刑罚当然是一种祸害，是一种“暴力、陌生的权力”，在黑格尔看来，这些刑罚理论都是从一种主观的角度来对刑罚的本质进行界定，由此也就错失了刑罚的概念。因此黑格尔在他自用的《法哲学原理》样书中写下了这样的笺注：

> 同情，矫正，国家目的，社会的特殊目的——在这个问题面前

---

① 黑格尔：《法哲学原理》，范扬、张企泰译，商务印书馆1982年版，第100页。译文有改动。

② Michael Pawlik, Person Subjekt Bürger: Zur Legimitation von Strafe, Berlin 2004, S.139.

③ 黑格尔：《法哲学原理》，范扬、张企泰译，商务印书馆1982年版，第101页。

> 都显得苍白无力：正义要求的是什么？……如同真理一样，当一切都以主观的方式来处理，正义也就沦丧了；——任意，意见。①

也就是说，刑罚的根据即是恢复为不法所侵害的法本身、自由，因此，在这里，黑格尔所说的正义其实就等同于法本身、自由："与正义，也就是理性，也就自由获得它的定在有关，而不是感性冲动等受到尊重，同情、情感得以实现"，所以黑格尔才说"刑罚是自在自为地正义的"。通过刑罚，"行为人承担起了对普遍物的法权共同义务。通过刑罚的方式，他得以坚守这种共同义务。因此，通过惩罚，他得以作为理性的存在者而得到尊重"。②

因此，报应论并不是一种"以眼还眼，以牙还牙"的陈旧的因果报应论，而是一种自由的共和主义理论，也就是说，行为人并不是作为一个监视和控制的对象被纳入法权秩序，而是作为公民秩序的真正内在参与者，刑法也并不是一种无法避免的恶，而是公民自由真正的、值得珍视的表达：

> 臣民和公民二者都受法所约束，但是约束的模式却迥然有别，臣民服从的法并非由自身所立，因而必须服从一个陌生的意志，而公民服从的是自己的法、共同体的法，这种法是他自己参与、帮助定义的法，他所面对的法的要求不过是他自身公民身份的体现。"③

在黑格尔看来，所谓的共和主义自由理念最核心之处也就在于，理性的国家并不是与抽象法的人格和道德的主体相对立的，这些形态都是黑

① Hegel, Grundlinien der Philosophie des Rechts, Redaktion v. Eva Moldenhauer u, Karl Markus, Frankfurt a, M. 1986, S. 189.

② Michael Pawlik, Person Subjekt Bürger: Zur Legimitation von Strafe, Berlin 2004, S. 97.

③ Michael Pawlik, Normbestätigung und Identitäsbalance. Über die Legimitation staatlichen Strafens, S. 34.

格尔所谓的"自由意志的定在形式",也就是说,他们都是自由意志展现自己为现实的制度和生活领域所必需经过的历程。只有在国家之中,这些抽象的人格和道德才能得以现实化,这也就意味着,国家作为活生生的善和自由的理念,是自由的制度化、组织化和具体形态,在其中,法、道德都并不是被消灭了,而是得到了实现,因此,当一个公民在履行他的合作义务时,他也就是在为"自由概念的组织"贡献力量,而当他违反其合作义务时,就是在对自由的这种现存状态进行攻击。

四、甘斯的刑罚哲学——刑罚是一个Weil(因为)

爱德华·甘斯(Eduard Gans)是黑格尔学派重要的代表人物之一,用里德尔的话说,甘斯是黑格尔哲学最为热情的支持者和倡导者[①]。在法哲学领域,甘斯最为突出的贡献,就是将黑格尔的法哲学继续推进为一种"法的历史化理论",也就是说,甘斯寻求在历史这片地基上把自然法、法哲学所抽象把握到的东西实现出来,由此法哲学也就过渡为一种自由的"普遍法历史"。在甘斯看来,法哲学和普遍法历史是不可分割的一个整体,都属于"一个整全直观",法哲学构成了理念和思想的层面,而普遍法历史则是实在和经验的层面,二者之间并不存在对立,而是共同构成了科学整体。

在甘斯的《自然法与普遍法历史》讲座中,甘斯对黑格尔的法哲学思想进行了完整而清晰的阐释,而作为马克思的刑法老师,他对犯罪和刑罚问题的讨论也有着深刻的洞见。在"普遍法历史"对刑法问题的讨论中,甘斯指出,在东方社会中,民刑不分是一个普遍现象,并且刑法在社会中占据着主导作用,很多私法问题也要通过刑事惩罚来解决。而在现代世界,随着国家成为现实的最高理念,刑罚也就表现为"犯罪的

① Vgl. Manfred Riedel, Einleitung, in: Naturrecht und Universalrechtsgeschichte, hrsg. u. eingel. v. Manfred Riedel, Stuttgart 1981, S. 11–30.

另一方面”，从而成为一种“纯粹的报应”[①]，因此，在甘斯看来，报应论的刑罚也就体现了现代世界中自由意识所达到的进步。甘斯在讨论犯罪问题时，区分了犯罪的不同类型，他认为，犯罪主要可以分为：对人格性的犯罪、对在物中的人格的犯罪、对家庭伦理的犯罪、对市民社会的犯罪、对国家的犯罪。而他认为，犯罪是“在不法意识支配下对法的侵犯”[②]。

甘斯指出，在近代以来，犯罪论和刑罚论已经沦为了最为可笑的理论，错误百出，究其原因，当时通行的理论并没有从犯罪的本性中演绎出刑罚。甘斯强调，只有当我们孤立地、外在地看待刑罚的时候，我们才会把它看作是一个“祸害”，如果我们把刑罚和犯罪结合在一起，那么刑罚就是犯罪的另一半，并且就不再是一个“祸害”。甘斯接着就回顾了近代的相对刑罚理论或者说知性的刑罚理论。

（1）威慑论。威慑理论的原则是“为了不再犯罪，而不是因为犯罪”(ne peccetur, non quoniam peccatum)。在威慑理论中，与刑罚联系在一起的并不是已经发生的犯罪，而是尚未发生的未来的犯罪。甘斯指出，为了产生威慑的效果，根本不需要有犯罪发生，我们完全可以把无辜的人揪出来，把他们定为盗贼，然后打入牢狱或处死，这样同样可以产生威慑的效果和印象。甘斯指出，刑罚必须是犯罪的结果，我们不能为了一种未来的可能性进行惩罚。究其本质，刑罚在威慑理论中并不是一种法学的考量，而更多的是出于政治。刑罚的目的和刑罚的法权被混淆了，尽管刑罚会产生威慑效果，但是这只是刑罚的衍生品，并不是刑罚的思想和本性。甘斯甚至说，威慑说根本就是一种幻想，刑罚甚至根本就不能威慑，“威慑了多久了，但是却仍然还有犯罪发生！”[③]我们从历史中学到，犯罪人根本就不会被刑罚威慑住。

（2）预防论。甘斯指出，这种理论认为，刑罚惩罚的并不是犯罪，

---

① Eudard Gans, Naturrecht und Universalrechtsgeschichte, Tübingen 2005, S. 370.

② Eudard Gans, Naturrecht und Universalrechtsgeschichte, Tübingen 2005, S. 109.

③ Eudard Gans, Naturrecht und Universalrechtsgeschichte, Tübingen 2005, S. 111.

而是通过犯罪所展现出来的败坏的道德意志，当一个人犯下一桩罪行，那么也就展现了他会在将来继续犯罪的恶劣意志和倾向。甘斯认为，这一理论比威慑论要好一些，因为他至少考虑了犯罪人，尽管不是因为他犯罪了，而是因为他或许会在未来再次犯罪。这种理论的错误就在于，刑法不能基于一种未来的可能性，而必须是为了当下的正义，我们无法要求每个人都具有善良意志，但一个人并没有做出恶的行为时他就不能遭受刑罚。而这种特殊预防论也是废除死刑的一个理由，因为我们可以通过其他手段来阻止一个人犯罪。

(3) 费尔巴哈的心理强制说。费尔巴哈的心理强制说是穿上了罩袍的威慑论。甘斯认为，这种理论毁灭了人所有的伦理性质，像狗一样对待人。

(4) 矫正论。这一理论就其根据而言并不更好，但是就其结果和实践来说却要更好一些。它指向未来，目的是为了让那些被赶出社会的人能够更好地回归社会，它希望去除犯罪人的低下和邪恶意图，把他变成一个更好的人，犯罪人在这里是被当作病人一样对待。尽管它是一个错误的理论，但是人们却原谅了它，因为它可以产生某些益处。但是，这个理论关注的是犯罪人，而不是犯罪这个事情，刑罚与犯罪人无关，而只与犯罪这个事情本身相关。一方面，我们没有权利把某人禁锢起来，以此对他进行矫正，犯罪人也可以拒绝这种矫正。同时，这个理论没有区分的就是刑罚的根据与目的，“刑罚的根据是某种不同于刑罚的目的的东西”，刑罚的目的可以有上百个，但是刑罚的根据只是犯罪应当被惩罚。

(5) 报应论。所有以上的理论都没有区分刑罚的目的与刑罚的法权。在报应论看来，

> 刑罚并不是某种绝对的东西，并不是整体，而只涉及犯罪。因此，对刑罚的正确解释就是，它是一种前提的后果或犯罪的结果。正像一个球体的反面，它与犯罪是如此不可分离。她是一个先行前提的结果，一个“因为”(Weil)，因为犯罪了，所以必须要施加刑

罚。全部刑法就在这个因为中：如果没有犯罪，也就没有刑罚。[①]

而在论及刑罚时，他认为，犯罪预设了刑罚，“在犯罪中，按照行为人否定法本身、人格的普遍法权能力的特殊意志，行为具有了一种肯定性的实存，因此，所有自由意志的总体、正义就站在他的对立面，因为否则的话，肯定的实存性就不仅仅对行为人，而且对所有人格在此存在了。”[②]甘斯向我们指出，之所以说，犯罪作为对法的否定是不具有肯定性实存的，并不是说犯罪不会具有一种现象、不具有实存，而是说犯罪不具有法的基础，“从一种法的质的角度进行考察，犯罪并不实存。”[③]在《自然法与普遍法历史》讲座中，甘斯坚持了黑格尔关于刑罚的观点。他指出，犯罪是一种对法权主张之侵害的纯粹否定行为，作为一种否定的行为，它必须要被再次否定，使之成为肯定性的，而刑罚就是“对法的否定之否定”：

> 强制是一个扬弃了另一个意志之表达的意志表达。就此而言，强制并不具有任何法权的、内在的定在。强制因此就是无法并且因此可以通过强制再次被毁灭。第二种强制是允许的，因为它是否定之否定，即是说，法之恢复。第一种强制是犯罪，第二种是刑罚。[④]

甘斯更进一步指出，由于侵犯了法之为法，所以第一种强制本身是虚无的，也就是说，“犯罪是在自然的意义上实存的，而不是在伦理意义上。它之存在就是为了被扬弃”[⑤]，而自在自为的法的恢复就在犯罪的虚无之中。甘斯指出，刑罚是罪犯的权利，这样一个理论甚至在古代的柏拉

① Eudard Gans, Naturrecht und Universalrechtsgeschichte, Tübingen 2005, S. 114.
② Eudard Gans, Naturrecht und Universalrechtsgeschichte, Tübingen 2005, S. 109.
③ Ibid.
④ Eudard Gans, Naturrecht und Universalrechtsgeschichte, Tübingen 2005, S. 107.
⑤ Ibid.

图那里就已经提出来了,一个罪犯如果没有获得其所应当的刑罚,那么,他的自由、理性和权利就没有得到实现,他就是不幸的,而刑罚是罪犯与其人性重新和解的方式。

五、结　语

无论是康德、黑格尔还是甘斯,他们都试图阐明刑罚之于自由的意义。在他们看来,预防论建基于一种工具主义的世界图景,刑事不法从根本上侵犯的是自由,一个人通过设定一个侵犯其自由共作义务的规范,表达了对自由秩序(Freiheitlichkeit)的否定态度,但是自由秩序本身亦是他自身共同参与设定的,他不仅作为私人要服从于法权,同时作为国家公民,要担负起法的义务。刑法虽然不能保证每个人都过完满的人生,但是它却能让每个个体在严格的交互性条件之下,脱离恐惧和骇人的不自主状态,自由地创造自己的人生,而刑罚就是要确证这种自由,永远把人当作目的,而不是手段,当人不被视作为一种共同体的有机组成部分,与之丧失了一种精神意义的联结,那么他的自由也就被剥夺了,“所有爱的缺失皆是暴力”。

从司法场域到社会场域
——“刑事法场域”的提出及其展开

蒋济泽*

From Judicial Field to Social Field: Proposing and Unraveling the Concept of “the Penal Field”

Jiang Jize

摘要：在社会变迁和刑法变革的过程中，缺乏一个整体性的视角来解析刑法与社会的关系，导致未能将各种刑事问题视为一个相互关联的综合体。“刑事法场域”通过整合刑罚理论家加兰德的刑罚与社会理论、社会学家布尔迪厄的“场域”概念及制度主义相关理论，从整体性视角理解复杂的刑法系统与动态的刑法实践。作为社会空间组成部分，刑事法场域的边界由道德和权力结构所划定，并具备独特的内部构造，其变迁则是场域内外力量共同作用下的产物。社会经济结构变动产生了解决社会秩序问题的需求，从而构成刑事法场域（直接或间接的）的外界压力，促使刑事法场域回应。刑事法场域的最终形态则是场域外部作用力与场域内部结构、制度相互动的结果。

关键词：刑法实践；刑事一体化；刑法社会学；制度主义分析；社会理论

* 蒋济泽，同济大学法学院助理教授，美国伊利诺伊大学犯罪学、法律与司法博士，研究方向为刑法学、刑事政策学、刑罚社会学。特别感谢孟宇辰、袁龙明越同学对本文精心的校对工作以及提出的宝贵修改意见。

一、引论：刑事问题与社会学路径

19世纪末，社会学孕育伊始便开始关注刑事问题。[①] 社会学巨擘涂尔干(Émile Durkheim)对社会团结类型与刑罚形态的关系进行了系统性的研究。[②] 他认为，在一个具有高度个体相似性和强烈集体意识的社会中，社会成员倾向于以“机械团结”的方式聚集起来。在这种社会模式下，社会成员的越轨或犯罪行为发生后，刑法所施加的制裁便呈现出压制型特征；然而，在一个明显具有个体差异性和社会分工深化的现代社会中，社会成员的联结方式则体现为“有机团结”，法律制裁的形态则是恢复型。[③] 此后，刑事问题也一直备受社会学家的关注和讨论。许多社会思想家曾对刑法的形态、功能、意义与价值及其历史演进做过理论阐述和反思。[④] 不过，随着现代社会学科的逐渐分化，我国对刑事问题的社会学研究逐步淡化和边缘化[⑤]，对刑事问题的规范法学分析占据了主导地位，并逐渐掌握了对刑事问题研究的话语权。即使在日益成熟的犯罪学研究中，也未能动摇“刑事问题就是刑事法学问题”这一普遍认识。

---

① 本文中的“刑事问题”是一个内容广泛的概念，不仅指犯罪行为，而且涵盖犯罪现象所引发的一系列问题：从犯罪现象起源、犯罪问题定义到犯罪的原因与防控，从刑事法律制度到社会关于犯罪的一切反应，比如媒体报道、政治家姿态、公众的态度和情绪、被害人的感受、社区成员的控制行动等。本文认为应该将这些问题视为统一体进行探究，因为这些看上去分散的问题实质上有着整体性特征和运行逻辑。

② Emile Durkheim. 1900. “Two laws of penal evolution.” Reproduced as Chapter 4 in S. Lukes and A. Scull (eds.) (1983) *Durkheim and the Law*. London, UK: Martin Robertson.

③ 参见李峰：《个人、社会与法律——涂尔干的法社会学思想》，载《重庆社会科学》2005年第3期，第108—109页。

④ 刘涛：《刑罚研究中的社会理论：历史演进与运用前景》，载《法制与社会发展》2018年第5期，第149—153页。

⑤ 纵观全球刑事问题的社会学研究，犯罪问题及其社会对策的探讨逐渐流行起来，在国际社会学协会、美国社会学协会等较大的、有影响力的学术团体中都建立起刑事问题的社会学研究分支。尽管我国社会学界有些尝试(如郭星华的犯罪研究、南京大学举办的犯罪学暑期项目等)，但总体而言，刑事问题并未在社会学领域形成独立的、传承的分支，当前许多高校的社会学研究生项目也并不设立刑事问题研究方向。

近年来的全球社会巨变与刑事法变迁引发了学者们的广泛探讨。[①] 他们针对刑法领域的变化及其与社会变迁的关系提出了诸如"控制的文化"[②]"过度刑法化"[③]"风险刑法"[④]"预防性刑法"[⑤]"精算司法"[⑥]等概念及其理论。处在转型时期的我国同样面临着较为严峻的社会秩序问题，学者们也为此进行了大量关于社会失范与犯罪现象、犯罪防控和安全治理等方面的研究。[⑦] 研究的主题从犯罪的区间分布与社会成因到宏观层面的政策改革与指导战略转变，从微观层面的制度变迁与司法机关实践再到刑事学科整合的倡导等[⑧]，尽管其中有大量的经验研究为剖析刑事问题贡献了丰富的素材，但是专注于该领域的理论反思却相对滞缓。与此同时，学科内部的分野和细化、刑事问题研究对象的个体化以及学科之间的知识壁垒容易造成一叶障目的困境，忽视了各类刑事问题的内在关联和体系价值。例如，刑法学者关注刑事问题的实体层面，刑事诉讼法学者侧重刑事问题的程序方面，刑事政策学者倾向刑事问题的治理与政府战略，犯罪学学者关切犯罪问题的成因，社会学学者则偏重刑事问题与社会的关系。虽然这些话题在更宏观的领域内存在一定的关联性，即都是犯罪问题及其应对举措，但仍

---

① 乌尔里希·齐白：《全球风险社会与信息社会中的刑法》，周遵友、江溯等译，中国法制出版社 2012 年版，第 1—4 页。

② David Garland, *The Culture of Control: Crime and Social Order in Contemporary Society*, Oxford University Press, 2001.

③ 何荣功：《社会治理"过度刑法化"的法哲学批判》，载《中外法学》2015 年第 2 期，第 523—547 页。

④ 劳东燕：《风险社会中的刑法：社会转型与刑法理论的变迁》，北京大学出版社 2015 年版，第 68—71 页。

⑤ 高铭暄、孙道萃：《预防性刑法观及其教义学思考》，载《中国法学》2018 年第 1 期，第 166—189 页。

⑥ Malcolm M. Feeley, and Jonathan Simon, *The new penology: Notes on the emerging strategy of corrections and its implications*, 30 Criminology 449(1992).

⑦ 例如郭星华：《当代中国社会转型与犯罪研究》，文物出版社 1999 年版，第 47—60 页；渠敬东：《缺席与断裂——有关失范的社会学研究》，商务印书馆 2017 年版，第 224—265 页。

⑧ 程建新、刘军强、王军：《人口流动、居住模式与地区间犯罪率差异》，载《社会学研究》2016 年第 3 期，第 218—241 页。

缺乏有意义的学科对话。[①] 由此,在当前我国刑事问题研究格局下,需要破除学科之间的隔阂和壁垒,促进"刑事一体化"理论的发展。本文基于国内外诸多犯罪防控的实践探讨和刑事问题的经验研究,试图深入挖掘刑事法研究中纷繁复杂的刑事问题,以提供更深层次的理论解析。[②]

"刑事法场域"的概念和框架作为连接各类刑事学科中关于犯罪及其防控问题的桥梁,为开展法社会学视域下的刑事问题研究提供了新的路径。[③] 在汲取并整合社会学不同分支领域的概念工具与理论框架基础上[④],将"犯罪及其防控与应对"视为一个社会综合体,通过运用社会学理论对犯罪成因、犯罪防控、刑事司法等现象的内在联系进行系统化分析,更深入地阐明刑事问题的本质、内涵与关联。

在此语境下,本文将刑事相关问题集结为一个在社会中动态运行的场域,采取全局观与多层次视野,从制度与场域的构成元素、结构框架及其互动过程的维度去识别和探究场域的特征与机理,进而整体思考我国社会变迁与权力关系对刑事法治的影响。简言之,"刑事法场域"主张从法社会学和比较历史的视角来探究刑事问题,有助于我们理解刑事法领域的运作原理、制度发展与变迁,以及其背后的社会与政治逻辑。

本文的分析基于两个预设。第一,刑事一体化是一种由社会建构的制度场域。同时也是一种思维路径,将刑事一体化进程看作是一个具有独特结构和功能的社会实体[⑤],应该考虑刑事法场域的范畴、边

---

① 梁根林:《刑事一体化的本体展开》,法律出版社2003年版,引言部分,第2页。

② 需要说明的是,本文既不是对当前世界各国刑法变迁和刑事司法问题的法理学批判,也不是对刑法学科发展的反思,而是依照现实,提出一个有助于更好地理解和解释当前不同语境下刑法运行状况和刑事司法实践的概念和理论视角。

③ 早有学者提议从社会学视角研究刑法学问题和刑事现象,参见张心向:《社会学视阈中的刑法学研究范式》,载《刑法论丛》2007年第12卷。近期学者的主张,参见李波:《从社会学视角出发推进中国刑罚研究深入发展》,载《人民法治》2018年第18期,第8—9页。

④ 主要是基于犯罪学、法律社会学、政治社会学、组织社会学中关于制度的研究。

⑤ 江溯:《社会学视野下的刑罚:刑罚社会学研究》,载《刑事法评论》2008年第2期,第46—111页。

界、维度、组成要素及其结构的动态发展过程。第二,刑事一体化的结构和过程受各种社会力量和社会关系的影响与塑造,尤其是其背后蕴含的国家、市场与社会三角关系的互动。[①] 这种三角关系不仅作用于犯罪问题的产生(刑事法治体系意在解决的问题),同时还与刑事法制的启动、刑罚权的运用和刑事司法实践密切相关。正是这种“社会嵌入性”使得犯罪治理与刑事一体化呈现出主体多样性、关系复杂性、技术手段多元化、指导思想与理念多重性以及变化的不间断性等特征。[②]

刑事法场域的运行与变动是一面鲜活的棱镜,我国的刑法面貌不仅是当前我国法治与社会发展的重要组成部分,同时也折射出当前社会转型、社会制度以及宏观社会结构的基本逻辑。如前所述,我国社会学研究对于刑事问题的关注度不够,进而导致刑事问题的社会学研究理论基础较为薄弱,且尚未形成统一集中的理论范式或问题意识。因此,“刑事法场域”概念的提出能够对碎片化的犯罪相关概念和研究进行整合与理论化,从而消除社会学、法学、犯罪学、政治学等不同社会学科在刑事问题研究中的理论隔阂。同时,刑事法场域提供了多维度、多层次的动态性图景,尤其强调刑事问题的社会性和社会学原理,进而有助于认识犯罪及其防控的现实状况和刑事问题的本质,对我国社会稳定和刑事司法建设有重要启示。刑事法场域既能够使刑事问题的研究受益于社会学理论和法社会学见解,同时也能够使社会学理论的发展受惠于对刑事问题的深入探讨,进一步提升我国社会问题理论化研究水平。

本文结构如下:首先,笔者将探讨社会学研究刑事问题的独特视角与核心主张,进而论述由布尔迪厄的“司法场域”概念派生出的“刑事

---

① 以政治经济学视角研究刑法实践和刑罚结构日益成为比较刑法领域的重要领域。参见 Nicola Lacey, *The Prisoners' Dilemma: Political Economy and Punishment in Contemporary Democracies*, Cambridge University Press, 2008.

② David Garland, *Punishment and Modern Society: A study in Social Theory*. University of Chicago Press, 1990, pp. 3 - 22.

法场域”概念作为一种刑事法研究进路的必要性和可行性。其次,笔者将进一步解析“刑事法场域”的概念框架,着力探讨“刑事法场域”的本体论、运行论、演进论和方法论四个向度,力图呈现刑事法场域的结构与过程、立体感与动态感。最后,结语部分将重申利用“刑事法场域”分析刑事问题应秉持的三大准则。

二、“刑事法场域”的提出:基础与价值

将各类刑事问题进行整合并跨越学科界限开展研究的理念在我国学界已有先例。从20多年前储槐植教授提出的“刑事一体化”议题①到当今刘仁文教授主张的“立体刑法学”②,我国刑事法学者在理论层面和实证研究上都做了大量尝试。他们看到并揭示了各刑事学科融合的内涵和理论价值,倡导刑法及其运行的内外协调,关注刑法内部结构的合理性与刑法运行前后的制约。其研究为进一步促进刑事学科群融合、推进刑事一体化进程带来启示,也为厘清刑事问题的整合依据、关联逻辑与脉络架构,并由此发展新的概念和理论工具提供了条件。故笔者以传统的刑法体系论作为出发点,并将这种体系论或系统论置于社会范畴而非法律范畴,进而引入“场域”的概念来论证场域论相较于系统论在体系方面的独到优势,即能更深入地理解和剖析刑事问题和刑事法现象。

(一)作为社会制度范畴的刑事法体系:“刑事法场域”的依据

传统的刑事法治理论认为,刑事法场域的建立和运行主要承担着犯罪控制的功能。但是,只侧重刑事法治系统工具价值而忽视刑事法体系社会特质的分析视角略显单薄。涂尔干很早就批判了这种论断,并指出刑事法的主要功能并非仅限于解决刑事问题,而是拥有一定的

① 储槐植:《建立刑事一体化思想》,载《中外法学》1989年第1期,第3—8页。

② 刘仁文:《立体刑法学:回顾与展望》,载《北京工业大学学报(社会科学版)》2017年第5期,第57—68页。

所谓“超犯罪防控”的社会功能。[①] 具体而言，无论官方或大众如何理解，刑事法制与刑事法体系（特别是刑罚体系）的真正机能是通过惩罚犯罪人来仪式化地划分合法行为的边界，并通过重申集体价值观与强调群体道德感来加强社会成员内部的团结性。涂尔干进一步认为，刑事法系统的作用对象并不仅仅是罪犯本身，同时也包括守法公民甚至全部社会成员。刑罚的存在和运作也并非仅受犯罪现状的影响，而是内嵌于社会文化传统、价值观及其社会结构和关系之中。[②] 换言之，刑事法体系本质上是社会的产物，它的存在和运行是社会现象。

在涂尔干将刑事法视为“社会现象”的基础上，进一步地理解和延伸这一论断需阐明两个问题：第一，作为普遍认同的法律范畴，刑事法体系怎样被理解为“社会范畴”而非仅是“法律范畴”？第二，作为一种社会现象或社会范畴，刑事法体系在社会结构中该如何界定？

针对第一个问题，应透过现象究其本质，而非停留在分析和评价刑事法系统的犯罪控制的价值层面。需要超越刑法体系所宣称的，甚至是理所当然的目标，进一步探究刑事法体系与社会其他部分的联系。由于刑事法体系是为解决犯罪问题而创设，因而犯罪问题的变动必然会引发刑事法体系的相应调整。然而，犯罪率并非是塑造和决定刑事法体系的唯一因素。刑事法系统的创建和运行既源于社会层面的因素，反过来也影响着社会的运转和变化。刑事法制的建立和发展以及刑事司法的运作和实践深受各种社会力量的影响。值得注意的是，虽然我们在理解刑事法运作的时候需要打破其仅发挥犯罪控制作用的迷思，但这并不意味刑事法的存在和运行与犯罪问题毫不相干。毕竟刑事法体系是为了解决社会中的犯罪问题而创建的，同时也会受到犯罪现状的反作用。犯罪对刑事法体系的影响和刑事法系统对犯罪现状的应对并非是直接的、线性的关系，而是受制于社会规范、文化传统、经济

---

① 江溯：《社会学视野下的刑罚：刑罚社会学研究》，载《刑事法评论》2008 年第 2 期，第 51—52 页。

② David Garland, *Punishment and Social Solidarity*, in Simon, Jonathan, and Sparks, Richard (eds.), *The Sage Handbook of Punishment and Society*, Sage, 2013.

状况、政治力量和制度变动等中间过程的调节作用。换言之,刑事法体系的范畴和特征由多个因素决定,受多重力量的塑造,处于多样的情景里,而控制犯罪只是其中的一个向度,法律范畴只是众多理解方式中的一种。

若将刑事法系统视作“社会范畴”,在此视角下的犯罪控制和安全治理则是一项并非仅有法律系统参与和完成的社会工程。从西方各国刑事司法实践和我国犯罪治理举措来看,解决刑事问题从国家的专属职能逐渐演变为国家与社会合作共同治理的课题。当今犯罪治理体系不再局限于以国家为主导制定的犯罪防控政策和刑事司法运行的总和,而是逐渐扩展到包括社会成员在内共同参与的犯罪治理活动,民间社会在犯罪治理上扮演越来越重要的角色。[①] 原先赋予政府主管的犯罪控制职能与刑罚职权逐步分散而走向社会化,法律和司法系统虽然依旧扮演着关键的犯罪控制和安全治理角色,但在社会范畴下只是构成与刑事问题相关的社会子系统的一部分。

如此,第二个问题也迎刃而解。即,刑事法系统是一个“社会范畴”,且其因内含多种互相关联且制度化程度较高的元素(理念、目标、规范、原则、参与者及其行动、组织机构、制度、程序)而有别于其他社会子系统,故刑事法系统的社会学属性应被界定为一项单独的“社会制度”。

(二) 从布尔迪厄的“场域”理论到“刑事法场域”概念

著名法国社会学理论家布尔迪厄(Pierre Bourdieu)认为,社会学应更关注社会的关系特征和样貌形态,并创制了“场域”(field)理论来理解人际互动的模式,意在从关系主义角度揭示社会活动的独特性。“场域”是一个在社会里相对独立的空间,是指以各种社会关系联结起来的、表现形式多样的社会场合或领域。虽然场域中有社会行动者、团

① 莫晓宇:《刑事政策体系中的民间社会》,四川大学出版社 2010 年版,第 134—151 页。

体机构以及制度和规则等因素，但是场域的本质是这些构成要素之间的关系，是各种形式的社会关联，所以场域的首要特质便是要素之间的联系及由此形成的网络状态。[①]

其次，要素在场域空间里存在“位置”分布，社会不同要素通过在场域中占据不同位置而发挥作用。这些位置包括但不限于社会资源或权力资本。社会成员或团体因占据不同社会地位而获得相应的社会资源或权力资本，并且他们也只有获得某种社会资源或权力资本才能占据这种位置。[②] 位置代表的资源或权力往往是场域内矛盾冲突的焦点，而在复杂的社会对抗与斗争过程中，位置处于持续的横向与纵向振动之中。场域内部元素之间的动态博弈促使这些元素进行重组与再造，最终形成新的、相对稳定的场域结构状态。当然，这种结构状态并非恒久不变，场域是一个相对暂时的形态，其会因外界条件的改变和内部力量的博弈而变化。[③]

场域的形态论意在说明场域具有能动性，能够利用自身的特殊结构重塑各种介入其中的关系或力量，因此，场域也被喻为引力场。尽管场域中不同位置的社会成员或团体拥有各自的能力，但这些能力要经过场域的结构调整之后才能得以发挥。场域形态的这种作用表明，其存在自身的运动逻辑并可以通过调整各种要素的功能而使自身获得特定的结构与秩序。无论是内部场域形态还是外部场域形态，它们都建立在具体的矛盾关系基础之上。场域的变化动力和功用都源自这些不断改变的矛盾关系之中，只有在持续变化和无限复杂的差异性和具体性的关系中才能真正理解场域的暂时形态和变化过程。

综上所述，从场域角度研究社会问题和解释社会现象需要关注两大问题：第一是具有相对独立性的场域的内部构造和运动过程。构成

---

① 莫晓宇：《刑事政策体系中的民间社会》，四川大学出版社 2010 年版，第 228 页。

② Pierre Bourdieu, *The Rules of Art: Genesis and Structure of the Literary Field*. Stanford University Press, 1996.

③ N. Fligstein, D. McAdam, *Toward a General Theory of Strategic Action Fields*, 29 Sociological Theory 1(2011).

元素及其相互关联的网络状态、元素所处的位置和所占据的资源与权力、场域运作的矛盾斗争和动态博弈，这些均为理解场域概念的关键点。第二是场域与外部环境的关系。场域表现为不同类别或不同形式，各种场域存在于特定的社会结构或阶级结构之中，具有某种特殊的利益要求和政治作用。场域的特征既受到来自其他场域的影响，又受制于社会结构和权力关系，它的内部结构和矛盾冲突要同所处的时代背景相对应。①

尽管场域的概念是为理解和剖析一般社会现象而创制的，但是布尔迪厄认为这一概念同样有助于透视法律体系的运作，并解释法律领域中的现实问题。② 他指出，法律的社会实践是场域运行的结果。并且，这个场域的内在逻辑由两个关键要素决定：一是特定权力关系，二是司法运作机制。前者为场域提供结构并使得场域内发生竞争性的斗争，后者始终约束着可能的变化范围并由此限定特定司法解决方案的领域。③

应当说明的是，虽然场域的概念在经济社会学、组织社会学、政治社会学以及社会运动领域应用广泛④，并开始逐步延伸到法社会学，但其对刑事法体系的认识与理解、对刑事问题的启示和价值尚未明朗。⑤在提倡和发展刑事一体化的趋势下，将场域概念引入刑事问题研究并拓展"刑事法域"概念将有助于明确刑事问题的本质内涵，勾勒出各类刑事问题的内部关联和全局图景，进而获得关于刑事问题研究的新见解。

---

① Sida Liu, Mustafa Emirbayer, *Field and Ecology*, 34 Sociological Theory 62 (2016).

② 布迪厄：《法律的力量——迈向司法场域的社会学》，强世功译，载《北大法律评论》1999年第2期，第498—499页。

③ 同上注。

④ 关于布迪厄"场域"理论的最新发展以及在其他研究领域的应用，参见 N. Fligstein, and D. McAdam, *Toward a General Theory of Strategic Action Fields*, 29 Sociological Theory 1(2011)。

⑤ Matt Bowden, *The Security Field: Forming and Expanding a Bourdieusian Criminology*, Criminology & Criminal Justice 1(2019).

(三)"刑事法场域"概念的独特价值

"刑事法场域"不仅仅是一个简单的术语或概念,更是涵盖了刑事法律实践多个方面和作为社会子系统与社会其他因素互动的范畴。为推动刑事问题的法社会学研究开辟了新路径。其独特性在与当前具有代表性的系统论的对比中显得尤为显著。

首先,尽管刑事法场域和系统论都是把刑事法的各种组成部分视为社会子系统,有助于刑事问题的整体性研究,但是系统论视角侧重于刑事法整体在社会大系统里的结构性功能,更易偏向采用一种"社会决定主义"来观察刑事法体系的运行。这种理论取向忽视了刑事法体系的相对独立性和动态机能,尤其是体系内部参与者的主观能动性——应对环境的思考和决策过程。例如,在面临相似的后现代社会危机和环境问题挑战时,为何美国与其他西方发达国家在调用刑事法体系的程度和特征上会呈现迥然不同的图景?[①] 产生这种差异的核心原因在于美国同其他西方发达国家在刑事法体系的动用与运作机理上存在较大差别,即它们刑事法场域的结构差异和运行差异。这主要体现在各级政府和刑事法场域的决策者如何集体地应对社会转型期产生的风险,进而出台相关的刑事政策和展开相应的刑事司法实践。[②] 质言之,外界压力必须通过内在刑事法体系的调节而起作用。然而,系统论视角下的刑事法体系并不能清晰呈现系统内部转换外界压力的过程和机制,所以需要一种具备开放性与动态性特征的框架来理解。

其次,系统论视域下的刑事法体系未能有效揭露刑事问题的矛盾性及参与者之间的博弈性和抗争性。[③] 系统论者在理解法律现象时,常常强调系统内部目标的一致性、参与人员的协作性、组织机构间的合

---

① 比如,美国产生了大规模监禁现象,并成为全球监禁人口最高的国家;欧洲各国在废除死刑的浪潮中又复兴死刑。

② David Garland, *Penality and the Penal State*, 51 Criminology 475(2013).

③ 参见 Jize Jiang, *Book Review: Breaking the Pendulum: The Long Struggle Over Criminal Justice*", 27 Social & Legal Studies 658(2018).

作性以及运行过程中的协调性。[①] 然而，现实中对刑事问题的探究以及刑事司法的运作充满着争议、矛盾和斗争，尤其是对犯罪原因和相应刑罚举措的探讨往往存在巨大的意见分歧。具言之，公安机关、检察机关、法院和社区矫正机构各自都有不同的组织目标和行为模式，刑事法体系的参与人员对正义的理解也呈现出巨大差异。因此，采取系统论视角去探究刑事问题难以有效发现客观存在的冲突和对抗。[②]

最后，作为中层概念的"刑事法场域"则能有效地解决上述理论分析的不足。刑事法场域连接了宏观的社会结构因素和微观的行动决策过程，并且以构成元素间的互动与博弈为场域动态性的原动力。[③] 作为一个开放的制度场域，刑事法场域承认宏观社会力量的影响和塑造的同时，并未完全丧失自身的独特性和能动性。宏观因素对于刑事法场域的作用程度必须受制于刑事法场域的内部结构和互动过程，并由刑事法场域决策者确定。同时，刑事法场域在中观层面也强调域内和域外的参与者互动、持有资本的博弈、社会力量的抗衡等共同影响刑事司法运作和结果的因素。因此，刑事法场域整合了社会文化、社会结构和社会过程与刑事问题的关系，既描述了不同元素之间的静态联系，又展示了元素互动的博弈过程，从而有效地呈现出刑事法场域多维度和多层次的图景。

三、"刑事法场域"的概念展开：维度与层次

作为从法社会学视角探究刑事一体化的新路径，刑事法场域呈现出鲜明的立体感和动态感的特征。那么，如何运用"刑事法场域"去研

---

① Zedner, L. *Reflections on Criminal Justice as a Social Institution*, in Dick Hobbs and Tim Newburn (eds.), The Eternal Recurrence of Crime and Control, Oxford University Press 2010, pp. 69 - 94.

② Joshua Page, *Punishment and the Penal Field*, in The SAGE Handbook of Punishment and Society, Sage, 2013, pp. 152 - 166.

③ 同上注。

究刑事问题和理解刑事司法现象？对“刑事法场域”的功能解析，主要从以下四个维度展开，并重点探讨每个维度试图解决的问题。

（一）“刑事法场域”本体论

作为描述性的维度，“刑事法场域”本体论旨在回答“刑事法场域是什么？”以及“怎样识别和界定刑事法场域？”的问题，其关注刑事法场域的形态(social forms)[①]，即外在边界和内部构造问题。“刑事法场域”本体论具体包括刑事法场域的范围[②]，内部制度安排、框架（或构成元素的组成顺序）和变迁，尤其是正式的和非正式的规则组合（包含实体的和程序的）以及制度与机构间的关联性和互动性。[③]

当前刑事法场域在形式上具备相对自主性，原因在于其独特的内容和制度，但其形成也并非一蹴而就，而是一定时期下相对稳定的实践模式的产物。刑事法场域的形成总是围绕着“什么是犯罪”“谁来管理犯罪”等问题而展开，经过各参与者激烈的讨论和博弈而形成。[④] 其本质是有关刑事法观念之争和参与者权力博弈妥协的结果。总体来看，现代社会的到来，国家这一垄断合法暴力权力体的出现，逐渐将控制、惩罚及预防犯罪问题从被害人手中收归国有，并纳入国家的职能范围内。[⑤] 作为现代社会安全和秩序维护主体，国家通常采取的对策便是颁布刑法，同时创设刑事司法机关来执行刑法和履行治安职能。也正是在现代社会中，国家“垄断”刑事问题的定义与处置权，所以刑事法场

---

① Sida Liu, *Law's Social Forms: A Powerless Approach to the Sociology of Law*, 40 Law & Social Inquiry 1(2015).

② 刑事法场域的范围一般由犯罪化和出罪化过程来控制和调节(criminalization and decriminalization)。关于犯罪化与出罪化动态机理和影响因素的论述，参见 V. Jenness, 2004, *Explaining Criminalization: From Demography and Status Politics to Globalization and Modernization*, 30 Annual Review of Sociology (2004).

③ 王启梁：《国家治理中的多元规范：资源与挑战》，载《环球法律评论》2016 年第 2 期，第 5—19 页。

④ 参见 David Leheny, Sida Liu, *The Politics of Crime, Punishment, and Social Order in East Asia*, 6 Annual Review of Law and Social Science 239(2010).

⑤ Nils Christie, *Conflicts as Property*, 17 British Journal of Criminology 1(1977).

域的主要特征和功能都无法与国家的制度结构、政治文化、法治状况分割开来。[①] 虽然表面上刑事法场域表现出一定的稳定性(体现在刑事司法制度的固定性以及刑事法律和犯罪行为范畴的平稳性),但其内部张力以及刑事法场域的内部结构、实质内容和制度框架都处于持续变动的过程中。[②]

需要特别指出的是,"刑事法场域"本体论维度的发展还需要从其自身的中观视角及制度变迁出发,采取"以小见大"的方式,去解读其背后所反映的社会学原理,即前述刑事法场域的"棱镜功能"——根据内在的结构和运动折射外在的各种力量。法学家埃利希曾认为,不论在现在还是其他时候,法学发展的重心不在立法、法学研究,也不在于司法判决,而在社会本身。[③] 对制度的理解需要从刑事法场域行动者的外显行为出发,深究行为的目的、动机、理念、意蕴以及相关的文化表达、社会结构呈现、权力关系制约,进而理解刑事法场域中的制度特征和影响。在此基础上,应当进一步思考的问题包括这种制度安排和场域结构的社会基础与历史传统、塑造场域当前形态的社会力量及其背后的作用过程,以及当前的结构在社会系统中的功能。[④] 不过,回答上述问题需要将刑事法场域中的特征和维度与社会系统中的元素和结构进行关联,并澄清其解释机制。例如,有学者就曾将刑事辩护律师这种

---

① David Garland, *Penality and the Penal State*, 51 Criminology 483(2013).

② 关于现代刑事法场域中刑罚—福利体系(penal-welfare)的形成,参见 David Garland, *Punishment and Welfare: A History of Penal Strategies*, Aldershot, 1985.

③ 尤根·埃利希:《法律社会学基本原理》,叶名怡、袁震译,九州出版社 2007 年版。(前言部分第 3 页。)

④ 从全球各国刑事问题社会学研究来看,这些社会力量主要为发达国家面临的后现代社会的重重挑战,比如全球化、经济去工业化、剧增的暴力犯罪、移民与难民问题、种族冲突、性别问题、社会阶层流动性减弱等。相比而言,发展中国家和转型期国家所面对的社会压力来源于现代化过程中的重重困境,比如政体不稳定和权力改革与重组、民权问题、市场经济带来的社会风险、社会阶层分化、城市化和工业化产生的社会问题、农村人口流动等。这些社会力量会对刑事法场域产生直接或间接压力,促使领导者和决策者动用刑法和加强刑事司法系统去应对。参见 David S. Fonseca, *Reimagining the Sociology of Punishment Through the Global-south: Postcolonial Social Control and Modernization Discontents*, 20 Punishment & Society 54(2018).

法律职业看作立体的社会场域，识别出其中的政治机理，并提出了“政治嵌入性”(political embeddedness)概念[①]，为研究刑事辩护工作提供了新视角。

(二)“刑事法场域”运行论

如果说“刑事法场域”本体论关注的是场域相对静止的结构和形态，那么“刑事法场域”运行论则侧重场域的动态运作方式和运行效果。理解“刑事法场域”的运行论需要了解场域内部参与者的自身特点和互动过程，并在刑事法律规范与刑事案件事实之间展开。[②] 刑事法场域的参与者不仅包括传统观念下的罪犯、被害人、警察、检察官、法官、辩护律师、监狱官、矫正机关，也包括社会大众、媒体单位、安全公司、政治家和领导者。[③] 这些参与者不仅具备职业身份，更具备社会身份。同时，理解刑事法场域的运行论需要了解这些参与者的行动特征与决策过程、内部分工与角色、互动模式及互动过程传达的社会含义和文化思维，以及各自的社会身份对这些问题的影响。[④]

虽然刑事法场域和刑事司法系统旨在控制与预防犯罪，但是其运行逻辑和规则并不仅限于犯罪控制。实际上，刑事法场域致力于从纷繁复杂的刑事司法实践中辨识出参与者的行动如何偏离犯罪控制的目标。[⑤] 因此需要识别“书本上的刑法”和“实践中的刑法”二者之间的差别，特别是厘清司法制度结构和司法机关组织层面对于刑事法场域运

---

① 参见 Sida Liu, T. C. Halliday, *Political Liberalism and Political Embeddedness: Understanding Politics in the Work of Chinese Criminal Defense Lawyers*, 45 Law & Society Review 831(2011).

② 张心向：《在规范与事实之间：社会学视域下的刑法运作实践研究》，法律出版社 2008 年版，第 1—30 页。

③ 宣刚：《刑事政策场域中的犯罪被害人研究》，中国社会科学出版社 2018 年版，第 17—57 页。

④ M. R. Gottfredson D. M. Gottfredson, *Decision Making in Criminal Justice: Toward the Rational Exercise of Discretion* (2nd ed.), Plenum Press 1987.

⑤ Jize Jiang, Kai Kuang, *Hukou Status and Sentencing in the Wake of Internal Migration: The Penalty Effect of Being Rural-to-Urban Migrants in China*, 40 Law & Policy, 196(2018).

行的影响。[①]

在刑事法场域运行问题上，越来越多的学者认识到刑事法体系在犯罪控制机能上的局限性。[②] 特别是新近的比较刑法研究表明，刑事法场域的运行效果和治理机能深受其他社会控制机制和社会制度影响。[③] 比较刑法学者认为，西方各国近几十年来的犯罪圈扩大和国家刑罚权扩张本质上是社会控制机能锐减，具体体现在福利供给的紧缩、贫困率增高、社会分层加剧、城市社区解组、家庭结构瓦解、教育制度问题、青少年犯罪、帮派和毒品贩卖恣意等。[④] 这些问题为刑事司法系统介入社会问题治理提供了广阔空间，进而促发了积极的刑事立法活动和猛烈的刑事司法变革，特别是加重监禁刑以示法律威严。[⑤] 就此，在评价和反思刑事法场域运行效果和犯罪治理机能的问题上，应当关注刑事法场域所衔接的其他社会场域和制度的运行，综合看待刑法体系与其他社会治理机制的协调发展，共同营造安全、有序的社会环境，确立“国家与社会整体对付犯罪的二元反应体系”。[⑥]

(三)“刑事法场域”演进论

刑事法场域的形态并非是静止不变的，而是随时处于变化的状态中。[⑦]

---

① Michael. C. Campbell, *The Emergence of Penal Extremism in California: A Dynamic View of Institutional Structures and Political Processes*, 48 Law & Society Review 377(2014).

② David Garland, *The Limits of the Sovereign State: Strategies of Crime Control in Contemporary Society*, 36 The British Journal of Criminology 445(1996).

③ Katherine Beckett, Bruce Western, *Governing Social Marginality: Welfare, Incarceration, and the Transformation of State Policy*, 3 Punishment & Society 43(2001).

④ Loic Wacquant, *Punishing the Poor: The Neoliberal Governance of Social Insecurity*, Duke University Press, 2009.

⑤ David Garland, *Punishment and Welfare: Social Problems and Social Structures*, The Oxford Handbook of Criminology, 2017, pp. 77－97.

⑥ 何荣功:《社会治理“过度刑法化”的法哲学批判》,载《中外法学》2015年第2期,第546页。

⑦ 针对刑事法场域的历史演进研究,经典作品参见米歇尔·福柯:《规训与惩罚:监狱的诞生》,刘北成、杨远婴译,三联书店2003年版。

换言之，对刑事法场域动态性的理解涉及刑事法场域的变迁问题，具体包含以下三个要点。

1. 变迁的识别

变迁的识别是指发现和认识刑事法场域中的变迁，具体包括：微观层面的场域内元素变化（如警务战略和实践）[①]、中观层面的场域内制度变化（如检察制度的显著变化、监管犯人的项目创设等）以及宏观层面的刑事法场域变迁（如现代刑法与古典刑法的对比、欧美国家的后现代刑法和现代刑法的对比、刑事法场域在社会治理体系中的地位变化等）。[②] 同时，变迁的识别过程需要关注不同层面的变化程度。

对 20 世纪最后 30 年欧美各国的刑事法场域变迁的经典研究之一便是大卫·加兰德（David Garland）的《控制的文化》（*The Cultural of Control*）一书。在该书第一章（A History of the Present）中，他精妙地总结了刑事法场域变迁的十二项指标[③]，尽管每项指标在不同国家的变化程度有所差异，但它们整体呈现出欧美国家过去四十年的刑事法场域变迁趋势为：犯罪议题日益政治化，刑罚民粹主义流行，犯罪圈和刑罚惩罚的力度加大（尤其是大兴监禁刑），犯罪控制手段蔓延至民间社会，民众对犯罪的恐惧和不安感强烈。[④] 与此同时，面对 21 世纪来临所带来的风险和社会挑战，我国刑事法场域也做了相应调试，其见证了预防性刑法的扩张和现代社会治理对刑法过度依赖的趋势。[⑤] 因此，一些学者警示我们要注意根据基本政治制度、社会发展状况和现实治理需要来完善犯罪化与刑罚体系，进而合理地运用治理资源来维护

---

① 储卉娟：《社会学如何研究警察——美国警察与社会研究评述》，载《社会学研究》2019 年第 1 期，第 210—241 页。

② Jize Jiang, Edna Erez, *Immigrants as Symbolic Assailants: Crimmigration and Its Discontents*, 28 International Criminal Justice Review 5(2018).

③ David Garland, *Beyond the Culture of Control*, 7 Critical Review of International Social and Political Philosophy 165(2004).

④ David Garland, *The Culture of Control: Crime and Social Order in Contemporary Society*, Oxford University Press, 2001, pp. 8 - 20.

⑤ 何荣功：《预防刑法的扩张及其限度》，载《法学研究》2017 年第 4 期，第 138—154 页。

国家安全和社会稳定。[①]

2. 变迁的缘由

变迁的缘由意在探究刑事法场域变迁的机理并解释已被识别的变迁特征。刑事法场域的变迁是场域内部和外部力量交互作用下的产物。[②] 导致变迁的关键原因是依靠刑事制度自身的力量无法有效应对内外部挑战带来的压力,故而需要做出结构调整。有鉴于此,寻找刑事法场域变迁的缘由,需要发现刑事法场域变迁所应对的问题,以及在社会转型期间产生的冲突(比如刑事制度的合法性危机、高犯罪社会中刑事法治系统的失灵)。[③] 除此之外,理解变迁的缘由必须关注制度变化过程中各种力量的博弈,也就是其中的政治动态性,尤其是政治力量与社会环境的相互作用。[④] 内外部力量的交互也意味着变迁的缘由也是多元的。详言之,刑事法场域关键问题的提出、解决方案的构想、内外部场域的改革也往往是多元的,甚至是充满矛盾、针锋相对的(例如刑法理论的新派与旧派之间长期的学术之争,犯罪学理论的社会学派与心理学、生理学派之争,刑事政策战略的惩罚性与矫治性措施之争)。同时,这些对抗、博弈和妥协的过程又共同促成了刑事法场域变迁的内在动力,并受制于社会的权力结构、司法体制、立法制度与程序。[⑤] 因此,在分析场域层面或者其中某些制度变迁的逻辑时,我们既要关注场域内部力量的驱动,也要注意场域外部的影响。场域变迁的脉络与形

---

① 时延安:《犯罪化与惩罚体系的完善》,载《中国社会科学》2018年第10期,第102—125页。

② 对于刑事法制度的发展和变化,现有研究常常着眼于某一种或一类因素进行探讨,忽视了它们作为多重力量综合作用的产物的事实,尤其是国家与民间社会之间的互动作用力。参见 Michael Ignatieff, *State, Civil society, and Total Institutions: A Critique of Recent Social Histories of Punishment*, 3 Crime and Justice 153(1981).

③ David Garland, *The Culture of High Crime Societies*, 40 British Journal of Criminology 347(2000).

④ Heather Schoenfeld, *Building the Prison State: Race and the Politics of Mass Incarceration*, University of Chicago Press, 2018.

⑤ Michael C. Campbell, Heather Schoenfeld, *The Transformation of America's Penal Order: A historicized Political Sociology of Punishment*, 118 American Journal of Sociology 1375(2013).

态往往是其外部压强与其内部决策者相互作用下的产物。

3. 变迁的结果

刑事法场域作为社会系统整体的一部分，其变化必然会触发其他社会子系统发生相应的变化，所以不能忽视刑事法场域变迁带来的影响。[①] 值得注意的是，这种变迁带来的结果可能是积极的，也可能是消极的；可能是预期之中的，也可能是意料之外的。同时，需要特别注意刑事法场域变迁引起的意外结果（unanticipated consequences）。[②] 例如，美国 20 世纪 70 年代的量刑制度改革（主要是联邦政府出台的量刑指导意见），其本意是通过约束法官的自由裁量权来减少量刑结果的种族差异，促进被告人在接受刑罚上的种族平等。不过最新实证研究却发现，当前美国刑罚体系存在的种族不平等格局的罪魁祸首正是之前的量刑制度改革。[③] 再如，美国社区矫正的创制和发展本意是解决监狱过度膨胀的危机，尤其是假释制度（即为了让人身危险性轻微的罪犯更早、更快地回归社会而开发的制度）的创设，其目的是缓解监狱人口过多的问题。但近期研究表明，美国监狱人口膨胀的一个重要原因是许多罪犯因违反假释条件而被撤销假释资格后再次入狱。这一现象也被称为“门后量刑”（backdoor sentencing），即假释官在决定撤销假释时所做出的裁量。[④] 这种非预期的刑事法场域变迁结果再次呼应了法社会学研究中所要探究的“书本上的法”与“实践中的法”的差异。

（四）“刑事法场域”方法论

刑事法场域研究的实质性问题是本体论、运行论和演进论，但是对

---

① 刘涛：《法教义学危机？——系统理论的解读》，载《法学家》2016 年第 5 期，第 160—174 页。

② Robert K. Merton, *The Unanticipated Consequences of Purposive Social Action*, 1 American Sociological Review 894(1936).

③ David Garland, *Penal Power in America: Forms, Functions and Foundations*, 5 Journal of British Academy 1(2017).

④ J. Lin, R. Grattet, J. Petersilia, *"Back-end Sentencing" and Reimprisonment: Individual, Organizational, and Community Predictors of Parole Sanctioning Decisions*, 48 Criminology 759(2010).

于这些问题的探讨同样需要方法论作为指导。根据法社会学研究路径,一般按照宏观社会、中观社会和微观社会视角来讨论刑事法律问题和解释刑事法律现象。刑事法场域研究的宏观社会视角主要是对刑事法场域的体制与机制、总体制度框架、场域整体性变迁的理解和解释。[①] 这种以刑事法场域整体性视角切入的讨论范式普遍采用比较历史分析法。[②] 当前,比较历史分析法在政治社会学(包括社会运动研究、社会政策评价等领域)和经济社会学中得到广泛运用,但是在法社会学领域却运用较少。尽管如此,运用比较历史分析法研究刑事法场域仍具有巨大的学术前景,原因在于这种方法尤其适用于制度场域层面的探讨,关注场域内部制度框架的总体结构和运动过程。其既能考虑到场域自身的历史发展脉络,又能兼顾场域在不同文化语境和国家之间的差异,从而更准确地把握场域运作的特征和机制。[③] 特别是处于百年未有之大变局深度调整期的当代中国,政府与社会对犯罪治理的有效性提出了新的要求。运用比较历史分析法可以整体审视我国刑事法治体系,既有助于理解我国刑事法场域的传承性和连续性,又可以通过对比其他国家的刑事法场域原理来反观我国刑事法治进程,从制度层面进行反思和创新。

刑事法场域研究的中观社会视角主要是呈现某一具体法律制度(例如,社区矫正的诞生与发展)以及具体法律问题(例如,辩诉交易问题)的实际运行情况,包含分析制度效果的约束条件和观察制度背后的利益格局等。刑事法场域研究的微观社会视角主要侧重刑事法场域参

---

① Nicola Lacey, *Comparative Criminal Justice: An Institutional Approach*, 24 Duke Journal of Comparative & International Law, 501(2014).

② 比较历史分析法是重要的社会科学研究方法之一,立足于宏观和中观层面的视角以及纵向和横向的比较,来观察和探究社会结构和制度的出现、演进和变迁,寻找其中的因果关系和运作机制。对于比较历史分析法在社会科学中的价值和运用,参见杨光斌:《复兴比较政治学的根本之道:比较历史分析》,载《比较政治评论》2014年第1期,第1—39页。

③ Nicola Lacey, David Soskice, David Hope, *Understanding the Determinants of Penal Policy: Crime, Culture, and Comparative Political Economy*, 1 Annual Review of Criminology 195(2018).

与者在立法、司法与执法过程中如何思考与决策。[①] 特别是法官如何裁判、如何进行事实认定和法律适用，在经验的基础上归纳提炼裁判规则和裁判理论。中观和微观层面的研究要求将定性和定量方法相结合，依据实际问题进行专门的研究设计。定量研究通过大样本分析能够发掘刑事法场域运作的行为模式和结构特征，而即使是小样本分析也能够关注到参与者和决策者的变化，和场域内符号或元素的意义。与此同时，定性研究（例如在刑事机构从事田野调查、对刑事法场域参与者开展访谈、对有关刑事问题新闻报道进行文本分析等）能够从不同角度揭示刑事法场域运作的过程和机制，以及其与刑事司法结果之间的联系。

四、结语：新法社会学视域下的刑事法研究

犯罪及其控制关乎国计民生，深刻影响着社会稳定和国家治理。什么是犯罪？社会为什么会出现犯罪行为？被害人在犯罪过程中和刑事法治里扮演什么样的角色？犯罪该怎样被预防与处置？又应该由谁来负责？这些问题一直引发学者的思考和讨论，却从未有过确定的答案。当今国际社会仍处在不断变化中，社会结构也在不断重组，并充满了不确定性。由此导致治理压力的增加，使得各国刑法在社会治理体系中扮演着日益纷繁复杂的角色。在步入现代化的晚近时期，西方各国社会治理过度刑法化和刑事司法系统急剧膨胀的现象促使人们重新反思刑法的社会功能和意义。这种大规模依赖刑法进行社会治理所增加的巨大成本也掀起了刑事司法改革的新浪潮。[②] 但是，只有正确理解当前刑法实践的特征和缘由才能更好地对症下药。这种正确理解的重要性尤其体现在日益盛行的刑事民粹主义（penal populism）环境中。

---

① Loraine Gelsthorpe, Nicola Padfield, (eds.). *Exercising Discretion: Decision-Making in the Criminal Justice System and Beyond*, Routledge, 2003.

② Stephen Farrall, Barry Goldson, Ian Loader, and Anita Dockley, (eds.) *Justice and Penal Reform: Re-shaping the Penal Landscape*, Routledge, 2016.

面对百年未有之大变局,我国处于现代化转型的社会变迁的关键时期,在此背景下,犯罪问题或者刑事问题再一次成为亟待解决且需共同面对的难题。尽管已有众多研究讨论了刑法变迁及其与社会变迁的关系,但由于缺乏统一的学术术语,在全球社会变迁背景下的比较刑法研究寸步难行。为了解决当前刑事一体化和比较刑法学的分析困境,本文结合各类有关刑事问题的研究进路、理论和方法,提供社会变迁背景下刑事现象探索的新出路——引入"刑事法场域"概念,为学界全面看待和比较研究刑事法学问题提供分析指引和参考框架。然而,"刑事法场域"并非主张替代之前的刑法理论视角(包括各类社会学范式),而是提倡与之互补,以一种更加立体、动态的全新视角深入探究刑事法学问题,通过理论的升华进而扩展和丰富我们对刑法发展和变革的实践认知。

未来,刑事法研究应以"刑事法场域"秉持的三大准则为指引,以刑事法基本问题(犯罪及其防控)为出发点,打破学科藩篱并整合刑事问题的各项元素,搭建"立体刑法学"图景,进而探索刑事一体化的关键性问题。详言之,其一,作为社会实践和社会建构的产物,刑事法场域的本质是立体和动态的,其形态具有多维度、多层次的特征,受多重社会力量的塑造,即刑事法场域必然处在不断变化的过程中。其二,刑事法场域的构成和运作机理在于组成元素之间的互动和制度化过程,其中的互动模式以斗争和博弈为主导,即对抗和博弈才是刑事法场域的主旋律。这些元素处于不同的位置,具备不同类型和数量的资源和力量(包括文化的、政治的、经济的、制度的),时刻保持"备战"状态,争先恐后,致力于占据刑事法场域的主导地位,共同影响刑事法场域的形态、结构和运作。其三,刑事法场域虽受社会环境作用,但依然存在较强的能动性。外界社会环境的变迁(包括经济状况、政治格局、社会态势和大众心理、族群关系、人口结构、犯罪情况等)会影响刑事法场域的运行,但并非起着决定性作用,它们需要经受刑事法场域内部结构、制度和运行过程的调和。更进一步地,"刑事法场域"的提出和分析也启示我们,作为社会空间的组成部分,其结构、功能、内涵和价值与其他临近场域紧密相连，不可分割，刑事司法改革的成效必将受制于其他场域和环境的改革效果。一言以蔽之，“刑事法场域”概念的提出和全面阐释，为从社会学视角出发推进中国刑罚研究提供了新的启示，并推动其向更深层次发展。[①]

① 李波：《从社会学视角出发推进中国刑罚研究深入发展》，载《人民法治》2018 年第 18 期，第 8—9 页。

威胁权与工具主义惩罚理论

周志凯[*]

The Right to Threaten and the Instrumentalist Theory of Punishment

Zhou Zhikai

摘要：惩罚在概念上包含了对人利益的剥夺，这使得惩罚的正当性问题变得极为棘手。所谓惩罚的正当性问题，应该被理解为是去说明国家何以有权以施加惩罚的方式对待其公民。报应主义理论是失败的，因此，只能诉诸惩罚本身能够实现的进一步价值去辩护惩罚，但是这样的理论在道德允许性层面却面临工具原则的批评，而说明惩罚具有道德允许性是说明国家惩罚权的基础。工具原则禁止将人作为工具，这是对态度的限定。工具原则有例外，这些例外可以作为在允许性层面辩护惩罚的依据，在检视了基于“执行义务”的例外和基于“同意”的例外后，妥当的做法应该是诉诸人的自卫威胁权，这一方案由奎因发展而来。基于反思平衡的检验，可以承认人具有施加真诚的自卫威胁的权利，这一权利独立于并蕴含着惩罚权，可以为惩罚的允许性奠基。而基于救助义务，可以说明在一定条件下，个人有义务让渡出该权利，以支持建立、维系一个公共的惩罚机构，这就可以说明国家的惩罚权。

关键词：惩罚正当性；威胁权；道德允许性；工具原则

* 周志凯，澳门城市大学比较刑法学硕士研究生。

国家施加惩罚于一个人，就是对其重要利益的剥夺，这种剥夺在其他语境下往往被认为是不当的，因为其侵犯了人的权利，而作为国家惩罚之核心情形的监禁刑，情况更是如此。国家惩罚的这一特性使得其正当性问题变得棘手且重要。本文所关心的问题就是国家惩罚的正当性问题。对于如何处理这个问题，一直以来有一个基本的误区，那就是将惩罚正当性问题局限为惩罚的目标问题，即认为说明惩罚能够实现某种善就能够说明惩罚的正当性，但是这样一种理解是不充分的。证成国家惩罚的核心是说明国家何以有权（可以、被允许）以施加惩罚的方式去对待公民。[①] 一个目标是有价值的，并不能在这个关键层面上证成对人的剥夺[②]，论证的触角必须深入道德哲学和政治哲学，特别是道德允许性理论和国家理论。

报应主义理论是一种极具吸引力的解决方案，其基本结构是① 不当行为人基于其责任而应得特定回应，② 惩罚是给出该种回应的内在适当方式。[③] 若能够成功辩护一种报应主义理论，辩护惩罚的事业将因此取得极大的进展。之所以如此，是因为作为报应的惩罚本身是对被惩罚人之罪责的适当回应，被惩罚人没有主张权去拒绝承受惩罚。若能够进一步说明国家可以承担这样的回应任务，那么就可以充分说明法律惩罚的正当性。[④] 但是本文预设报应主义理论是失败的，在这样的前提下，惩罚要能够得到辩护，就只能诉诸透过惩罚能够直接或者间接实现的进一步的独立价值，这就引出了工具主义惩罚理论。本文的理论目标就是检验能否辩护一种工具主义的惩罚理论。

为此，本文将首先讨论工具主义惩罚可能面临的道德批评——其

---

① 强调惩罚理论的该面向的重要讨论，参见 Murphy，Marxism and Retribution，2 *Philosophy and Public Affairs* 217(1973).

② Wellman，Rights Forfeiture and Mala Prohibita，in Duff，et al.（eds.），*The Constitution of the Criminal Law*，Oxford：Oxford University Press，2013，p. 78.

③ Bennett，*The Apology Ritual: A Philosophical Theory of Punishment*，Cambridge：Cambridge University Press，2008，p. 26.

④ Hoskins，Zachary and Antony Duff，*Legal Punishment*，The Stanford Encyclopedia of Philosophy (Spring 2024 Edition)，Edward N. Zalta & Uri Nodelman（eds.），https://plato.stanford.edu/archives/spr2024/entries/legal-punishment/.

面临的核心批评是工具原则的批评，这一批评将挑战惩罚的道德允许性，否认任何人有权利对任何人施加惩罚。本文在勾勒工具原则后也将说明其例外，这样的例外将为说明惩罚的允许性奠定基础。随后，本文将基于奎因的方案辩护一种惩罚权，这种惩罚权依赖于威胁权，不过这种惩罚权还只是属于自然状态下的个体的，而最后一部分将说明在此基础上，国家何以有权施加惩罚。

一、工具主义惩罚理论的困境及疏解

按照工具主义理论方案，惩罚权威在施加惩罚的时候，其所基于的理由必然是惩罚行为的工具性价值，也就是说，其是为了实现惩罚能够带来的进一步利益，而对人施加负担。若采取这样的方案去辩护惩罚，就会有一系列问题值得追问：首先，惩罚要进一步实现的目标是否真的有价值；其次，惩罚是否是适合且有效率的工具；再有，是否有比惩罚效率更高的工具。这些问题自然都值得追问，但是对这些问题的深入考虑超出了本文的范围——其属于犯罪学的研究范畴。本文将预设诉诸惩罚而预防犯罪对于国家而言是有价值的目标[①]，而惩罚的确能够通过其具有的威慑或者其他效应，有效且不可替代地实现这些目标。

工具主义惩罚理论会面临一类更为根本的批评，那就是道德允许性问题，这一点值得特别关注，当代惩罚哲学理论对于工具主义惩罚理论的批评，基本是在道德允许性层面展开的，[②]这个问题对本文的关切具有根本意义。“道德上不允许”的观念在行动者的实践推理之中具有特殊的地位：它是一种限制，当一个行动被确定是道德不当的，那么该事实就终局性地确定了实践推理的结果——即这个行动不应该被做

① 达夫所发展的以实现忏悔为目标的惩罚理论也能够纳入这里的“预防犯罪”。参见达夫：《刑罚、沟通与社群》，王志远、柳冠名、姜盼盼译，中国政法大学出版社2018年版，第163页。

② 相关的讨论，See Hoskins，Zachary and Antony Duff，*Legal Punishment*，The Stanford Encyclopedia of Philosophy（Spring 2024 Edition），Edward N. Zalta & Uri Nodelman（eds.），https://plato.stanford.edu/archives/spr2024/entries/legal-punishment/.

出，即使行动者有理由珍视这个行动带来的结果。[①] 而一个基本的事实是国家并不是什么古怪的形而上学实体，其本质还是一群处于特定位置上的普通的行动者，必须将自己的行为限制于道德所要求的范围之内，而无权超越这个限制。

下文的论证策略是首先澄清工具主义惩罚理论何以面临道德允许性批评，这一步是基础性的，这为讨论何以在工具主义的脉络下辩护惩罚给出了方向。[②] 而要讲清楚惩罚可能面临的道德允许性批评，则需要首先要对道德允许什么与禁止什么有一个基本看法。所以下文先行对道德允许性做出一般性解释，然后在此基础上发展出对于工具主义惩罚具有根本性意义的道德批评，然后在此基础上反思何以回避这样的批评。

（一）道德允许性观念

一般来讲，道德允许性理论可以被区分为后果主义道德理论和非后果主义道德理论。[③] 前者通常认为，决定行为在道德上的对与错的，是行为实现"本质上善"的事态的程度（即所谓后果），能够最佳地实现善的事态的是道德上正确的行动。[④] 非后果主义理论认为存在道德性限制禁止行动者做出特定的、追求有价值之后果的行为。[⑤] 违背了这样限制的行为是不被允许的，这样的要素约束了后果主义的效力范围。需要注意，上面的界定也可以看出，非后果主义理论也并不否认行动者可以乃至应当去最佳地实现有价值的事态，但是其认为这并不是道德

---

① Tadros, *Wrongs and Crimes*, Oxford University Press, 2016, pp. 29 - 30.

② Tadros, *Punishment and the Appropriate Response to Wrongdoing*, 11 Criminal Law and Philosophy 2(2015).

③ Tadros, *The Ends of Harm: The Moral Foundations of Criminal Law*, Oxford University Press, 2011, p. 22.

④ Walter Sinnott-Armstrong, *Consequentialism*, The Stanford Encyclopedia of Philosophy (Winter 2023 Edition), Edward N. Zalta & Uri Nodelman (eds.), https://plato.stanford.edu/archives/win2023/entries/consequentialism/.

⑤ Tadros, *The Ends of Harm: The Moral Foundations of Criminal Law*, Oxford University Press, 2011, p. 32.

要求的全部,前述的限制也是重要部分,因此非后果主义道德理论往往呈现为一种双层次的结构。[①] 不同的非后果主义道德理论就这些限制的内容和来源是什么存在分歧。

后果主义道德理论是失败的,值得赞同的是非后果主义观点。理由在于存在可信的道德原则支持非后果主义限制的存在。

行动者应当尊重每一个独立的人类个体,这构成了一种基本的限制。这种限制不能够被后果主义原则吸收,即其独立于后果主义原则。必须承认,后果主义原则完全可以承认"个体被尊重"是一个有价值的事态,但是问题在于,在后果主义眼中,这个价值给予任何一个行动者以理由去最佳地实现这个事态,行动者也因此被允许去不尊重一个人以让两个人获得尊重。但是,这里所说的"尊重要求"禁止任何一个特定的行动者去不尊重任何他人,这是一种道义论层面的限制,禁止该人对任何人做出具备相应属性的行为。[②] 进一步的问题在于,这种尊重为何真的重要(即为何能够得到辩护),以及它要求了什么。就第一个问题,需要注意一点,诉诸人之地位的价值并非好的论证,因为这会导向后果主义。[③]

合适的策略是诉诸一项行动者负担的更为基本的义务,该义务进一步优先于对其他善的实现。德沃金勾勒了一组伦理原则来说明人对自己负担的基本伦理责任,在此值得关注的内容是其中的第一条,即自尊原则:"每个人都必须认真对待自己的生活:他必须接受,好好去过自己生活而不是仅仅去虚度光阴是很重要的"。[④] 这么该原则是"真"

① 对该种立场的经典辩护,见 Alexander, *The Means Principle*, in K.K. Ferzan and S. J. Morse (eds.), Legal, Moral, and Metaphysical Truths: The Philosophy of Michael S. Moore, Oxford University Press, 2016;又见 Moore, *Targeted Killings and the Morality of Hard Choices*, in Altman, Finkelstein, Ohlin (eds), Targeted Killings: Law and Morality in an Asymmetrical World, Oxford University Press, 2012.

② Nagel, *The Value of Inviolability*, in Bloomfield (ed), Morality and Self-Interest, Oxford University Press, 2008, p. 105.

③ Nagel, *The Value of Inviolability*, in Bloomfield (ed), Morality and Self-Interest, Oxford University Press, 2008, p. 109.

④ Ronald Dworkin, *Justice for Hedgehogs*, Harvard University Press, 2011, pp. 205 - 206.

的吗？德沃金为此提供的论证有二：一是诉诸了其直觉吸引力，毕竟无人会否认其应当好好对待自己的生活；二是其能够获得价值部门的其他有吸引力的信念的支持。[①] 下文中，本文将说明这样的伦理责任如何支持一套完整且有吸引力的道德义务理论，这将有助于说明这个原则的牢靠性。这并非是循环论证，价值论证在其本性上就是获取价值领域之内的其他信念的支持。

这样的伦理责任何以支持道德义务呢？理由并不复杂，若人承认自己的生活具有客观重要性，那么就不得不承认，其生活之所以重要是因为他自己的生活是人类生活的范例，正是因为人类的生活是重要的，所以他自己的生活才是重要的，这就要求人们平等地尊重每一个人的生活的客观重要性。[②] 德沃金通过这样的策略，辩护了"承认性尊重"——人应该基于自己作为人的地位而被给予平等的尊重。[③] 如此，不尊重他人生活之客观重要性的行为，就是违背行动者对自己的基本义务。"每个人的生活都应该被尊重"是典型的康德式非后果主义道德理论的核心要素，这一要素不能够被后果主义所吸收，而构成了人追求有价值之后果的限制。因此，合适的道德理论就应该是非后果主义的。

（二）对他人的不尊重与工具原则

非后果主义理论成功与否对于惩罚道德允许性的讨论非常重要。若后果主义原则是对的，则该问题已经得到圆满回答了——因为前面已经预设惩罚在预防犯罪上是一个有效率的工具，考虑到预防犯罪这一目的本身的价值，该预设已经构成了一个在后果论层面较为成功的道德辩护。然而，若非后果主义是对的，这里就必须小心惩罚行为属于被道德性限制所禁止的行为，也就是涉及对他人生活的不尊重，若如

---

① Ronald Dworkin, *Justice for Hedgehogs*, Harvard University Press, 2011, pp. 260 - 264.

② Ronald Dworkin, *Justice for Hedgehogs*, Harvard University Press, 2011, pp. 255 - 258.

③ 关于"承认性"尊重，见 Stephen Darwall, *The Second-Person Standpoint*, Harvard University Press, 2006, pp. 122 - 126.

此,则惩罚在道德允许性层面面临严峻的挑战,下面将处理这些问题。

非后果主义道德理论普遍接受工具原则是重要的限制性原则——任何行动者,在追求好的结果的时候都要受到工具原则的限制。[①] 下面部分将勾勒工具原则的基本内涵,并对其给出证成,同时还将说明该原则所提出的道德批评对于本文论证目的而言是最为重要的,诚然还有其他的道德批评存在,但是这些批评或者无关于本文的讨论,或者可以被回应。

工具原则的内涵是什么呢?下面引入一组思想实验来阐明。一个平抑物价的经济政策可能会带来失业问题,一个长期的产业革新政策也会带来失业问题,但是(在直觉上)这两个行为却比限制一个地区的人口的就业权来确保其他更广泛地区的繁荣的政策更容易被证成——后者往往被认为是不被允许的,而前面两种行为往往被认为是允许的,即使后者造成的失业率等于或者小于前面两种行为所造成的失业率,即使前两个政策的制定者也清楚自己这么做所会导致的失业后果。为了解释这组行为在直觉上的道德评价差异,合适的方式是诉诸政策制定者对政策相关受众的态度上的差异——在前两种政策行为中,制定者仅仅是预见到该政策会导致这样的结果,只是它不得不做出抉择,在后一种政策行为中,政策制定者则就是意图使得部分人失业,其意图透过让部分人失业来实现自己希望的其他目标,将这些人用作工具。工具原则所要禁止的,就是后一种政策行为,而前者则可以诉诸后果论证得到辩护。

综上,违反工具原则的行为,其特征在于:① 会对特定人造成伤害,② 行为人基于独特的动机去给特定人造成伤害,③ "对特定人造成伤害"所具有的工具性价值构成了行为人如此做的理由,或者说动机(这也蕴含着对被伤害者的价值的看法/态度)。[②] 该种对工具原则的

① Tadros, *The Ends of Harm: The Moral Foundations of Criminal Law*, Oxford University Press, 2011, p. 33.

② 这里的动机就是行动者行动所基于的理由,此种界定见 Tadros, *The Ends of Harm: The Moral Foundations of Criminal Law*, Oxford University Press, 2011, p. 137。

理解，预设了动机对于行为可允许性的重要意义，而这一点往往被认为是有争议的，许多理论家反对这一点。不过，上文提到，人们所负担的基本道德义务是尊重他人生活的客观重要性，而“尊重”则可以说是对态度提出了要求。[①]

除了其直觉吸引力，工具原则可以获得深度的证成，这种证成源自“尊重他人生活”这一要求。其奠基在这么一组原则之上——那些需要个体以承担伤害（对权利所保护之利益的消减）为代价的事业，只有个体自愿参与，他才能被“投入”这个事业，除非个体负担强劲的义务去实现这个事业，并有义务必要时为此承担风险。[②] 这么一组原则奠基于一个基本的康德的观念——作为“自主的行动者”的人具有一种特殊的**道德地位**，他人应该尊重这种道德地位。[③] 按照“自主的行动者”观念，每一个人都有能力和权利去选择自己的目的，并且用自己的资源为着这个目的而行动，从而成为自己生活的作者——这被认为是人的良善生活的必要构成性部分。[④] 基于尊重他人的生活的客观重要性的要求，其他行动者必须尊重他人的此种自主性。而若一个人将另外一个人仅仅视为实现某目的的资源或者说工具，而去损害其去形成和实现目的的能力，这是对人的自主地位的不尊重，自然也是对其生活之客观重要性的不尊重，即使要实现的目的是有价值的。[⑤]

到此就勾勒了一个深刻威胁工具式惩罚的道德原则。前已论及，工具主义惩罚理论认为，权威是基于特定的目的而将对他人的惩罚视为工具性行为，被惩罚人因此被视为工具，这显然处于工具原则的火力

---

① Tadros, *The Ends of Harm: The Moral Foundations of Criminal Law*, Oxford University Press, 2011, p. 153.

② Quinn, *Actions, Intentions, and Consequences: The Doctrine of Double Effect*, in Quinn, Morality and Action, Cambridge University Press, 1993, p. 191.

③ Tadros, *The Ends of Harm: The Moral Foundations of Criminal Law*, Oxford University Press, 2011, pp. 126 - 127.

④ 金里卡：《当代政治哲学》，刘莘译，上海译文出版社 2015 年版，第 276 页。

⑤ Tadros, *The Ends of Harm: The Moral Foundations of Criminal Law*, Oxford University Press, 2011, p. 153.

范围之下,任何试图为工具主义惩罚辩护的人,都必须说明惩罚何以不被这个原则所否定。下文将解决这个问题。本部分的最后将处理两个遗留的点,首先,这里的讨论似乎限定了惩罚权威施加惩罚时的行动理由,的确有些惩罚体制基于各种伤害性、压迫性理由去施加惩罚,但是这些情形存在更为深刻的错误,而这些错误与工具原则无关,本文也不试图为这样的惩罚行为辩护(本文也怀疑这样的行为能否得到辩护),而将为以工具主义理由施加的惩罚辩护。其次,有些主张认为,惩罚还侵犯了被惩罚人的不被伤害的消极权利,这一批评也应该被考虑。然而,工具原则所禁止的行为,是对该种消极权利的特殊类型的侵犯,属于"错上加错"[①],本文若能够成功回应工具原则的道德批评,基于"惩罚侵犯消极权利"的批评也自然会被充分回应。下面一节将讨论惩罚何以避开工具原则的批评。

(三) 工具原则的例外

工具原则赋予人以主张权,去反对对其施加的工具主义惩罚,其对惩罚的允许性提出了挑战。在上文辩护工具原则的时候,已经指出了工具原则所具有的两个例外:① 被对待人同意承担这样的负担;② 被对待人有义务参与惩罚权威为其设定的目的并承担负担(也许还应该加上"义务是可强制执行的"[②]这一条件)。在这两个例外所涵盖的范围之内,人不具备这样的主张权。下文将检讨可否基于这两种例外辩护惩罚的允许性。令人遗憾的是,诉诸两个进路都不足以辩护惩罚的允许性。但是,仍然存在其他进路。

1. 基于"同意"的例外

有一个共识是,只要行动者同意接受惩罚,对其惩罚就不会对他们构成不尊重。基于这样的共识,尼诺试图发展一种基于同意的惩罚允

① Quinn, *Actions, Intentions, and Consequences: The Doctrine of Double Effect*, in Quinn, Morality and Action, Cambridge University Press, 1993, p. 189.

② 对这一条件的重要性的讨论,见 Tadros, *Wrongs and Crimes*, Oxford University Press, 2016, pp. 54 - 56.

许性理论(下文简称同意论)。[①] 诚然,司法实践中有不少罪犯会真诚、有意义地认罪认罚,他们自然已经明示同意了要施加给他们的惩罚,不过这当然不具有普遍性,同意观点的支持者自然也不可能仅仅局限于去证成这样的惩罚,如果他们仅仅将自己的视野局限于这样的小范围,那么他们的理论或者是废除论的,即认为强制施加的惩罚通常是不被允许的,只有在例外情况下才是被允许的,或者就是不充分的,需要其他论据来说明惩罚通常是允许的。正是基于这个理由,他们就不能诉诸不当行为人的明示同意去辩护惩罚,而必须诉诸同意的其他形式。

同意论者诉诸的是**默示**同意——比如尼诺就主张,当一个人在知道其不当行为之后果的情况下自愿做了不当行为,她就同意了这些后果,这并不是说她明确同意接受惩罚,而是说她通过自愿行为**默示**同意接受她所知道的后果。[②]

本文不采取直接检讨上述方案本身是否成功的论证策略,因为即使他们成功地说明了罪犯存在这样一种默示同意,他们的理论也面临更为根本的批评。这里需要区分两种具有不同效果的同意:① 当我同意一个人伤害我的时候,我往往可以随时撤回这个同意,只有在我撤回同意之前去伤害我,才是被允许的;② 当我承诺了一个要约的时候,那么我会就我的承诺承担义务,我不能随时撤销这个已经成立生效的义务(除非特殊情况),承诺也是一种同意,但是其比一般的同意有更强的效力,其不能被随意撤回。显然,只有将同意论证成到后者的程度,才能够真正成为一种合理的惩罚允许性理论,否则就必须接受惩罚的允许性是罪犯说了算的,而这是不可接受的。[③] 为了检验尼诺能否将同意论证到后一种程度,就必须反思承诺使得承诺人负担义务的理由,斯坎伦勾勒了一个使得允诺能够产生义务的条件 F——如果① A 自

① Nino, *A Consensual Theory of Punishment*, 2 Philosophy and Public Affairs 87 (1983).

② 同上注。

③ Boonin, *The Problem of Punishment*, Cambridge University Press, 2008, p. 165.

愿和故意引导B信赖A将做X(除非B同意A不这样做);② A知道B希望得到这种保证;③ A的行为旨在提供这种保证,并且他或她已经这样做了;④ B知道A有上述信念和意图;⑤ A打算让B知道这一点,并且知道B确实知道这一点;⑥ B知道A有这种意图;那么,在没有特殊理由的情况下,A必须做X。[①] 罪犯仅因为其犯罪行为,就真的能够满足这样的条件吗?这是令人怀疑的,至少罪犯很难被认为是积极地引导公民或者国家信赖其试图承受惩罚,罪犯也很少会试图去提供这样的保证。人们也很难有充分理由相信,罪犯通过其犯罪行为就是在提供这样的保证。事实上,现实生活中的罪犯,其表现往往是会让别人合理地认为他更希望逃避法律的制裁。而如果上述六个条件不能被满足,那么基于同意辩护惩罚的允许性就是失败的。

2. 基于"执行义务"的例外

塔德罗斯的义务理论是基于"执行义务"例外辩护惩罚允许性的典范。这一理论的基本论证可以被整理为三个层次。

(1) 对赔偿义务的恰当理解。当行为人从事了不当行为而伤害了被害人,那么其就负担赔偿的义务,赔偿义务的本旨在于行为人尽可能地继续履行,让被害人境况接近不当行为仿佛没发生过一样。这就是所谓的"反事实理论"——通常情况下,如果D使V的境况与他在没有受到D的伤害时一样好,那么V就得到了D的完全补偿[②]。

(2) 提供保护作为一种合适的赔偿形式。就一些不当行为,提供保护才是合适的赔偿手段,如此,行为人负担的赔偿义务就蕴含着保护义务。如果A殴打了B,A必须做最好的事来履行他原本对B负担的不伤害义务。该怎么做呢?也许他可以提供金钱赔偿。但很多时候,赔偿金将不足以作为回应。如果A的经济状况不佳,那么A甚至无能力提供金钱赔偿。但A可以通过阻止其他人对B的攻击,使B处于与A没有攻击他时几乎一样好的境况(同样都是仅仅受到一次攻击),根

① Scanlon, *What We Owe to Each Other*, Harvard University Press, 1998, p. 304.

② Tadros, *Replies*, 5 Jerusalem Review of Legal Studies 99(2012).

据反事实理论，这就是一种好的赔偿。

（3）保护义务的内容。不当行为人履行保护义务的方式包括了承担伤害以威慑他人，以此预防他人做相同的不当行为。这就辩护了惩罚的允许性。

这三个步骤的前两个都是牢靠的，但是第三个是有问题的。理由不复杂，不当行为人所负担的义务是提供保护，但是保护义务的履行方式是多种多样的，接受惩罚只是其中一种，其与保护义务之间的关系是**工具性的而非构成性的**。若这一点不假，那么根据工具原则，要说明行为人要负担承受惩罚的义务，仅仅指出其负担保护义务是不够的，这里所缺少的论证是说明为何选择这种方式（即惩罚）而不是其他方式。因此，若仅仅以"行为人负担保护义务"以及"惩罚他有助于其履行保护义务"为理由去对他施加惩罚，这依然面临进一步的工具原则式批评——这依然是将其作为工具去保护他人，他既没有同意，本身也不负担接受惩罚的义务。

3. "自动惩罚装置"?

奎因在其《威胁的权利与惩罚的权利》一文中辩护了一种使用自动惩罚装置进行自卫的自然权利（即这是一种自然状态下的权利）。奎因首先让读者设想一个未来社会，在其中权威崩塌，人类重新进入自然状态（本文后面还将使用自然状态这个概念，下面对于奎因式理论的讨论都是建立在自然状态的前提下，这个概念将被简单定义为**"公共惩罚制度不存在，或者公民广泛选择不与公共惩罚制度合作的情况"**）。这个时候，世界出现了一种装置，这些装置能够检测出社会中发生的不当行为，识别并逮捕责任人，确定他们的罪行，并对他们实施监禁（或许还有其他恶害）。这些设备若被激活，它就会开始这样的工作，并且再也没有人能够中止其运作。这样的装置，奎因称之为自动惩罚装置。①

① Quinn, *The Right to Threaten and the Right to Punish*, in Quinn, Morality and Action, Cambridge University Press, 1993, p. 63.

奎因接下来关切了这样一个问题——考虑到这个装置所具有的**威胁**效果,人是否有权利开启这样的装置作为一种**自卫机制**?奎因认为,直觉上可信的答案是肯定的,本文也承认这具有直觉上的吸引力。进一步地,若人的确有权为了保护自己开启这样的装置,那么自动惩罚装置所造成的伤害自然也是被允许的(这种伤害可以被认为是一种惩罚),因为这种伤害是开启装置所自动带来的结果,而并非来自特定行动者。如果开启装置被是允许的行为,那么,这种允许效力自然会及于开启所会自动带来的后果。

这里需要处理一个批评,即自动惩罚装置所导致的伤害并不处于工具原则的火力范围之下,因而这里引入的例外不构成工具原则的例外。不过这个批评是不成立的。需要注意,奎因引入这个思想实验是为了阐明真实世界中的权利义务状态,而真实世界之中并不会存在这样的自动装置。**这个思想实验的意义在于其试图说明人有权为了自卫而施加真诚的威胁,而这样的权利可以为惩罚权奠基**。[①] 在真实世界中,惩罚必然只能是基于人的能动选择而做出。这种选择要能够得到辩护,至少也需要行动者被一个与自动惩罚装置本身的目的契合的理由所驱动,而这依然是一种将人作为工具的行为。

下文将展示如何从此发展出一种惩罚的道德允许性理论。

二、威胁权与惩罚权

上文基于道德直觉初步支持了人有权为了自卫而施加真诚威胁(开启自动惩罚装置就是施加一种真诚的自卫威胁)的观点——本文将这种权利称为自卫威胁权。这里仍然有两个问题需要解决,首先是能否为这个直觉(及其所支持的结论)提供全面的辩护,其次是能否说明该权利可以作为惩罚权的基础。为此,有三点值得说明:① 自卫的理

---

① Farrell, *On Threats and Punishments*, 15 Social Theory and Practice 143(Summer 1989). And see Quinn, *The Right to Threaten and the Right to Punish*, in Quinn, Morality and Action, Cambridge University Press, 1993, p. 65.

由可以真正地辩护自卫威胁权;② 施加威胁权利不是来自或者依附于后续施加惩罚的权利(独立性论题);③ 施加威胁的权利还蕴含后续施加惩罚的权利(蕴含论题)。[①] 其中的①试图回应这么一种忧虑——仅仅依靠直觉上的可信不能实现对于一个原则的充分辩护,前述讨论虽然以一个可信的直觉说明了人有自卫威胁权,但是并没有为此提供任何进一步的辩护,论证还难言充分。而②和③的**主要**目的则是担保自卫威胁权能够单独成为惩罚权的基础,从而为自卫威胁权的辩护可以作为一种对惩罚权辩护的论证策略——尽管下文的论证将展示,对①的辩护一定程度上依赖本文对③的讨论。为了阐明②和③的重要性,可以考虑如下理论可能:前面思想实验之中的自卫威胁权来自施加惩罚的权利,这样的可能就同时反对独立性论题和蕴含论题,至少该理论就已经失败了。

(一) 对自卫威胁权的进一步辩护

下面将讨论辩护人在自然状态下为了自卫而开启这样的装置的权利。首先较为清晰的一点是,这样做有助于实现对自己的保护:借助自动惩罚装置保护自己,就是借助真诚威胁保护自己。真诚的威胁可以影响/改变他人的行动,且在施加威胁之时并不会造成任何的恶害,所以这看起来是一个很不错的自卫手段。

较为复杂的是回应威胁的道德允许性讨论之中非常重要的"黑格尔式批评"。该批评的经典表述是,威胁"像对待狗一样对待一个人",这就如同"对狗举起棍子"。[②] 这一批评是说,施加威胁这本身就是对人的不尊重,其不当性在于其没有和人以正确的语言交流,没有给人提供正确类型的理由。如何理解这一批评呢?

达夫对此给出了一种很重要的诠释。其认为,人是一种理性和自

① Quinn, *The Right to Threaten and the Right to Punish*, in Quinn, Morality and Action, Cambridge University Press, 1993, p. 87.

② Lee, *Legal Coercion*, *Respect & Reason-Responsive Agency*, 17 Ethical Theory and Moral Practice 848(2013).

主的行动者,这样的地位会要求他人以一种合适的方式尊重地对待人,这种合适的方式就是他人应该允许、协助个人以自己对好生活的理解去过好自己的生活和行动,而禁止别人迫使他们按照别人的意志行动,要想改变他人的行动,只能诉诸说服的方式让其接受某个行为是其应该选择的行为,但是威胁就是不当地改变他人行为的方式。[①] 达夫对威胁的批评是错误的,因为在的确涉及自卫的场合下施加威胁,并不会构成对被威胁人之地位的不尊重。

达夫的诠释之中,可以区分出两个人值得被他人尊重的面向——本真性和独立性。要尊重人的本真性,就要承认人应当成为自己生活的作者,应该基于自己对生活价值的理解去建构自己的良善生活,而威胁一个人去做其不想做的事情,表面来看就构成了这种不尊重。但是自卫所针对的行为都是侵害性的不当行为,人是不应该珍视做出这样行为的机会的,因为一个好的生活必须首先是尊重他人生活之客观重要性的生活。[②] 若这一点不假,强制使得人不去做这样的行为,实际上并没有在一个有意义的层面上侵犯其本真性。威胁也的确会侵害人的独立性,即侵犯人的不受干涉地自己做出决定去行动的能力。尽管,独立性价值同样也是值得珍视的,可是对他人造成伤害的行为本身意味着对他人生活的不尊重,(正如前文已经讲过的那样)这也同时是对自己生活的玷污[③],在涉及严重的不当行为的情况下,独立地去让自己的生活变得如此糟糕,不是有吸引力的选择。[④]

然而即使威胁既适合于自卫,也不会构成前述意义上的对人不尊重,仍然有理论家反对其能够成为一种妥当而被允许的自卫手段,这样的批评围绕的核心要点就是自动惩罚装置毕竟在事后会给不当行为人造成伤害,这一特殊性使得其不同于典型的自卫情形。本文

① Duff, *Trials and Punishments*, Cambridge University Press, 1986, p. 50.

② Ronald Dworkin, *Justice for Hedgehogs*, Harvard University Press, 2011, p. 255 - 258.

③ Ronald Dworkin, *Justice for Hedgehogs*, Harvard University Press, 2011, p. 257.

④ Tadros, *Wrongs and Crimes*, Oxford University Press, 2016, p. 155.

在这里不对这一点做出直接回应，因为下文对于蕴含论题的辩护将能够反过来说明人为何可以以这样的方式自卫，所以理性的做法是继续向下讨论。

(二) 独立性论题

这里将首先说明自卫威胁权本身的成立并不依赖于后续施加惩罚的权利。首先非常清楚的一点是，自卫是支持威胁权很好的理由，自卫威胁权至少是部分来自人所享有的自卫的权利的。但是到此的论证肯定是不充分的，因为到此不能排除自卫威胁权可能至少部分依赖后续施加惩罚的权利，如果这一点不能被排除，那么独立性论题就不能得到捍卫。[①]

阿尔姆对独立性论题提出的反驳意见是重要的，其认为若威胁权独立于惩罚权，会使得重要的、关于“威胁运用之限度”的道德直觉无法得到解释，这些直觉是：

① 威胁只能针对不当行为，而不能威胁对方不去做被允许的行为；

② 威胁只能给不当行为人造成影响，不能威胁去伤害对方的、无辜的孩子；

③ 威胁应该遵循比例原则或者相称性原则，威胁要施加的惩罚的量不能是任意的，而应该保持在一定限度之内。

显然这些直觉都是理性之人所不愿意放弃的，如果一个理论与这些直觉相冲突，那么人们就的确有初步的理由抛弃这样反直觉的理论，而该理论的支持者就负担更重的论证责任去给出进一步辩护。阿尔姆就宣称，只有承认惩罚施加权的优先性/基本性，**先行说明特定人有承担惩罚的罪责，这些直觉才能够被充分阐释**，也就才能解释为什么威胁的运用需要受到这样的限制，因此为了实现最佳的反思平衡，就应该反

---

① David Alm, *Self-Defense, Punishment and Forfeiture*, 32 *Criminal Justice Ethics* 96(August 2013).

对独立性论题。[1]

这一论证值得被认真对待。下文将证明,解释这三个直觉的合理性无需诉诸任何惩罚权观念,有许多其他的道德原则需要被行动者尊重,它们有规范性力量去指引其自卫威胁实践。

下面分别讨论对这三个直觉的解释。

就直觉①而言,自卫权要能够成为一项正当的权利,其就不能与人的自由权相冲突。一个妥当的原则必须能够在一张整全的价值之网中找到位置,并获得价值之网上的其他价值的充分支持[2],而只有将威胁的使用限制在促使他人不要做出不当行为时,才能保证这样一种外在干涉不侵犯到他人的自由权(上文在讨论"黑格尔式批评"的时候,对这一点已经给出了论证),所以为了解释直觉①,并不需要援引惩罚权观念。

就直觉② 而言,人有权反对自己被纳入与其无关且有风险的事业之中。前文所讨论的人的道德地位在此同样意义显著,要真正尊重人的生活,就应该承认,只有基于充分的理由,才能够将他人纳入与其无关且有风险的事业之中。不过,什么叫"与其有关"呢?阿尔姆可以说,难道不正是因为向特定人施加惩罚是被允许的,这个特定人才是"相关的人",因而可以以惩罚相威胁吗?然而这样的观点走得太远了,当甲威胁乙说,如果乙决意伤害甲,甲就伤害丁,丁有权反对甲的这个威胁,但是其完全不需要诉诸自己不应该承担惩罚来反对这个波及他的威胁,其仅仅需要说出自己并非是要伤害他的人,就可以被认为是给出了充分的理由。之所以如此,是因为丁可以合理地主张甲的威胁是在将自己视为工具,其可以合理地反对甲在其行为之中展示出来的不当态度。

对于直觉③,本文倾向于认为这是一个在一定程度上应该"被解释

---

① David Alm, *Self-Defense*, *Punishment and Forfeiture*, 32 Criminal Justice Ethics 97(August 2013).

② Ronald Dworkin, *Justice for Hedgehogs*, Harvard University Press, 2011, p. 108.

掉”的直觉，而不是一个应该“被解释”的直觉。引入一组基本的、对于本文论证而言是十分重要的对立，将有助于阐释这一点，这组对立是自然状态与政治社会状态，定义已如前述。本文在此希望读者注意这样一个主张的吸引力——比例原则、相称性原则在自然状态下并非是多么重要的原则，尽管当要建立政治社会的时候，这两个原则必须得到尊重。下文第三节将阐释，相称性原则的吸引力恰恰说明了为何享有自卫威胁权的个体有义务限制自己行使威胁权利，转而支持一个满足这样的要求的惩罚体制。而在不存在这样的体制的自然状态下，允许个体采取真正有效的防卫方式似乎更加可欲。下文对于蕴含论题的证成，也将在原则层面证成个体在设置威胁上所享有的广泛自由裁量权。

(三) 蕴含论题

为了阐明本文将如何说明蕴含论题，这里将首先引入一套对于权利的看法。权利的最基本目的就是划定人与人相处的边界，人与人的相处应当以权利划定的范围为界，但是权利享有者还会享有进一步的二阶权力，这一二阶权力的核心内容就是去决定他人是否以及在何种条件下可以越过边界。正是有这种二阶权力的存在，人才能够更好地安排自己的生活，与他人形成更为复杂或者亲密的关系，比如人与人之间的友谊。友谊往往就意味着边界感的相对模糊，而爱情关系则更是如此，爱情与友情往往都是依赖人行使自己的二阶权力才能够换取的。

这种二阶权力还蕴含着一个内容，那就是权利享有者可以“出卖”针对自己的侵权行为的行为机会，这意味着权利人享有定价权。买卖的对方(希望侵权的人)可以根据这个价格决定是否购买，并且有权提出议价，原则上，双方对价格达成一致，并形成可以侵权的合意，那么买方就可以自由地实施“侵权”行为。

柴尔德就基于这样的对权利的看法，发展出了一套惩罚允许性理论。其认为，未经同意而侵害他人权利的行为，是在没有和被害人商议该侵权行为之价格的情况下，就做了相应行为，这意味着行动者自己放弃了自己的议价机会，对方的价格决定权不会消失，当自己放弃议价机会后,价格决定权等于全部被自己送给对方。① 这样,被侵权人就可以自己决定价格为何,而这种价格包括了让对方承受一定的惩罚。

这个论证尽管角度新奇,但却是失败的。考虑日常买卖例子,假如甲未经乙同意,拿走了他准备售卖的一本书(价格还没有确定),那么乙是否因此可以随意定价并要求甲承担呢？当然是不可以的,直觉上合理的观点应该是偷书的甲反而就几种最为妥当的补偿方式,享有决定权。相反,认为乙可以随意定价、随意决定补偿方式则是荒谬的,其最多只能禁止甲采取不合理补偿方式。也许柴尔德可以辩护说,本文这里所举的例子是适用于现代政治社会的,但是他的理论是关于自然状态下的自然权利的。但是这个辩护并不能够成功,因为将本文这里所举的例子转换为自然状态背景,似乎不会造成任何有意义的结论变化,而且本文所举的例子并不具备很浓厚的公民社会色彩。

柴尔德的理论尽管失败了,但是其基本洞见却能够为奎因式理论提供辩护,对此,一个基本的观念是,尽管允许事后随意要价可能是难以被接受的观点,但是若行动者之前已经明示了相关定价,那么情况会有不同。当甲设置事前的威胁条件时,其就对于侵权行为给定了价格——"如果你要侵犯我的权利,那么你就应该承担××后果"。当甲做出了这样的"意思表示",并表达给了对方乙的时候,若乙在明确知道其报价后依然如此行动,直觉上可接受的结论是乙就对甲负担一种责任——甲有权决定是否落实这个报价。解释此种直觉的深度理由在于,一方面乙应当尊重甲的这种二阶权利,尊重甲作为二阶权利的享有者的道德地位,这当然会要求尊重甲行使其权利所形成的规范性后果;另一方面,这种尊重并不会使得乙承担过分的负担(其本可以选择不给自己引致相应的后果)。考虑到这种二阶权利对于人的生活的重要性(如前所述),这理应被认为是尊重他人生活的一个环节,而又考虑到乙并没有承受过分负担,这样的尊重要求并不严苛。需要注意,这种理论

---

① Child, *The Unilateral Authority Theory of Punishment*, 43 Law and Philosophy 195(2024).

完全不同于前述已经否认过的同意理论。同意理论的要旨在于，不当行为人以其行为所蕴含的表意性表达了对惩罚的同意，但是这里却没有这样的理论承诺，在此**重要的是人的二阶权力以及不当行为人应尊重此种二阶权力的责任**。**而且，惩罚承担在这个责任之中也具有构成性地位**。

这样一种理论解释可以和前面涉及的关于自卫威胁权的直觉形成一种反思平衡意义上的相互支持，因而具有优势。因为人可以事先以相应的恶害作为自己权利的“侵犯允许之价格”，那么人享有施加真诚威胁的权利就是一种自然而然的观点，毕竟，公开的定价行为就是一种威胁，而这种定价本身是可落实的，这就说明了为何后续的伤害也是被允许的。

这样的解释也可以说明，人设置事前威胁的行为，会经由他人的不当行为之做出，而使得施加威胁的人有权去决定是否落实威胁所设置的恶害。这就说明了威胁权之中何以发展出惩罚权，从而辩护了蕴含论题。如此，一种惩罚允许性理论就被建立起来，其基础是人有权施加真诚的威胁，而真诚威胁的正当性蕴含着相应惩罚施加的正当性。

三、国家的惩罚权

设置法律惩罚制度以及施加惩罚是国家的公共权利，但是上文的讨论仅仅说明了个体在自然状态下具有自卫威胁权和惩罚权，而还没有说明这样的权利何以能够属于政治社会之中的国家，本节将解决这一问题。对这一问题有一个简单的回答，那就是有些个体可能无法凭借自己行使其威胁权以及后续执行权来保护自己，但是他本人却想要实施这样的权利。当国家体制被建立起来时（从而结束自然状态），面对这样的人，公共机构可以为其提供帮助，国家因此可以具有一定范围内的惩罚权利。但是，并不是每个人都愿意行使自己的这个权利，在这些情况下，国家将无从以协助为理由去获得惩罚权利。为了实现从这样的个体权利到国家权利的过渡，后文将证明，当已然存在满足一定程度的合理标准的公共惩罚制度或者公民普遍意愿建立这样的制度的时候,公民有义务将自己的这组权利让渡出来,以支持一个一般的惩罚制度,而这意味着公共惩罚制度成为惩罚权利行使的载体。公民的让渡也说明了为何国家惩罚权是排他性的而不是竞争性的。[①] 而这是一个政治义务问题。[②] 本文将主张,基于救助义务,公民会负担相应的政治义务,而这样的政治义务蕴含着让渡自卫威胁权的义务。救助义务面临一些批评,这些批评来自自由至上主义者,下文将首先回应自由至上主义者的批评。

(一) 为救助义务辩护

自由至上主义否认人会负担任何的一般性积极义务,典型的一般性积极义务是对他人的救助义务(没有人会否认,人会基于允诺或者亲密关系而负担**特殊**的积极义务)。自由至上主义的核心是所谓的每个人的独立性(注意区分于前文所说的独立性),自己非属于任何其他人而应该作为独立的存在,独立地为了专属于自己的生活而生活,唯一的限制是要尊重他人的独立性。[③] 按照这样的观点,在不主动破坏他人生活而因此否认他人独立性的前提下(遵守消极义务),人们对于自己要怎么做具有最终的支配权,人因此有权只是"尊重他人命运,放下助人情结",自由地"拔一毛而利万民,不为也"。首先需要承认,这里所说的个人的独立性的观点是值得赞同的。然而接受自我所有权的观点并不意味着否认人会一般性地负担积极义务。首先需要说明的是,这里借助后果主义原则去辩护救助义务在这里是难以成功的[④],因为自由

① 关于这对概念的有益讨论,见 Wellman, *Rights and State Punishment*, 106 The Journal of Philosophy 419(Aug. 2009).

② Tadros, *The Ends of Harm: The Moral Foundations of Criminal Law*, Oxford University Press, 2011, p. 299.

③ 诺齐克:《无政府、国家与乌托邦》,何怀宏等译,中国社会科学出版社 1989 年版,第41—42 页。

④ 诉诸此种进路的主张,见 Moore, *Causation and Responsibility: An Essay in Law, Morals, and Metaphysics*, Oxford University Press, 2009, p. 38.

至上主义者认为独立性为个体提供了一种豁免，豁免其去追求有价值的事态，所以需要借助其他理论资源进行说明。

但是仅仅尊重这里所说的独立性，不足以说明尊重人的内涵。为了说明这一点，还是先将目光置于个人的伦理责任。人不仅仅应该认识到自己是自己生活的作者，他还应该首先意识到自己的生活是应该认真去过的，一个作贱自己生命的人完全认识到了自己是自己生活的主人，但是不能认为他负担起了自己的伦理责任，这就是自我尊重(self-respect)的伦理责任。[①] 这一责任是真实的也更为根本，只有承担起了这个责任，尊重自己的独立性才是有价值的。比如，一个人可能会因为失恋而自暴自弃，他在很长的时间里选择尽可能破坏自己生活的一切，尽管他可能承认这些都是他自己的责任，是他自己的选择，甚至会在面对朋友的干涉的时候愤恨地表达："这是我的事"，但是他依然没有做到对自己的尊重，没有关心"自己的生活应该怎样度过"这个更为根本的问题。如果这一点不假，那么对于尊重自己的生活而言，仅仅尊重自己的独立性是不够的，还必须尊重自己生活应该如何过这个问题的客观重要性。

而这样的义务就可以为一般救助义务提供基础。尊重他人的生活的客观重要性，不仅仅要求注意到对方是独立的个体，还必须关心他的福祉。"尊重他人命运"在很多情况下也是一种漠不关心。比如，甲偶然看到一个陌生人处于巨大痛苦之中(两人之间没有特殊关系)，其仅仅拨通电话打120就能救助这个人，若甲仅仅秉持"尊重他人命运"的观点，那么难以认为甲真的尊重了他人生活的客观重要性。也正是因为如此，"冷漠"是一种重要的道德批评。诚然，人不应该被负担过重的救助义务，他首先应该去过好自己的生活。但是，若尊重他人生活之客观重要性的要求是真实的，上述案例中甲的冷漠行为，就是应该被拒斥的。

问题是，当具备怎样的条件的时候，行动者才会负担对他人的救助

---

① Ronald Dworkin, *Justice for Hedgehogs*, Harvard University Press, 2011, p. 205.

义务？本文赞同这样的回答——**当① 他人B陷入危险之中，且② 行动者A能够以合理可接受的成本救助他人时，行动者A负担对他人B的救助义务。**[①] 在两个条件都展示在了前一段的案例之中，正是其满足了这两个条件，人们才会确信甲负担救助义务。这是一个诠释性的公式，其能够容纳就其内容的争议，而对该争议的解决要敏感于对这组条件的最佳诠释，即这组条件的本旨，也就是怎样才不可被算作是对B的生活之客观重要性的尊重。[②] 对这个公式的具体运用，需要在具体案例之中展开，在这里展开全部细节不仅仅不可能，也没有必要，下文将逐步在需要的地方展开对具体细节的讨论。

(二) 救助义务与让渡自卫威胁权的义务

救助义务可以说明公民为何有让渡自卫威胁权的义务。首先需要阐明存在这种让渡义务的条件，即存在满足一定合理标准的公共惩罚制度或者公民普遍意愿建立这样的制度，第二个需要阐明的事情是这里的“让渡”：行为人让渡了威胁权之后，其所处的规范性状态是，其有义务借助公共惩罚机制，按照其安排使用这些权利。本文后续将说明① 不让渡该权利对人而言意味着一种独特危险（以下简称该种状态为自然状态），② 让渡该权利以维系一个统一的刑事司法对于终结这样的危险而言是必要的，③ 在前述条件下，让渡该权利的成本是极为轻微的。若这三个命题均为真，就可以说明公民基于救助义务，应该让渡自卫威胁权，以支持一个统一的以威慑为目的的刑事司法制度。下文将辩护这三个命题。

1. 作为一种危险的自然状态

自然状态的危险可以区分为三个层次。首先，缺乏一个统一的惩

---

① C. H. Wellman, *Samaritanism and the Duty to Obey the Law*, in C. H. Wellman and A. J. Simmons, Is There a Duty to Obey the Law? Cambridge University Press, 2005, p. 32.

② “诠释”这个概念，参见德沃金：《法律帝国》，许杨勇译，商务印书馆2016年版，第39—55页。

罚威慑体系将不能够为所有人提供平等的保护，以形成可靠的公共秩序，诚然，个人享有威胁权和执行权也能够使得个人可以保护自己的利益，从而能够促进维护一个保护个人利益的秩序，让共同生活能够过得下去。但是这一点的成功高度依赖每个人有充足的力量和资源去实现这样的保护，可是考虑到人的不可避免的自然不平等与社会不平等，这一点断难实现。比如有的人力量强大，有的人有更多的社会资源，他们尽可以为自己建立可靠的威胁机制，但是有些弱势群体，其施加的威胁可能就是一种无谓的挣扎。这些处于弱势位置的人处于一种特殊的危险之中，他们有资格要求那些可以以较低的代价救助他们的人提供相应的救助。

其次，即使所有人都有能力施加威胁和执行威胁，但是这依然存在缺陷。一方面因为，在实现对人的保护方面，对不当行为者的个人惩罚不可能比国家惩罚更有效。之所以如此，部分理由在于一般威慑依赖于惩罚的公开性，而国家在确保惩罚能够惠及广泛受众，以及使得公民相信国家能够施加有效的惩罚方面，要比个人享有的执行权更为有效。人们应该承认，即使他们确实有能力有效地伤害不法行为者，也很难确保他人知道他们(个人)有能力这样做。[①] 此外，国家几乎总是比个人能更好地确定哪些人应该受到惩罚，减少无辜者受到惩罚和不必要惩罚的风险。可以合理地认为，一个存在缺陷的保护个体的制度应该是应当避免的，特别是考虑到人们可以组成政治国家、建立现代惩罚体系以避免这样的有缺陷之安排。

最后但非常重要的一点是，人们有强劲的理由要求生活在一个人道的世界之中，即使是罪犯。生活在人道的世界之中不是一种“奢侈品”而应该是一种“必需品”，是一种关切人类福祉的基本善。如果社会完全基于充分的自然威胁、惩罚权建立起来，则必然是一种动物式的战争状态，人们将要依靠暴力来实现对自己的保护，霍布斯的理论为此提

---

① Tadros, *The Ends of Harm: The Moral Foundations of Criminal Law*, Oxford University Press, 2011, p. 304.

供了相当充分的讨论——本文认为霍布斯式的自然状态就是一种享有完整自卫特权的人组成的世界，文明世界的建立首先应该是让渡出部分这样的权利的世界。让渡出自卫威胁权之后，新的保护体系应该更加契合人的理性能动性本质，以纯粹暴力相互压制的情况应该被避免，取而代之的应该是更为平和、人道、平等以及有秩序的保护机制，这体现在现代刑事司法制度、现代监狱以及社群服务等手段的出现，在这个意义上，上面两段提及的两个方面也应该被包容进这最后一点之中。

前述人道性还特别应该体现在公民之间沟通方式的转变上。纯粹基于暴力的胁迫式语言是属于自然状态的，而一个文明的世界则更需要沟通与对话。这尤其体现在人们对正当国家的道德要求上——现代国家永远应该寻求与公民的对话，通过道德沟通，向公民主张其指令的正确性与义务性，而不仅仅是以暴力控制公民的行为——这一点构成了国家法律与强盗秩序的主要区别。[①] 必须承认，人类社会需要强制手段以威慑，如此才能形成有价值的共同生活秩序，但是现代社会所应该采取的强制措施，是“表达”式的，以尊重公民的道德能力[②]，而只有现代的刑事司法体系才能满足这样的要求——自然状态到公民社会的过渡因此尤为重要。人们普遍不会接受国家广泛地使用绑架、暗杀这样的纯粹压制性暴力去建立秩序。如此，将惩罚权收归国家，从而形成**现代化**(而不是任何)的刑事司法体系是重要的。

考虑表达目标的惩罚敏感于“相称性”这个目标，但是这种相称性仅仅是一种“比较性”的相称性[③]，特定罪犯并没有其绝对“应得”的特定程度的惩罚——比如杀人犯就“应得”死刑。绝对“应得”观念属于报应主义理论。但是本文预设了报应主义的失败，这里所需要的相称性仅仅是相同犯罪相同对待，不同犯罪按照严重程度排序对应严厉程度

① Duff, *Trials and Punishments*, Cambridge University Press, 1986, p. 82.

② Simester and Andreas von Hirsch, *Crimes*, *Harms*, *and Wrongs*, Hart Publishing Ltd, 2011, p. 18.

③ 对该概念的理解和讨论，见 Larry Alexander, *The Philosophy of Criminal Law*, in Jules L. Coleman, Kenneth Einar Himma, and Scott J. Shapiro(eds), The Oxford Handbook of Jurisprudence and Philosophy of Law, Oxford University Press, 2002.

不同的惩罚(轻的犯罪对应轻的惩罚,重的犯罪对应相对重的惩罚)。如此安排也可以使得惩罚的相称性要求能够尽可能和威慑目的不冲突。

2. 让渡自卫威胁权的义务

前述讨论试图说明自然状态是一种重要的危险,在勾勒这种危险的时候,也能够展示出让渡自卫威胁权对于避免这样的危险的重要性,下面将说明,当存在一个回应了前述问题的大体合理的公共惩罚制度,或者社群中大多数人有意愿建立这样一种惩罚制度时,自然状态下的人就有义务让渡该威胁权,即有义务透过建立起来的惩罚机构行使该权利。

那些不能借助自卫威胁权保护自己的人处于不能有效保护自己的危险之中,为了救助他们,人们可以通过让渡自卫威胁权的方式建立、维系统一刑事司法体系为他们提供保护;个体享有自卫威胁权具有的低效率缺陷,这同样可以被认为是一种危险,建立国家级别的刑事司法体系可以避免这些缺陷;而人道的世界是每个人作为人都应该配享的,不能生活在这样的世界之中的人也无缘于一种根本的人类福祉面向,而建立真正的惩罚制度和现代的刑事司法体系,是建立人道世界所必须的。而建立真正的惩罚制度,让所有人离开前文明世界,需要公民的配合——公民需要让渡自己的威胁权和执行权,然后在此基础上国家建立、维系具有道德表达意义的保护机制。综合而言,要避免这三种危险需要普遍性的公民间合作。

满足前述条件的情况下,让渡自己的自卫威胁权则是一个非常轻微的代价。一方面,前已论及,统一的刑事司法制度在功能上完全可以替代自卫威胁权,甚至这样的公共制度对于让渡权利的人而言是一个更为出色的工具;另一方面人们并不需要交出自己的全部防卫权,本文这里所要求的让渡并不包括对事前的紧急防卫权的让渡。经过这样的让渡,公民所获得的保护是更为有效和强劲的,因此公民几乎是在什么都没有失去的情况下,获得了相当大的利益,因此公民有义务做出这样的让渡。需要注意,此时不能诉诸公民失去了自由和裁量权来说明让渡的代价是巨大的，因为当公民有义务按照特定的方式行使自己的权利的时候，这同时意味着他没有有价值的自由去按照自己的想法行使权利[①]，如果诉诸人负担这样的义务会失去相应自由，则是不成立的。

运用救助义务按照本文的脉络解释国家的惩罚权，并不会面临基于救助义务说明政治义务所通常会面临的“必要性”难题。因为要建立一般性的刑事司法体系，来促进保护的平等性、效率性，以及建立一个人道的社会，恰恰需要所有公民的配合，而不仅仅是大多数公民的配合[②]，这尤其体现在建立人道世界的努力上。即使这一点得不到捍卫，即使认为多数人而不是所有人的合作足以避免自然状态之恶，诉诸公平原则也足以回应可能面临的批评——如果大多数人都让渡了自己的权利，而唯独我不做出任何的让渡，那么我会获得本地惩罚制度的好处，并且还会获得额外的好处(额外的自卫特权)，这对于其他合作的人而言是不公平的。同样容易被解决的所谓“特殊性”难题，即政治义务关切的是国家与受治者之间的特殊道德关系，而不是国家与所有人类之间的普遍性关系。[③] 前述义务成立的前提是某个地区存在一个合理的并惠及特定地区的惩罚机制，或者一片土地上的人希望在此地建立一个这样的惩罚制度，基于此，至少领土特殊性可以得到捍卫——当下处于一国领土之下的人，对于本地的惩罚机制负担特殊的责任。[④]

综上所述，由于自然状态是一种危险，而让渡自卫威胁权可以避免这种危险，且满足一定条件的情况下，让渡自卫威胁权的成本很低，那么基于救助义务的一般原理，特定条件下自然状态下的人负担让渡自己权利的义务。让渡这样的权利的后果就是公民支持一个现代惩罚制

---

① Ronald Dworkin, *Justice for Hedgehogs*, Harvard University Press, 2011, p. 311.

② 关于守法义务讨论中所涉及的相关问题，见 C. H. Wellman, *Samaritanism and the Duty to Obey the Law*, in C. H. Wellman and A. J. Simmons, Is There a Duty to Obey the Law? Cambridge University Press, 2005, p. 33.

③ 朱佳峰：《告别政治义务：迈向一个新的正当性理论》，中国法制出版社 2017 年版，第 38 页。

④ 朱佳峰：《告别政治义务：迈向一个新的正当性理论》，中国法制出版社 2017 年版，第 61 页。

度，这意味着国家有权利（在一个合理范围内）设置惩罚制度和进行惩罚。

四、结　语

法律惩罚在概念上主要包含了① 意图给被惩罚人造成伤害、② 回应不当行为以及③ 公共权威做出这三个面向，这三个主要的面向也为证成惩罚带来了挑战。为了回应这些挑战，就必须说明意图造成的伤害并不会构成道德不当，还要说明这样的实践属于国家的公共事业。本文对此提供了论证。报应惩罚理论看起来能以一个统一的原则说明所有的难点。但是本文预设报应主义理论是失败的。如此，就必须基于惩罚的工具性价值辩护惩罚，但是这样的理论方案会直接面临工具原则的道德批评，工具原则是一个重要的道德原则，因此其提出的挑战值得被认真对待。工具原则具有例外，这些例外为辩护惩罚提供了可能。本文检视了基于“义务执行”的例外和基于“同意”的例外这两种最终失败的方案后，转向了对自卫威胁权的讨论。自然状态下，以自卫威胁权保护自己是被允许的，而自卫威胁权不仅为施加威胁以自卫的行为提供了道德基础，还能够说明后续惩罚权的道德允许性。而基于人的救助义务，特别是基于救助他人以进入文明世界的义务，享有自卫威胁权和执行权的人有义务将这些权利让渡给国家，从而有义务支持一个统一的现代刑事司法体系，这说明了国家何以享有对公民的惩罚权。

斯门德宪法整合理论的构造及补强
——从魏玛时期的国家法学论争切入

林　栋*

The Construction and Reinforcement of Constitutional Integration Theory by Smend：Starting from the Debate on State Studies in the Weimar Period

Lin Dong

摘要：斯门德宪法整合理论预设了非实证主义的主权观，将国家视作具有内在理性的建构性政治体，这既不同于规范主义的静态主权观，也非政治浪漫派的决断论。斯门德以精神生活内在的交互关系为方法论基础，描述了三种整合模式，试图建立出个体与共同体的精神关联，并从此种关联性的角度来理解国家的正当性和国家的日常运行。宪法的功能在于引导宪法根本任务即整合体系的更新和续造，实现国家的形式建构与促进国家生活的良性开展。而现代社会的功能分化决定了任何社会子系统都需要保持运作差异，所以一方面，在功能性权力体系内部应确立自创生的政治系统概念。另一方面，通过建构基于商谈原则和价值共识的意义之网，型塑具有理性结构的协商和决策过程，将整合体系植根于多元主义的客观价值秩序。

关键词：宪法；整合理论；国家法学；斯门德

---

* 林栋，浙江大学光华法学院宪法学与行政法学博士研究生。特别感谢余军教授、刘志强教授、张文老师、谢郁老师与浙江大学余门读书会成员为本文提出的修改和完善意见。另外，匿名外审专家对本文的审阅及意见切中肯綮，在此特别致谢。

自格奥格·耶利内克(Georg Jellinek)、卡尔·施米特(Carl Schmitt)、汉斯·凯尔森(Hans Kelsen)等公法学巨擘的经典著作被相继翻译,国内学界出现对德语区理论的关注到创新化的阐释,再至本土化运用的学术现象。令人遗憾的是,鲁道夫·斯门德(Rudolf Smend)开创的宪法整合理论却在这个比较法学的镜鉴中被无意间忽视了。就斯门德本人的理论脉络而言,他承继了李特的心理学、黑格尔的精神现象学方法,在魏玛时期提出"整合"这一完全不同于凯尔森纯粹法学与施米特决断主义理论的宪法学进路,成为引领魏玛公法学论争中的"四驾马车"之一。他还培养出包括康拉德·黑塞(Konrad Hesse)在内的一大批出色的宪法学学者,深刻影响了德国宪法学理论及联邦宪法法院裁判,并由此阐发出功能性权力配置原理与基本权利客观价值秩序原理,引发了我国学界的深入探讨。但相关探讨中缺少对斯门德及其宪法整合理论的关注,导致对这两大原理的关系、限度及重构方案都存在不同程度的误读。①

基于此种问题视野,笔者认为,需要概览宪法整合理论的全貌,会通前后两端,才能在学理脉络中发现功能性权力配置原则与基本权利客观价值秩序的精髓与限度。因此,一方面需要将研究的目光溯及历史脉络和"元代码"层面,即从魏玛时期的公法学论争切入,分析宪法整合理论的哲学原理与国家学基础;另一方面也必须将视野放置于"宪法的一般理论"中②,体现出理论对具体问题的回应能力。因此,本文首

---

① 功能性权力配置原理的代表性成果包括:张翔:《我国国家权力配置原则的功能主义解释》,载《中外法学》2018年第2期,第281—303页。客观价值秩序理论的代表性成果包括:李海平:《基本权利客观价值秩序理论的反思与重构》,载《中外法学》2020年第4期,第1062—1080页;张翔:《基本权利的双重性质》,载《法学研究》2005年第3期,第21—36页。

② 关于"宪法的一般理论"表述,得益于陈景辉教授的总结:宪法性质可化约为宪法的概念命题、宪法的实在法命题与宪法的价值命题。对比来看,宪法整合理论在讨论国家的实质内容时,可对应宪法的价值命题,与实在法无关;在讨论宪法的本质与根本任务时,可对应宪法的概念命题,也与实在法无关;当然,只有讨论宪法如何在一国范围内得到实现时,才与宪法的实在法命题相关联。而本文的讨论范围仅限于宪法的价值命题和概念命题。参见陈景辉:《宪法的性质:法律总则还是法律环境?——从宪法与部门法的关系出发》,载《中外法学》2021年第2期,第292—293页。

先从宪法整合理论的历史背景与学理脉络出发,综合考察斯门德的问题意识来源。其次,进入宪法整合理论的内部构造,分别从方法论基础、国家本体命题和宪法概念命题三个方面分析斯门德的建构逻辑。最后论及宪法整合理论的限度,并引入系统论和商谈论对功能性权力配置原则与基本权利客观价值秩序进行补强论证。

一、斯门德宪法整合理论的历史背景与学理脉络

(一) 德国魏玛时期的国家法学论争

宪法整合理论源于德国在魏玛时期暴露出的诸多危机。第一次世界大战后,德国通过制宪从革命过渡到人民主权,从君主制走向议会民主制和政党国家。然而,魏玛共和国的治理结构却存在严重缺陷,新建立的宪法秩序无法获得生存繁荣所需要的安定环境。首先,政治整合是一直贯穿魏玛共和国前后的核心难题。魏玛宪法出台以后,各种势力之间难以取得有效平衡,政治暴力和冲突不断,共和国未能取得军人和文职人员的支持,缺乏必要的稳定性和合法性。① 其次,德国遭遇了历史以来最大的通货膨胀。恶性通货膨胀带来的经济困境,不仅加强了对政治合法性的冲击,而且使人们不再相信法律作为社会规范应当具备的客观性和中立性。② 最后,福利制度与社会文化也并未有助于弥合共和国的分裂。尽管宪法及其实施细则建立了全面免费的福利制度,但由于国家经济乏力,这些承诺无法落实,进一步加剧了人们对宪法的信任危机。魏玛社会的文化虽然表面上不具有同一性,但在深层次上都不得不面对与"现代性"的关系问题,进而刺激出了一系列激进的文化艺术探索,却鲜有人公开支持魏玛共和国的原则。③ 这些难以

---

① 理查德·J.埃文斯:《第三帝国的到来》,赖丽薇译,九州出版社2020年版,第113—114页。

② 同上注,第124页。

③ 玛丽·弗尔布鲁克:《德国史(1918—2014)》,卿文辉译,上海人民出版社2018年版,第47—51页。

克服的困境引发了宪法学界的思考,促使学术理论回应国家现实。

相较于国家生活中的矛盾重重,宪法学界同样呈现出特别复杂的面相。一方面,从帝国时期延续下来实证主义范式遭到质疑和批判。在私法领域,从19世纪的历史法学至概念法学的发展,学者们坚定认为,"通过清除法学思想中的非法学因素,能够建造一个由定义组成的概念金字塔"。[①] 格贝尔将私法方法创造性地运用至国家法领域,试图排除国家法中的政治、哲学和历史观点,拉班德随即把目光集中在对帝国的实证法的教义性建构上,奠定国家法学的法实证主义范式。[②] 然而,进入20世纪初,格贝尔-拉班德的法实证主义立场逐渐被耶利内克、凯尔森、施米特、斯门德等新兴力量冲击。在年轻的学者中间,无论是其维护者,抑或反实证主义者,都开始将目光投向更加基础的一般国家秩序问题。而此种关于本质的思考需要扩大学术的视野,要么借助政治学、历史学、社会心理学、哲学等学科的知识重构国家法学的"阿基米德"支点,要么通过与这些外部知识进行沟通与对话来强化自身的方法论意识。[③] 另一方面,魏玛共和国的现实境况使得方法论争议加剧。魏玛共和政体是德国历史上首次建立的民主共和体制,而这一新生的立宪政体改变了原有的君主制结构。[④] 但是,德意志既没有长期稳固的宪法观念作为支撑,也没有基于宪法秩序的政治实践经验可资借鉴,而从俾斯麦帝国以来的威权统治方式还有相当大的历史惯性。[⑤] 对于政治现实而言,破碎的原有秩序与刚诞生的新秩序之间显然还缺少必要的观念基础和制度实践作为沟通渠道,进而带来了民主政治与成文宪法二者间的急剧张力。这意味着,魏玛时期独特的"宪法现实"

---

① 玛丽·弗尔布鲁克:《德国史(1918—2014)》,卿文辉译,上海人民出版社2018年版,第446页。

② 同上注,第449页、466页。

③ 米歇尔·施托莱斯:《德国公法史:国家法学说与行政学(1800—1914)》,雷勇译,广西师范大学出版社2021年版,第635页。

④ Manfred Friedrich, *Der Methoden-und Richtungsstreit: Zur Grundlagendiskussion der Weimarer Staatsrechtslehre*, p. 168.

⑤ 黎敏:《民主之殇:德国宪法史反思录》,商务印书馆2022年版,第347页。

(Verfassungswirklichkeit)在于,尽管成文宪法合法化了新生的政体结构,但事实层面的政治运行逻辑却为成文宪法提出了更为根本性的挑战,即如何在宪法秩序内部处理真实的、具体的政治争议与层出不穷的国家问题。因此,国家法学研究群体的问题意识就集中在,如何通过法律职业共同体内部的解释方法来调和与威权政治目的相对立的法律传统。[①] 然而法律职业共同体对此问题则是从个案争讼回溯至更为基础的国家法学理论之中[②],从"方法论"之争衍生出"方向性"之争。[③]

国家法学者以不同的方法为切入,形成了诸多对立的观点,争论的焦点主要是方法论基础、国家本体和宪法概念的问题。[④] 采取何种方法论关涉看待国家本体的视野和角度,得出关于国家的本质构成要素之思考,从而在宪法与国家关系中进一步考察其功能与任务。围绕这些前后相互关联的问题,形成了两种具有代表性的学术立场。一种是以耶利内克、凯尔森为代表人物的实证主义法学流派。另一种是受黑格尔主义影响颇深的以斯门德、黑勒为主要人物的非实证主义国家法学。须指出的是,施米特虽然在方法论上是新康德主义,但却走向与耶利内克-凯尔森完全相反的理论道路。

(二) 耶利内克-凯尔森的法实证主义国家理论

耶利内克成功区分了社会学与法学意义上的国家概念。社会学意义上的国家概念是指,"配备有原初统治者权力的、定居人群的社

---

① David M. Trubek, *Toward a Social Theory of Law: An Essay on the Study of Law and Development*, 82 Yale Law Journal 37 - 38(1972).

② 李忠夏教授曾将此概括为根本的宪法理论,乃至政治理论问题。我国台湾学者张志伟也有类似观点,魏玛国家学的核心问题是国家正当性,因此必然要触及国家哲学、国家伦理的领域。李忠夏:《宪法学的教义化——德国国家法学方法论的发展》,载《法学家》2009年第5期,第46页;张志伟:《依宪法之整合——Rudolf Smend的整合理论及其影响》,载《台北大学法学论丛》第101期,第10页。

③ Manfred Friedrich, *Der Methoden-und Richtungsstreit: Zur Grundlagendiskussion der Weimarer Staatsrechtslehre*, p. 165.

④ 余可·汉斯:《魏玛共和国的国家与宪法学说》,韩毅译,载黄卉编:《德国魏玛时期国家法政文献选编》,清华大学出版社2016年版,第22—35页。

团统一体”。[①] 尽管耶利内克持守新康德主义实然与应然两分的立场，但他并未完全否定从社会事实层面讨论国家存在本体的学术意义，只不过把国家理解为社团统一体的观念必须有限度。他接着指出，“我们所能确定的知识在这一点上就达到极限，形而上学的思辨则从此开始”。[②] 显然，从事实上观察国家的存在形态有助于人们把握事物的客观本性。除此之外，人们还应当通过“拟制”的方法建构出一个非实在的国家概念，这样才能使国家受到法律的限制和约束。因此，耶利内克分别从法律客体、法律关系和法律主体三个类型对国家进行分析。如果将国家作为法律客体来看，相对应地，也得存在一个统治国家的法律主体，而这种论证就需要从国家本身抽象出一个超国家的自然秩序。然而，由于难以证明外部秩序的属性，国家则沦为君权神授与世袭制的客体。法律关系说也存在同样困境，因为法律关系的背后还必须预设一个创制规范的权力，这种权力同样也只存在于国家外部。所以，他认为只有把国家作为法律主体才是最恰当的法学认知，即国家通过自我创设法秩序，建立自己的意志机关和意志形成程序，并由此获得主动参与国际法上法律事务的能力。[③] 可以看出，耶利内克既吸收了社会有机体说的有益成分，也通过法学建构的方法对事实理论进行了改造，试图调和社会学与法学关于国家概念理解的分裂。但是，凯尔森明显不满意耶利内克的调和，因为耶利内克从因果论与规范论双重视角切入国家概念的认知方法，与他所主张的“认知对象、认知过程、认知方向的一致性”是不符的。[④] 凯尔森将国家的法律属性推论到了极致，“国家是一种精神内容，其特殊之处恰恰在于它是一个规范系统”。[⑤] 这就是说，既然国家由一套规范体系组成，那么其客观存在的根据乃是来自规

---

① 格奥格·耶利内克：《国家的本质》，方博译，载黄卉编：《德国魏玛时期国家法政文献选编》，清华大学出版社 2016 年版，第 46 页。

② 同上注，第 47 页。

③ 同上注，第 34—41 页。

④ 汉斯·凯尔森：《国家的本质》，齐松、张小丹、秦静译，载黄卉编：《德国魏玛时期国家法政文献选编》，清华大学出版社 2016 年版，第 113 页。

⑤ 同上注，第 123 页。

范的效力,因而他就把国家的正当性建立于规范的有效性之上,而规范的有效性则根据于规范秩序本身的结构原理——源于金字塔顶端的基础规范,此项规范不包含任何实质的道德与伦理内容。凯尔森的观点实际上是一种国家唯名论的主张,依其见解,国家与宪法是相互包含的关系。一方面,国家包含于以宪法为根本法的法律规范体系之中,由法规范体系的内容所限定;另一方面,法规范体系与国家也存在同质性,国家的强制力亦即法规范体系的强制力。[①] 由此可见,虽然耶利内克与凯尔森理论之间具有一些差异,但整体上仍然趋向于从法律属性定义国家概念,强调剔除政治要素及其他价值成分。

然而,1926 年在明斯特举办的国家法学者年会会议上,学者们围绕"宪法第 109 条规定的法律面前人人平等原则"展开激烈辩论,核心争点为宪法中的价值原则能否拘束立法,还是仅作为行政合法性原则拘束行政机关。[②] 这就涉及如何看待与安放宪法中规定的价值原则及其价值内容的问题,拉开了非实证主义者系统性反思实证主义的序幕。[③] 但无论是 1926 年明斯特年会还是 1927 年慕尼黑年会,非实证主义阵营的主要人物斯门德与黑勒都未提出一整套体系化的方法论。直到 1928 年《宪法与实在宪法》的出版,斯门德从借鉴李特(Litt)的精神科学方法出发,提出其整合理论的国家法学立场。其中,斯门德指出耶利内克-凯尔森理论的不足在于,虽然其极力建构国家在规范上的正当性,但这种对国家的形式化认知带来的后果,就是在心态上逃避或者

---

① 亚历山大·索梅克:《无国家的法:凯尔森的国家理论及其限度》,载张龑编译:《法治国作为中道:汉斯·凯尔森法哲学与公法学论集》,中国法制出版社 2017 年版,第 342—343 页。

② *Veröffentlichungen der Vereinigung der Deutschen Staatsrechtelehrer*, Heft3, Berlin and Leipzig1927.

③ 值得一提的是,拉夫·达伦多夫(Ralf Dahrendorf)对该年会整体持比较消极的评价,他认为魏玛时期的非实证主义者受黑格尔主义观念的影响,把国家当作一个凌驾于"公民社会"之上的实体,从而喜欢援引预先存在的规则——"自然法"来作为诊断社会问题的方法,而非选择多元的、竞争的方法解决社会生活问题,从而限制了魏玛共和国的民主多元化趋势。这一观点值得关注,实际上也涉及后文将提及的客观价值重构问题。Ralf Dahrendorf, *Society and Democracy in Germany*. W · W · Norton&Company, P232 - 248.

无视国家的政治现实情况，未能考虑到宪法的政治功能及其规范性效力如何实现的问题，反而进一步拉大了宪法秩序与国家生活之间的差距。[①] 而凯尔森则针锋相对地回应，斯门德把国家的本质建立在国民心灵秩序中的作法，目的在于把“整合”作为一种政治价值原则，即成为一个隐藏在所谓自然理论知识背后的政治价值判断公式，本质上是为了让国家完全独立于任何规范秩序。[②] 因此，斯门德的整合意图也不是对国家本质的洞察，而是一种价值判断[③]，进而凯尔森认为斯门德的非实证主义进路不应视为政治科学，而应被视为国家神学，因为它以神学对待自己的方法对待其对象，即国家。[④] 实际上，凯尔森对斯门德的指责，主要是整合理论将自然法的价值判断融入国家学与国家法学的作法，容易导致政治力量借自然法之名介入宪法判断。然而，尽管凯尔森对整合理论进行激烈的批评，但却未能洞察整合理论的真正关切所在，这同时也就是凯尔森与另一位新康德主义方法论代表人物施米特的争论之处：何为例外时刻的宪法守护者？

(三) 非实证主义的问题意识兴起

无论是耶利内克的法律主体论，还是凯尔森的基础规范论，国家主权的创设者都源于自身，并不需要外在于国家的秩序作为基础。与此不同的是，施米特通过断言主权人民的“当下存在”解决这一悖论，即人民在本质上具有同一性，在面临外部及生存威胁时，它们变得具有“政治性”。[⑤] 他通过对法国与德国宪法发展历史的梳理，指出人民的政治意志能够决定整个政治统一体的存在，政治决断从政治存在中产生出

① 鲁道夫·斯门德：《宪法与实在宪法》，曾韬译，商务印书馆 2019 年版，第 5—8 页。

② Hans Kelsen, *Der Staat als Integration*, Springer-Verlag Wien GmbH, 1930, p. 45, p. 49.

③ 同上注，第 50 页。

④ 同上注，第 56 页。

⑤ 彼得·C.考威尔：《人民主权与德国宪法危机》，曹晗蓉、虞维华译，译林出版社第 2017 年版，第 120 页。

来,确定了自身存在的类型和规范。[1] 此种政治意志的直接表达形式是“喝彩”,因为这种行为是“一切民族自然的、必不可少的生命表现”。[2] 值得一提的是,施米特也曾恰当地指出法学无法排除非理性的价值判断,这使他的政治决断论接近了实证主义。但他却从基于同质化的总体意志那里重新寻获了解决主权预设难题的答案,并认为只有在关键时刻做出的根本决断才能拯救共和的危机,这就走向了耶利内克与凯尔森的对立面。然而,尽管在施米特与实证主义之间存在诸多差异,但二者却都表达了一种静态化的立场,即“霍布斯主义”的国家主权模式。[3] 凯尔森与施米特的理论都旨在克服政治现实中的“霍布斯主义”时刻,陷入主权目的论的桎梏。换言之,凯尔森用激进的方案将政治权力约束于法律规范之下,施米特却通过知识考古看到了在例外时刻起到关键影响的政治决断。正是在这个意义上,施米特发表《宪法的守护者》反驳凯尔森宪法司法化的主张,而提出应由直接选举的总统作为宪法的守护者。[4] 尽管凯尔森后来又写作《谁应成为宪法的守护者?》回应施米特的指责,但凯尔森的思路仍然延续的是一种规范主义的分析框架,认为只有宪法司法化才能抵御议会和政府的权力,维护经典的立宪主义分权架构,从而科学地解决国家政治问题。[5] 但是,如果考虑到魏玛时期的宪法现实,就能发现,在真实的政治实践过程中,权力、利益、价值、规范之间的关系是复杂交互的,因而在理论上也必须以一种辩证和动态的眼光来看待日常的政治实践,才能更为周全地考虑到影响政治决定的各种因素。[6] 因此,既不同于施米特对政治决断的

---

① 卡尔·施米特:《宪法学说》,刘锋译,上海人民出版社2016年版,第117页。

② 同上注,第126页。

③ 彼得·C.考威尔:《人民主权与德国宪法危机》,曹晗蓉、虞维华译,译林出版社第2017年版,第124页。

④ 卡尔·施米特:《宪法的守护者》,李君韬、苏慧婕译,商务印书馆2008年版,第193—197页。

⑤ 汉斯·凯尔森:《谁应成为宪法的守护者?》,张龑译,载《民族主义与国家建构》,法律出版社2008年版,第241—290页。

⑥ 康拉德·黑塞:《联邦德国宪法纲要》,李辉译,商务印书馆2007年版,第8—10页。

热衷，也不同于凯尔森的宪法审查模式，黑勒将主权植根于社会文化基础，斯门德认为宪法的真正力道实则奠基在具体的国家生活之中，而此种国家生活的核心乃是议会及议会中产生的民意结构。如何更为彻底地回应魏玛时期的宪法现实困境，这还需要走向黑勒与斯门德的新黑格尔主义国家法学理论脉络。

受到黑格尔理论的影响，黑勒与斯门德不认同新康德主义对应然与实然的界分，因而对国家主权的理解也与凯尔森、施米特在本质上有所不同。黑勒敏锐洞悉了凯尔森与施米特的理论弱点，即二者都不认为"伦理实践"中不存在绝对可靠的基础，前者以一个科学观念作为理论悬设，后者则以权力决断作为基础。[①] 所以，黑勒提出，"所有的政治都是对一定社会现实的塑造……因此，政治家必须了解清楚现实"。[②] 也就是说，政治权力要针对社会中的人际秩序做出引导和调整，成功塑造人们之间的关系。但要完成此种社会塑造，就需要通过科学理性的方法对社会的文化和实践进行全面理解。由此看出，黑勒的国家理论也具有双重面向，而且国家概念的两面性显示出辩证的关联意涵。国家的规范属性要在社会现实的具体结构中加以观察，与此同时，社会现实性同样应以规范的意义脉络作为参照。从规范与社会现实的关系来看，斯门德与黑勒都秉持同样的观点，即承认二者之间的沟通和互动关系是国家理论的前提。也就是说，从反实证主义立场来看，关于国家主权的论证，既不需要预设一个绝对的、超越的确定观念，也不需要走向政治浪漫派的决断论，而应将国家视作"具有内在理性的建构性政治体"。然而，尽管斯门德与黑勒理论之间有诸多相同点和互补之处，但二者的根本差异仍在于方法的不同。黑勒的方法是一种社会学意义上的文化建构主义，不仅将国家看作是文化的一部分，而且将整个人类及其生存环境都视作文化的一部分，人们

① 大卫·戴岑豪斯：《合法性与正当性：魏玛时代的施米特、凯尔森与海勒》，刘毅译，商务印书馆2013年版，第194页。

② 赫尔曼·黑勒：《国家学的危机：社会主义与民族》，刘刚译，中国法制出版社2010年版，第139页。

要掌握的知识是“社会的结构”。[①] 但斯门德主张以精神科学的方法重构国家法学,因而黑勒的社会“现实性”是有计划的理性秩序和客观的社会组织[②],而斯门德则将其理解为个体的主观精神体验。斯门德的整合理论旨在从“沉睡的大众”中间唤醒人民主权的结构[③],将国家奠基于由个人主观精神体验勾勒出来的精神实体,从而重构国家本质及个人与国家之关系。在黑勒那里,宪法所要处理的主要对象是个人与社会中的理性结构的关系,也就是认为一些大型社会组织才是国家的主要构成,因而宪法的变动性亦源于个人与大型社会组织之间的斗争与互动关系之力量对比。[④] 由此看出,虽然黑勒与斯门德都致力于发现宪法文本之外的实在宪法秩序,第二次世界大战后的宪法学说也吸纳了二人的理论成果,但实际上二者理论所关注的对象存在极大的不同。概言之,在反实证主义脉络中,斯门德与黑勒都受新黑格尔主义的影响颇深。黑勒思想基础的复杂性体现为黑格尔-马克思脉络下的国家与社会关系的同构式理解,所以他不仅坚持实证宪法本身固定内容,而且也强调宪法的规范力在于对社会中工人阶级命运的关注。而斯门德试图在宪法之外寻找国家生活中的“整合”秩序,社会阶级之间的关系就不是其首要的关注目标,他更为注重的是在政治力量之间确立价值共识。

总体来说,德国魏玛时期的国家与社会危机促使国家法学者必须要回应现实的国家生活。在学术争论中,形成了新康德主义与新黑格尔主义、实证主义与非实证主义、规范主义与决断主义、历史主义与建构主义等法学立场的交错格局。而斯门德运思独特之方法论,提出宪法整合理论的体系架构,在魏玛共和时代呈现出了与其他宪法学家不

---

① 米歇尔·施托莱斯:《德意志公法史(1914—1945)》,王韻茹译,元照出版社2012年版,第218页。

② 赫尔曼·黑勒:《论国家》,谢立斌译,载黄卉编:《德国魏玛时期国家法政文献选编》,清华大学出版社2016年版,第372—373页。

③ 鲁道夫·斯门德:《宪法与实在宪法》,曾韬译,商务印书馆2019年版,第50页。

④ 赫尔曼·黑勒:《国家学的危机:社会主义与民族》,刘刚译,中国法制出版社2010年版,第56页。

同的思想特质。所以,只有从其方法论出发,才能厘清他的国家本体命题与宪法概念命题,从而得以评价与整理斯门德理论的学理贡献及限度。

二、宪法整合理论的三重命题

(一) 方法论命题:精神科学的引入

斯门德的方法论选择并非是恣意的或者是刻意谋求某种学术上的创新,而是对既有学术史的分析和对魏玛宪法实践的长期观察之结果。斯门德认为,从规范层面建构国家法学理论使宪法秩序与国家生活进一步脱节,而完全采行社会事实进路也会导致规范性的严重缺失,个人的自由及其法之明确性和安定性都遭到贬损。① 可以说,即便既往的德意志国家理论史中学派林立、观点多样,但仍能从中提炼出两大特征:一种特征是强调国家理论中的正当性要素,另一种则是强调权力要素。斯门德指出,正当性要素与权力要素对于国家理论都具有重要意义,且二者不是对立关系。如果运用精神科学的方法,就能看出作为国家正当性渊源的"自我"与体现权力载体的"共同体"这对范畴之间存在着密切的关联。② 其关联性可阐发为三个层次:第一,在精神生活中,个人的人格塑造、价值观念以及生活方式都是处于与其他社会成员的互动之中的,在这种社会关系里,人们的沟通与交往使自我意识与他者意识的交融成为可能。第二,如果将精神生活中的意识交融看作是一个类似于网络状的整体,那么就会对"集体性"这个概念有不同的认知和理解。集体性不是一个自主发育的社会结构,它就是人们的精神生活本身。从个体的意义体验来看,即便是存在非常多元化的主观心理和世界观,也能从一个共同体内部成员中观察到超越特殊性的普遍精神特质。所以,可以认为"集体性"就是"个体的意义

① 鲁道夫·斯门德:《宪法与实在宪法》,曾韬译,商务印书馆2019年版,第9—10页。
② 同上注,第11页。

体验之整体”。[①] 第三，从个体人格中观察到的社会性就具有相互关联的两部分，既包括了属于个人人格发展和塑造的一部分，也包括从中表现出的客观意义整体。因而，个人的主观特殊性与社会共同体的客观意义整体实际上是共在于同一的人格之上的，二者不是相互孤立的要素，前者构成后者的实体、外观和表象，后者构成了前者的原因、过程、结果。从精神科学的视野中得出个体与共同体之间存在辩证关系的结论，使对国家生活进行实质性理解成为可能。

从前述精神科学的角度来看，既然共同体只作为客观意义的整体出现，那么从经验直观的层面描述国家就不符合其方法论立场。若从循环交往的关系来看，国家目的论所预设的个体与文化结构之间的分离状态也必然不能成立。所以，斯门德首先以精神生活内在的交互关系为基础，确立了国家的先验结构，提出了与目的论不同的规范性主张。精神生活的特点在于，共同体中并不存在精神文化产生的源头和归宿，个体的政治参与能力得益于社会政治风气的影响和培育，而社会政治风气就是个人在政治生活中的观念和行动，因此在个体与社会的文化整体之间毋宁是处于循环往复的辩证关联中，此种有机的精神关联构成了国家的先验结构。尽管此种先验结构没有理性主义目的论的超验性支撑，但将先验性建构于社会现实的优点在于，规范正当性能够以更加切合实际生活的面目被人们理解、认识和遵循。其次，斯门德对国家理论的事实面向进行了个人主义式的重述。斯门德的重述方法非常巧妙，他从精神科学的层面反驳社会学的机械化认知方法，即认为机械化思维其实是以反对文化的理性建构能力作为认知前提的，进而指出“整体只是个人在总体体验上的份额的‘统一性构造’”[②]，那么即便从国家的现实要素来看，其作为经验直观的样态仍然存续于每一个国民的人格和心灵之中。这就意味着，国家学将其研究对象处理为一个动态的、持续变化的精神实体，而在其中居于核心地位的是在政治生活

---

① 鲁道夫·斯门德：《宪法与实在宪法》，曾韬译，商务印书馆2019年版，第24页。

② 同上注，第21页。

中表现活跃的、有意识的人群以及从中表现出来的人格特征。最后，综合国家理论的规范面向和事实面向就能发现，国家的内在结构不是静止僵化的，而是必须在其动态的生成过程中不断获得成员的认同，赢得成员的团结；同时，持续保持国家生活的活力，才能提升成员的精神体验感。斯门德通过对纯粹法学和社会学的批判性重述，重构了国家学的研究对象，从而为建构自身的国家法学体系奠定了理论基础。

(二) 国家本体命题：整合模式的一体化

国家的先验结构是个体与共同体之间的精神关联性，其法律判决、外交事项、行政体制等公务活动需要契合此种处于动态变迁的精神结构之中，国家才具有现实的存在本体。而这种更新和续造的过程本身就成为国家生活中最为根本的部分，即"整合"(integration)。斯门德指出，大致可以将共同体的整合类型化为"人的整合""功能整合"和"实质整合"三种形式，而其中最重要的是实质整合。[①] 从国家整合的角度来看，第一种类型是人的整合，即是指通过人员进行整合。他认为，无论是何种类型的精神生活，都存在着作为领导者的政治家、官员和作为被领导者的人民这对范畴，二者之间也存在着构成性的关系。政治家要取得对人民的领导至少具有两方面的要求：一方面在于保持领导者的地位，这有赖于统治者、政党人物、议员甚至包括记者在内的政治家群体要擅于团结身后的选民和读者，取得被领导者的理解和信任；另一方面，政治家们不能耽于技术性的琐碎工作，因为处理这类事务类工作既非其所长，也非其职权的领域，因而政治家们要具备引领共同体成员意识的能力，把精力放在激活人民的自我意识上。[②] 第二种类型是功能整合，即整合运行过程中的程序和方式。共同体成员的多元价值观念以及相互冲突的利益诉求，使整合的过程必须要借助于合理的形式，

---

① 特别说明的是，斯门德的整合概念不仅用于国家整合层面，任何共同体的组建和发展都必须依靠整合完成。后文将提及法律生活共同体与技术行政共同体也用整合作为分析范式。鲁道夫·斯门德：《宪法与实在宪法》，曾韬译，商务印书馆 2019 年版，第 31 页。

② 同上注，第 36—41 页。

才能有效地达成社会合题，从而改善和提升个体的精神体验，并强化共同体的凝聚力。[①] 功能整合的主要机制十分多元，至少包括选举、议会论辩、组阁、政治决策、行政管理、立法行为、司法裁判等多种形式，目的是促成人的整合与实质整合。第三种类型是实质整合，即国家正当性的实质内容。如果说，个体与共同体之间的精神关联是国家理论的先验结构，那么此种先验结构也只为规范的正当性确立形式化的要件，而实质性的要件则是要为共同体的意义结构注入实质内容。由于实质整合是国家正当性的基础，所以在三种整合方式中，实质整合具有统摄人的整合和功能整合的地位。[②] 实质整合的核心是正确理解国家目的和国家任务。斯门德指出，不能将国家目的视作为一种外在于政治共同体的文化目的，而必须将其视作为国家生活本身。所谓外在于国家的文化目的就是把国家作为实现经济社会中的各种目标的工具，而这些目标的完成又可以赋予国家正当性。在他看来，这种从启蒙时代就盛行的传统思路没有将国家的自我价值实现这一本质规定性作为出发点。国家的目标只能源于国家作为精神共同体的现实化，亦即专属于国家的客观价值规律在具体历史条件中呈现出来的形态才能确立为国家目的，此种国家目的是一种持续的、统一的激励人心的体验关联。[③] 须指出的是，"国家的自我价值"这一说法容易给人一种国家主义的印象，实际上这并非斯门德本意和宪法整合理论的主张。"国家的自我价值"应从前文所述的精神科学方法论加以理解，国家的本质是一种精神体验和精神结构，那么这一价值实现便指的是国民的精神生活的现实化。

---

① 鲁道夫·斯门德：《宪法与实在宪法》，曾韬译，商务印书馆2019年版，第45—47页。

② 同上注，第57—60页。

③ 事实上，斯门德在国家学部分的确只含糊其词地表示，"历史和国土是客观价值规律的当下存在形式"。然而斯门德在实在国家法部分，则明确地将基本权利作为一种源于历史和为历史决定的整体。所以，国家目的和国家任务的确立实际上有赖于对实在国家法中基本权利的抽象提炼，因而从基本权利中抽象而出的价值内容就是一种具有历史属性的国家目的。类似做法，如阿列克西通过对基本权利"三重抽象"，获得"……价值纯粹应然存在"的规范性命题。参见斯门德书，第60、63、203页；罗伯特·阿列克西：《法·理性·商谈：法哲学研究》，朱光、雷磊译，中国法制出版社2011年版，第267页。

就此而言，斯门德提出整合概念有其更为深刻的用意，他虽然不满意古典自然法学方法论的单一性缺陷，但是却十分认可古典自然法学在国家正当性论证上取得的成就，并且认为这种理论积淀远远超越了社会学在国家理论层面的建树。① 但是，他也认为对古典自然法学的去粗存精乃是要从方法论的一元性走向精神科学，这样不仅为国家学、国家法学在内的人文社会科学领域找到了独立的方法工具，克服了方法论的杂糅，而且使古典自然法学的规范性论证更加有力。② 比如，卢梭的公意概念在既往的理论家看来，是将国家理解为人民组织机构的理论源头，这就是对公意概念的误读。在卢梭之前，理论家都是从静态的角度来论述社会契约，但卢梭提出公意的概念则对契约论赋予了动态属性，从此国家的政治现实不再是僵化和静止的，而走向一种持续性证成过程，这即是自然法学家未意识到的公意概念的有益成分。所以，耶利内克的阐释就是静态地理解国家正当性的典例。尽管耶利内克试图通过区分作为目的的理念与作为机会的现实来完整把握国家的实体，但仍然无法揭示国家的本质内容，而回避了国家理论的这个前提性问题。与此相对应的是施米特。施米特重视对国家本质的解答，但得出决定国家正当性是主权性的政治决断，也与宪法整合理论的调和立场不符。因此，斯门德认为，国家的正当性并不需要奠基于某种特定的价值之上，而是基于整合体系的灵活性和变动性，国家在政治结构层面能够自我塑造和发展，从而正当性的问题就转化为人民内部的“精神生活的培育和生长”。因此，国家的内在价值与伦理指向的是生活在国家之中的人民全体，而非把国家想象为某种具有空间结构的实体。

(三) 宪法概念命题：整合进程的法秩序

斯门德通过引入精神科学方法及其对整合任务的阐发，旨在提出

① 鲁道夫·斯门德：《宪法与实在宪法》，曾韬译，商务印书馆 2019 年版，第 87 页。
② 同上注，第 88 页。

与耶利内克-凯尔森的规范宪法观、施米特的政治宪法观完全不同的宪法理论。由此,斯门德提炼出整合视域下的宪法概念,“在整合进程中,国家生活整体持续地重新构建,而宪法是关于这一进程各个方面的法律规定”。[①] 这一概念须承接国家学理论部分中的三种整合方式来理解。由于整合体系的一体性,人的整合寓于功能整合与实质整合的过程之中,依照功能整合和实质整合在国家机关、国家职能层面的具体化和现实化,政治统一体得以产生。进而言之,宪法对功能整合的现实化不仅在于创建以及维持国家机关的存在和运行,而且也在于国家机关履行技术性职能内容之外的实质整合内容。因此,基本权利中的文化意义和政治整合意涵成为国家机关与国家职能根本导向,从而以基本权利为目标,创生出一个富有活力且能够从自身历史与文化传统中获得整合要素的政治统一体。[②][③] 这意味着,宪法调整的对象是处于动态变化中的国家生活实体,宪法的根本任务是“政治统一体”的持续构建。[④] 所以,宪法必须与国家生活实体保持有机的互动关联,因为宪法的性质与特点、宪法的内容与构成、宪法效力以及功能都在这种与国家社会生活的关联性中确立下来。首先,从宪法的性质和特点来看,宪法是民主政治生活与多元社会秩序的“自主调节器”。[⑤] 随着人民政治素养的提升,普遍价值与特殊价值的融合,市民社会生活的成熟和完善,宪法内在的整合体系会以自发的规范创制功能补充和更新自身,也即作为实在宪法内容的整合体系通过自主发育而使其结构更为合理、内容更为丰富以及各整合模式之间更为协调。其次,实在宪法(positive Verfassung)也会因本体论意义上的宪法的发展而发生变化,并且此种变化因实在宪法的过滤,使本体论意义上的宪法变动不会损害法之安定性原则,反而保持了实在宪法与现实民主政治过程、社会生活变迁之

① 鲁道夫·斯门德:《宪法与实在宪法》,曾韬译,商务印书馆2019年版,第98页。

② 同上注,第98页。

③ 同上注,第173—203页。

④ 康拉德·黑塞:《联邦德国宪法纲要》,李辉译,商务印书馆2007年版,第8页。

⑤ 外审专家在审阅本文时提出,斯门德意义上的宪法概念绝非变色龙式的随波逐流,而是具有内在价值和现实控制力的灵活性。这就是对“自主调节器”的肯綮解释。

间的弹性。再次,从宪法的内容来看,其中既包括能够适应社会变迁的柔性规范,也包括基本权利规范、普遍法理念与法原则以及保障少数群体规范等刚性规范,柔性规范可以采用灵活性的解释方法,而刚性规范则应恪守规范意义的封闭性。最后,从法的效力基础来看,宪法的整合性任务的完成也有赖于宪法效力的实现结果,而宪法的规范性效力取决于现实的民主政治力量在多大程序上发挥作用、经济社会活动是否仍然焕发着相当的活力。[①] 因此,宪法的功能在于通过整合体系的自主发育,完成国家的形式建构与国家生活的良性开展。就此而言,在人员整合上,宪法通过创设机关赋予国家以实体形式;功能整合上,国家机关通过履行相关职能保障了国家生活的开展;实质整合上,宪法通过规定国家的目的及任务赋予了国家以实质内容。[②]

需指出的是,斯门德重构的宪法概念中最重要的部分乃是实质整合,只有将实质整合的意涵阐述清楚,斯门德的国家伦理构想与宪法概念的交融才得以实现。基本权利的价值体系奠基于国家目的,而国家目的的正当性和具体内容又因基本权利的规范解释而得以具体化。这意味着,国家目的与基本权利价值体系之间是互相构成的关系,同样地,也就凸显出国家与人民的精神关联性。概括而言,将宪法定义为整合进程的法秩序,一方面通过实质整合的主导作用使国家目的的丰富内涵源于宪法规定上的基本权利条款,这就摒除了古典自然法的前国家理论预设;另一方面,国家目的的设立,使得宪法基本权利的规范意涵得以产生现实化的法律效果,通过国家能力,基本权利因而从文本转换、落实为人民的实有权利。

由此看出,斯门德从精神科学的视野中推论出个体与共同体之间的辩证关系,提出国家作为独立自存之精神实体这一宪法学断言,将国家的正当性基础置入历史演迁的复杂环节,用动态的历史正当性替代了静态的价值正当性。宪法的根本任务、核心功能、主要特征、内容构

① 康拉德·黑塞:《联邦德国宪法纲要》,李辉译,商务印书馆 2007 年版,第 19—23 页。

② 鲁道夫·斯门德:《宪法与实在宪法》,曾韬译,商务印书馆 2019 年版,第 108 页。

成以及规范效力都在宪法整合的理论演绎中得到体系化的建构，从而解决了国家生活的动态性与宪法秩序之安定性的矛盾。但是，宪法整合理论在克服分离命题时，将宪法秩序与国家整合同构化处理的方案，导致整合与宪法秩序之间存在一定程度的紧张关系。斯门德对此的处理是，结合魏玛宪法实践阐释出了功能性权力配置原理与基本权利的客观价值原理。

三、宪法整合理论的具体原理及其补强路径

(一) 功能性权力配置原则之限度

由于整合体系的灵活性与动态性，该体系呈现为持续性扩张的过程。对此，斯门德曾尝试建构功能主义的权力配置原则来引导与建构国家权力体系。他指出，功能性权力配置体系包括立法权与行政权的交互关系、作为法的载体的立法权与司法权、以促进福祉为目的行政权三个部分。[①] 首先，从立法权与行政权的交互关系上看，主要体现的是立法权的形式属性和行政权的实质内容之间的交互作用与影响，立法权的形式属性是其不包含实质价值的部分，而行政权的实质内容则恰恰是其价值意涵。因而立法权在宪法中的意义和地位在于通过代议制与民主立法程序使人民进入国家的精神关联之中，这是其整合性意涵的一部分。行政权的实质内容所强调的统治行为也促使了人员的整合，所以二者在国家的整合体系上具有强化作用。[②] 其次，从作为法的载体的立法权与司法权来看，则能看出立法权的实质属性就是法的价值，而司法权就是法的价值的整合机制，二者由此实现对法律生活共同体的建构、发展和更新。[③] 最后，行政权还在功能性权力配置体系中发挥出纯粹的技术性职能。与行政权的实质性职能不同，技术性的职能

① 鲁道夫·斯门德：《宪法与实在宪法》，曾韬译，商务印书馆2019年版，第131页。
② 同上注，第124—125页。
③ 同上注，第126—127页。

强调对国内人民福祉的尊重和保障，而实质性的职能则是以持续性建构和维系政治共同体为职责，所以技术性的职能更倾向于行政权本身的独特功能，与共同体的整合体系存在着区别。[①] 具体来看，斯门德构想的功能性权力配置原则如下表所示。[②]

<table>
<tr><th>功能</th><th colspan="7">配　　置</th></tr>
<tr><td rowspan="3">政治统一体</td><td>权力类型</td><td colspan="2">形式立法权</td><td colspan="4">实质行政权</td></tr>
<tr><td>子功能</td><td>人员整合</td><td>功能整合</td><td>人员整合</td><td>功能整合</td><td colspan="2">实质整合</td></tr>
<tr><td>具体配置</td><td>立法人员</td><td>立法程序</td><td>公务人员</td><td>服从机制</td><td colspan="2">权力</td></tr>
<tr><td rowspan="3">法律生活共同体</td><td>权力类型</td><td colspan="2">实质立法权</td><td colspan="2">形式立法权</td><td colspan="2">实质司法权</td></tr>
<tr><td>子功能</td><td>功能整合</td><td>实质整合</td><td>人员整合</td><td>功能整合</td><td>功能整合</td><td>实质整合</td></tr>
<tr><td>具体配置</td><td>法条</td><td>正义</td><td>法律人员</td><td>法院</td><td>法律程序
法律技术</td><td>正义</td></tr>
<tr><td rowspan="3">技术行政共同体</td><td>权力类型</td><td colspan="6">形式行政权</td></tr>
<tr><td>子功能</td><td colspan="2">人员整合</td><td colspan="2">功能整合</td><td colspan="2">实质整合</td></tr>
<tr><td>具体配置</td><td colspan="2">公务人员</td><td colspan="2">行政管理制度</td><td colspan="2">公共福祉</td></tr>
</table>

从上表可以看出，以功能为导向，斯门德从形式与实质方面建构出三种权力的交互关系。其中，位居国家权力架构核心的首先是政治统一体及其人员、机关、制度和目标的配置，其次是塑造法律生活共同体和保障公共福祉的权力配置。然而，这种功能性权力配置体系存在三点不足之处。其一，在权力的功能类型之间形成了“中心—边缘”结构，

① 鲁道夫·斯门德：《宪法与实在宪法》，曾韬译，商务印书馆 2019 年版，第 124—125 页。

② 此表在制作中也参考了斯门德学生黑塞的权力分立学说理论。从斯门德至黑塞，这一功能性分权体系并未有实质改变。参见康拉德·黑塞的《联邦德国宪法纲要》，李辉译，商务印书馆 2007 年版，第 376—440 页。

导致政治统一体配置的任务日趋强势。尽管立法权和司法权共同塑造了法律生活共同体,在内容规定性上并不由政治权力所决定,并有着以“正义”为价值观念的精神领域,但是,以政治统一体的权力统合为基准,“法律生活共同体”的自主性仅仅限于“法律程序”“法律技术”“法律教义”的功能机制层面。这就意味着,法律生活共同体的精神意涵在进入国家本体的总体精神关联内部时,在国家整合塑造的政治权力一体化结构中,法律生活共同体的实质价值导向就与政治统一体之间产生交融,难以完成配置给法律生活共同体的功能任务。实际上,宪法整合理论仍然承袭亚里士多德关于“政体与整个社会相等”的公理式论点,从而将政治统一体的建构视为社会的本质或核心。然而,在现代社会中,亚里士多德的观点已经失去了它曾经拥有的合理性,人不能再被定义为一个政治性的动物,政治也不再能被合理解释为社会的中心,因为现代社会将因功能分化而实现自我的组织。[①] 其二,由于“中心—边缘”结构的持续性影响,形成了权力之间的功能同化。宪法整合理论将行政权力区分为技术性行政权力与实质性行政权力,以消解行政权力扩张的难题。技术性的行政权力属于韦伯意义上的等级制的官僚体系,其之所以被称为“理性”,是因为“调整官职行为的规则可以是技术性规则或规范,官员不拥有生产资料和行政手段的所有权”。[②] 然而如上表所示,一方面,为福祉目的配置的人员和功能机制其实与国家整合的人员和功能机制是高度同质化的。因此,在行政权的实际运行过程中,以案牍为主要行动规范的现代行政管理制度也会陷入服从关系的窠臼之中,被政治统一体的功能配置所替代。另一方面,无论是人员整合还是功能整合,都需要以实质整合作为方向和任务。技术性行政行为的福祉要素在“中心—边缘”的功能结构中只能逐渐作为政治统一体建构的历时性过程,而非是一种与时间无涉的实质性意义结构。所以,

① Niklas Luhmman, *The Differentiation of Society*, Columbia University Press, 1982, p. xvi.

② 马克斯·韦伯:《经济与社会》(第一卷),阎克文译,上海人民出版社2019年版,第399—400页。

由于技术行政行为受实质行政行为的影响和制约，形成了行政权内部的功能同化，难以区分技术行政和实质行政。其三，可能带来权力陀螺的自旋效应。如前所述，对同一权力主体区分出双重属性的方案，难以克服权力单元的持续增长。但易忽视的是，由政治统一体、法律生活共同体和技术行政共同体构成的国家权力体系，在权力单元的生成过程中缺少必要的过滤机制，进而形成一种居于体系内部的陀螺自旋效应，使政治意志的形成过程与斯门德所主张的共同体之“精神生活”发生一定程度的分离。可以说，如果其权力体系的演化动力不来源于客观价值规范，则容易使宪法整合的过程落入黑格尔的理论陷阱，“现实不会因权力的介入而变得僵化，而是基于精神的辩证法在具体的历史中展开自身”。[①] 若权力的性质按照黑格尔的理解来看，国家权力与社会生活之间呈现为交融关系。因此，宪法整合的构造基础还欠缺两个要素：一是斯门德致力主张的精神建构方法进一步需要人民主权原理的支持和证立；二是基本权利的客观价值秩序在国家整合体系的扩张中存在同构化的倾向，这就需要重新将客观价值秩序奠基于公民的自主意志和价值共识。

综合来看，宪法整合理论对政治统一体、法律生活共同体与技术行政共同体提出了功能主义的区分方案，但在实际的运行过程中，此种功能主义的区分方案还存在着不足之处。也就是说，虽然宪法整合理论强调以“功能—结构”替代“结构—功能”，但如果从现代社会学理论的新进展来看，功能分化范式还进一步发展出了自创生系统的任务及其多系统协调演化体系，因此本文尝试在功能性权力配置体系内部引入系统演化的“自创生”结构。

（二）“自创生”政治系统的世界观解题

斯门德认为，国家的根本任务在于构建和维系政治统一体的发展。只有当宪法不断成功地调和相互冲突的利益诉求和价值立场，才能完

① 鲁道夫·斯门德：《宪法与实在宪法》，曾韬译，商务印书馆2019年版，第121页。

成这个任务。因此,共同体成员的观念、利益、行动始终发生着矛盾冲突,这是构建政治统一体的前提要件,也是政治统一体得以更新的原动力。也就是说,政治统一体的基础实际上是为了调节共同体成员的行动,而对“人的行动”这一概念的理解需要重新放在观念论与实证主义的学术脉络中进行理解。德国观念论传统擢升了人的意识能力,特别是从费希特扬弃康德的“物自体”概念开始,哲学知识学的问题视角更加注重意识对经验的规定性和创造性。一方面,意识对经验的规定性体现为,经验的现实构造源于意识的理性活动对思维对象的界定和关注;另一方面意识对经验的创造性又体现为,以一种非自然因果关系的内在合目的性为中心,思维对象的知识则是人对行动合理化的否思和反省。[①] 然而,不可否认的是,作为功利主义分支的实证主义传统援引自然科学方法对人的行动的分析,的确证成了情境、条件与资源对行动的影响。[②] 塔尔科特·帕森斯(Talcott Parsons)认为,实证主义消除了理性行动的目的、手段和条件之间的区别,其后果在于改变了理性的地位。[③] 因而帕森斯主张,在实证主义的框架内,对理性规范的背离必须被还原,但他也承认作为经验事实的新知识独立于观念论体系的固有发展方向,而观念论对这些事实的观察和验证尚为不足。[④] 所以帕森斯为了描述和分析人的行动的复杂性,提出用“系统”的概念来表述行为这种现象,即由具体的目的、具体的条件、特定的手段、一个或多个规范等复杂要素构成的实体,而系统又能进一步分解为子系统,最终达到所谓的单位行为。[⑤] 例如在政治行动要素中,为了避免出现霍布斯语境中的无限权力斗争之后果,社会行动系统就需要有规范的制定,从而通过分配秩序调节系统内的个人权力关系。由于社会行动系统内部中

---

① 文德尔班:《哲学史教程——特别关于哲学问题和哲学概念的形成和发展》,罗达仁译,商务印书馆1993年版,第354—355页。

② Talcott Parsons, *The Structure of Social Action*, The Free Press (A Division of Macmillan Publishing Co), 1968, pp. 698 - 699.

③ 同上注,第699页。

④ 同上注,第725页。

⑤ 同上注,第731页。

个人特征的复杂多元化，规范的制定还应参照一个共同价值体系，以此作为系统内成员共同的最终目的，即“共同价值整合”(common-value Integration)。① 由此看出，帕森斯试图构建的是社会系统的一般理论，其把所有能够产生人与人之间的社会关系的行动都纳入系统理论的框架内部，并通过引入其他变量的要素及其变量之间相互关系来维持系统的稳定性，从而使系统得以成为分析诸种社会制度的普遍性概念。② 这种普遍性的理论追求实际上与黑格尔-斯门德的问题视野是类似的，而尼可拉斯·卢曼(Niklas Lumann)则认为普遍主义的理论构想犯了自我本质化(self-hypostatization)的错误，这样的理论工作必须假定一个预设的原则或目的，所以其得到的结论未必是客观和中性的。③ 因此，关于社会系统的一般理论需要转向为一般系统理论。这意味着，在方法论上既应放弃将系统的稳定性和有效性奠定在一般性原则之上，也不必运用类比或归纳的逻辑分析事物的本质特征。④ 相反，通过概括和再具体化发展与特定系统类型有关的理论则更为重要。就此而言，卢曼将其核心论点归结为，“存在自我指涉(self-referential)的系统”，即有一些系统有能力建立与自身的关系，并将这些关系与环境的关系相互区分。⑤

进而言之，宪法整合理论在如何看待国家内部的矛盾问题上采纳了黑格尔的视角，即矛盾能够使政治统一体保持活力和能动性，有效克服与摆脱僵化和静止状态。⑥ 可以看出，宪法整合理论关于政治统一

---

① Talcott Parsons, *The Structure of Social Action*, The Free Press (A Division of Macmillan Publishing Co), 1968, p. 768.

② Niklas Lumann, *Social Systems*, Translated by John Bednarz, Jr., with Dirk Baeker, Stanford University Press, 1995, p. 15.

③ 同上注，第15页。

④ 同上注，第14—16页。

⑤ 同上注，第13页。

⑥ 黑格尔分析事物之矛盾时指出，“事物以被规定的方式，对于那统握着的意识呈现出来，但同时又从它在其中呈示出来的方式出发，而在自身中反思自己，或者说事物在它自身有一个相反的真理”。邓晓芒教授将此句解析为两个方面：一方面是意识的进化发展，另一方面是事物本身的进化发展。所以，“应该发生的”与“为此发生的”之间总会存在着矛(转下页)

体的论述,实际上已经指出了政治具有自赋合法性的能力,也就是系统论语境中的“自我指涉”能力。[①] 国家的整合体系只要能够不断解决共同体内部出现的矛盾,就能在这种完成根本性的整合任务的同时,实现政治统一体的“维系和壮大”。[②] 然而,现代社会的功能分化要求任何系统都必须持守边界,不能无序扩张,侵犯其他系统的运作领域。从系统论的角度来看,政治系统可以通过“自我指涉”来定义自身的存在以及保持更新,而“自我指涉”的能力必须有一个前提要件作为基础,即系统与环境的分殊。系统要维持自我的存在就必须要维持与环境的差异以及与其他社会系统之间的界限,因为一个较高等级的、承载独立功能的系统需要建构出相互关联的内部构成要素,而要素之间的紧密关联就促成系统的封闭运作。[③] 就是说,现代社会中的政治系统因其高度功能化得以区分于其他社会系统,宗教、经济、文化、法律、教育、科学和军事环境则作为政治系统的环境,构成政治系统的支撑。因此,政治系统的自主性必须以功能分化为前提,依赖于几个相关联的系统,获得其他系统的支持,并合理地平衡这些系统对自身的贡献,而不能认为自己是社会中的唯一枢纽。[④]

正是在这个意义上,政治统一体具有“自创生”的政治系统属性,可以补足整合理论的缺陷。如前所述,虽然斯门德观察到整合体系中有“法律生活共同体”的异质性成分存在,但这个洞见却与整合作为国家

(接上页)盾,矛盾中又产生新的问题,理性在克服问题的同时不断产生出新的任务。这就是经典的辩证法三要素:“正题、反题与合题”。若以政治统一体作为“事物”来看待,政治统一体的反思过程其实就是意识的反思过程,在这个过程中,意识的反思才是根本性的,事物是向主观意识呈现出来的方式,而主观意识的反思则赋予事物以实体。因此事物之矛盾可以描述为实体与意识呈像之间的持续性建构,从而使事物得到更新和发展的动力。参见邓晓芒:《黑格尔〈精神现象学〉句读》(第二卷),人民出版社2018年版,第307—308页。

① 尼可拉斯·鲁曼:《社会系统——一个一般理论的大纲》,鲁贵显、汤志杰译,暖暖书屋文化事业股份有限公司2021年版,第77页。

② 鲁道夫·斯门德:《宪法与实在宪法》,曾韬译,商务印书馆2019年版,第104页。

③ 尼可拉斯·鲁曼:《社会系统——一个一般理论的大纲》,鲁贵显、汤志杰译,暖暖书屋文化事业股份有限公司2021年版,第60页。

④ 参见Niklas Luhmman, *The Differentiation of Society*, Columbia University Press, 1982, pp. 144 - 145。

之根本任务的地位矛盾。如果将政治统一体转化为“自创生”政治系统，那么法律生活共同体和技术行政共同体都能获得更为符合现代性标准的地位和结构。其一，政治系统与法律生活共同体的运作符码不同。在政治系统中，是以“具有优越性的权力（职务权力）与从属者”构成的区分为符码，而法律系统则建立在“法与不法”的区分基础上。[①]如果这种界限被随意打破，那么“法律判决和契约缔结都会被视为政治行动”。[②] 因此，法律生活共同体的“正义”将成为系统的偶联性公式，即要求在立法、司法、法科学的系统要素生产环节中，使“正义”作为推论前提和“运算公式”，取得对法律生活共同体的管辖，才能符合法律系统的运作逻辑，从而提升法律生活共同体的专业性和自主性。[③] 其二，技术行政共同体是政治系统的子系统，而政治系统构成技术行政系统的环境。用系统/环境的关系代替的形式行政权与实质行政权的区分的优势在于，既能保证二者之间的分立关系，同时也不会中断技术行政共同体与政治系统的沟通。一方面，分隔体现为政治系统与技术行政系统的差异性。技术行政系统将以尊重诸项社会系统的特点进行治理，不仅尊重这些社会系统的独立性和自主性，而且为其提供公共资源和条件，协调社会系统之间的关系。另一方面，政治系统与技术行政系统的界限也不应被理解为彼此隔离的结构化边界，而是具有分隔与连接双重功能的区分标识。[④] 尽管界限区分出政治系统内的特殊要素，但技术行政系统与政治系统的因果作用并不会中断，而是通过技术行政系统的治理成就推动着政治系统的发展和演化。因此，从政治统一体迭代为政治系统，尊重法律、技术行政系统的运作符码和更新方式，可以实现多系统的协调演化。

---

① 尼可拉斯·鲁曼：《社会中的法》，李君韬译，五南图书出版有限公司 2019 年版，第 375 页。

② 同上注，第 375 页。

③ 同上注，第 205 页。

④ 尼克拉斯·鲁曼：《社会系统——一个一般理论的大纲》，鲁贵显、汤志杰译，暖暖书屋文化事业股份有限公司 2021 年版，第 73 页。

(三) 商谈式的客观价值重塑

系统论为现代社会的自身问题提供了方案,这种方案不再从形而上学和宗教立场中寻找答案,而是依靠自我的运作,反身性地建立于这些问题的答案。① 可以说,政治系统与环境的关系替代了康德以来的主体哲学命题,即先验意识与经验的关系在系统中将不存在,从而跨越了观念论传统中应然与实然的鸿沟。② 相较而言,斯门德承继黑格尔的做法,打开了先验主体进入历史—时间维度的通道,区分主观精神与绝对精神以克服观念论的局限,而所谓绝对精神即宪法整合理论阐述的奠基于国家的文化历史与国土之上的客观价值体系。卢曼使用的系统概念区别于黑格尔-斯门德意义上的绝对精神概念,其优点在于,系统与环境的关系表现为高度的相互依赖性,从而有效克服社会的局部结构被整合进精神的总体关联之中。但其也带来了一个隐微的缺陷:如果政治系统的要素都是自我生产出来的话,那么这种自我生产更多是一种实践意义,而非主体哲学史中强调的自我实现的思想意义。③ 正如尤尔根·哈贝马斯(Jürgen Habermas)指出的,"从历史角度看,雇佣劳动关系的建立、无产工业者的兴起以及政治对大众的掌控,决不是没有痛苦的过程"④,而功能化的政治系统在持续性的分化过程中仍然难以感知社会的合理化要求,所以政治系统还必须考虑现代国家感受社会危机的可能性问题。换言之,斯门德为了调和现实的国家权力与人民主权的关系,采取了精神现象学的方法,使国家植根于人民内部的总体精神关联,这种关联性应当被承继下来,只不过还需要进一步讨论如何补强国家权力与人民主权之间的多重方式问题。在现代社会中,人不仅可以按照其意志保持与行动规范的距离,而且也可以主动选

---

① 尼可拉斯·卢曼:《关乎众人之事:评哈贝马斯的法律理论》,陆宇峰译,《清华法治论衡》2014年第1辑,第382页。

② Jürgen Habermas, *The Philosophical Discourse of Modernity*, translated by Fredrick Lawrence, Polity press, 1990, p. 368.

③ 同上注,第371页。

④ 同上注,第375页。

择在更高层次的公共领域及其公共交往环节中处理自己对危机的感受。[①] 如果要让权力陀螺的动力源于人民主权，就必须从商谈论角度重构权力与人民主权的关系结构。

从商谈论原则出发，可以将这种关系分为双层构造：一是在实然维度，巩固人民主权对权力体系的奠基；二是在应然维度，以多元式的社会商谈建构客观价值规范。首先，人民主权与权力体系的媒介即基本权利承载的客观价值体系，“国家权力的再生产，应该仅仅是其转化的结果”。[②] 客观价值体系的必要形式是通过公民参与形成政治意志。因此，宪法整合进程的前提是公民的政治参与权利得到充分保障，使政治意志形成基于商谈的原则展开。公民的政治参与能够释放公共领域中的理性潜能，扩展人的心智，它不仅是建立共同体成员之间相互理解的承认关系的基础，也是政治系统、技术行政系统以及法律生活共同体本身。但须强调的是，客观价值体系的本体并不预设于国家整合体系的内部，也不存在于基本权利的实质性整合内容。相反，客观价值体系是通过一种“意见分化的交往预设和程序得到实现的”。[③] 这种交往预设和程序旨在建构出匿名化的论坛和意见团体，将人民主权实现于具有理性结构的公民自主行动。因而宪法的主要功能在于规定社会商谈的基本原则和程序概要，而非规定客观价值体系的内容，否则会造成客观价值与国家权力的融合。所以，当承认基本权利承载的客观价值作为国家整合体系的前提时，便需要将客观价值的构成性内容放置于多元主义的社会商谈环节之中，由此构建国家整合的基础。此种社会商谈主要包括道德、伦理和实用利益三个方面。第一，道德商谈可以形成一个基于公民自主的总体意志，所主张的义务层次是最高的，它排除了特定个人或特定集体在特定条件下的价值偏好。第二，伦理商谈是一

---

① Jürgen Habermas, *The Philosophical Discourse of Modernity*, translated by Fredrick Lawrence, Polity press, 1990, p. 378.

② 尤尔根·哈贝马斯：《在事实与规范之间：关于法律和民主法治国的商谈理论》，童世骏译，生活·读书·新知三联书店 2014 年版，第 184 页。

③ 同上注，第 168 页。

种自我理解型的商谈方法,要求共同体的成员能够真切地理解自己当下所处的生活方式以及真诚地表达未来的生活选择。第三,实用商谈的功能在于协调共同体内部的既定利益状况,调整公民之间彼此竞争的利益冲突。[①] 这意味着,道德商谈为国家整合的进程提供了目的论的视角,主张公民以一种超越情境的眼光来思考普遍正义的实践,体现为自我世界观服从于康德意义上的道德律令。伦理商谈为国家整合提出目标和任务,形成集体的纲领和决策。而实用商谈则为国家整合提出手段和效率的问题,要求通过收集更多的经验性知识,提出多种备选的手段,并做出最优的抉择。[②] 可以看出,由道德商谈、伦理商谈和实用商谈构成的客观价值规范,确保了国家权力与人民主权之间生动关联。如果公民自主所依托的基础是自发性的交往关系和充满多元偏好的公共舆论,那么此种公民自主只能以社会结构中的私人交往为前提才能呈现出充满活力的面貌,否则客观价值规范就因国家整合的直接介入而遭到破坏。

概言之,面对宪法整合理论的权力问题,应从系统论和商谈论视角予以纾解。将现代社会的功能分化视作是规范性基础,社会系统需要恪守系统的边界才能完成其功能和任务,因而运用政治系统的概念完成了对政治统一体的更新升级,并以客观价值规范作为国家权力的“前身”,通过道德、伦理、实用商谈体系的建构,形成了一张对国家整合的过滤网。由此不仅解决了国家整合体系内部的权力配置难题,而且也释放了政治民主的活力,增强了国家整合体系的正当性和合法性。

四、结　语

德国在魏玛时期暴露出的国家与社会危机促使学术界必须对此回应,而诸多重要的宪法学者并未有效处理宪法秩序与国家生活之间的

① 尤尔根·哈贝马斯:《在事实与规范之间:关于法律和民主法治国的商谈理论》,童世骏译,生活·读书·新知三联书店2014年版,第219—223页。

② 同上注,第199—205页。

关系。于是,斯门德从精神科学的方法论出发,以人的整合类型化共同体的三种整合模式,重构了国家本体命题,并将宪法定义为整合进程的法秩序,也重构了宪法概念命题。这一理论的目的在于克服主客二元对立、个人与集体分离等既有宪法学理论中的诸多弊端。应当说,斯门德既称赞古典自然法理论所取得的成就,也批判理论预设基础,因而他在承认启蒙传统美好愿景的同时,提出了富有新意的解决方案,拓展了宪法学的理论想象空间。同时,斯门德曾尝试建构功能主义权力配置体系来实现引导和限制国家权力的目的,但功能主义权力配置体系的问题是:一方面,权力的功能类型之间形成了“中心—边缘”结构,导致政治统一体的任务趋于强势,压制了其他功能的发展;另一方面,对同一权力主体区分出双重属性的方案,可能导致权力主体之间的功能耦合。因此,借鉴社会功能分化范式的新近理论成果,在功能性权力配置体系内部引入系统存立和演化的“自创生”结构,形成多系统协调演化的功能分化结构,并以多元主义特征的社会商谈重塑基本权利承载的客观价值体系,从而保持社会商谈与国家权力的生动关联。

争　鸣

以“问题—论证”模式解读文本

钱一栋*

Interpreting Texts in the “Question-Argument” Mode

Qian Yidong

以“问题—论证”模式解读文本，是指根据这样一组设问来梳理、重构文本内容：这个文本研究什么问题？作者在此问题上持何种论点（提出什么命题）？他如何证明这个论点对（亦即他给出了哪些论据，这些论据按何种论证方式被组织起来以推出论点）、其他论点错？接下来还可以追问，作者的论证站不站得住脚？他处理的问题重不重要？他的作品有何种社会思想意义？等等。但这些已超出文本解读的范围，属于进一步的分析。

这一解读模式会遭遇若干批评，我们来一一处理。但本文的主旨不是回应批评，而是通过与批评意见对话，来澄清这种文本解读模式。

一、无法脱离历史背景、作者个人来解读文本

先解释下为何会有人认为，“问题—论证”模式与“无法脱离历史背景、作者个人来解读文本”这一常识相冲突。这背后的模糊想法大概是这样的：① 这种解读模式是分析风格的；② 分析风格是非历史、去语

* 钱一栋，同济大学法学院助理教授。

境化的。这两个说法模糊且狭隘,但我们大体知道它们想说什么,且并非无的放矢。这个批评不难对付。我们完全可以承认,一些糟糕的分析风格爱好者确实缺乏语境敏感性,读任何文献都像在读2024年英美哲学期刊上的论文,觉得它们都在谈自己关心的那些问题,看到什么词都以为就是自己熟悉的那个意思。但原则上,"问题—论证"模式与结合社会思想史、作者生平等来解读文本并不矛盾。相反,它们本就应该结合起来。

(一) 历史之于文本解读的意义

面对许多文本,特别是和读者时空距离、专业差异较大的文本,正确的做法是先重构其写作语境,搞清楚该文本是由一个什么样的作者,出于何种意图,针对哪些人写的。这一步有助于我们了解,作者的基本关切是什么,他当时头脑中有哪些知识储备,他预设的读者是谁,等等。由此,我们便可以很好地处理这些疑问:他怎么就以这种方式谈起这个问题来了?他用的某个词是否有特殊含义?他为何不解释下某个术语,好像默认大家都懂?是他心目中的读者确实都懂,只是我们不在他的预设读者范围内,还是他缺乏读者意识,该解释的不解释?等等。有语境敏感性,意识到作者和自己的距离,并循着各种线索快速锁定作者的写作语境,这是理想的状况。糟糕的状况是看什么文献都想当然以为它们是在用自己习惯的方式处理自己关心的问题。理想的和糟糕的状况都不常见,常见的是中间状态:被动地意识到某个文本读起来很别扭,但还是不断尝试把文本往自己的知识结构中拉扯,最后或者绕了好大圈子终于找到了正确的读法,或者一直读不进去于是干脆放弃。

语境重构和文本解读这两个阶段大致有个先后顺序,但并不机械,时常会循环往复。用比喻来说,进入文本前的语境重构相当于把离家几十年的人带回老家。他在老家的生活环境、社会关系要在接下来具体的生活过程中才能逐渐理清,没法在回家前一天全部搞定。情况往往是,今天发现缺几样电器,明天记起还有个朋友。直到一段时间后,才终于生活得安适自在了。文本解读也是这样,在阅读过程中我们会不断意识到某些背景知识还有待了解。具体来讲,我们免不了会追问两类"为什么"。一类是原因意义上的为什么。"某某为何突然写了一段非常愚蠢的话?因为他怕得罪某个学阀。"另一类是理由意义上的为什么。"某某为何认为概念问题与经验无关?因为他接受某种语言哲学观点。"这两类"为什么"大致对应一般所说的社会、思想背景。社会背景用以说明影响文本的外部因素,思想背景用来解释文本依托的知识前提。

在阅读过程中,如果遇到的都是背景问题,那么或者是自己还没读深,或者这个文本确实读不出太深东西来,读懂的挑战仅限于了解相关背景。一种极端情形是,频繁遇到背景知识障碍,几乎每段话都得停下来补充背景知识,大概率还不是那种随便查下就能明白的细碎知识。如果是这样,那说明时候未到,不如先去读点更基础的东西,没必要"死磕"这个文本。当然读了也不会白读:至少确定了自己还读不懂,以及模模糊糊知道了要读懂这个,得先补充哪些知识。等过段时间再来读,看看是不是好了一些。也许还是读不下去,但肯定多读懂了一点,并且也更清楚地知道了,自己缺的是哪些前置知识,越来越清楚进入这个领域应该遵循何种阅读次第。

(二)历史之于文本解读的弊端

前面谈了语境重构的重要性,但也不可高估其意义。它毕竟只是分析文本的准备工作,且只有那些和我们时空距离较远、专业差异较大的文本,才需要作专门的语境重构。当代的、本专业的文本直接读即可,我们已和它身处同一语境,再去了解背景没有太大意义。这就像看球,不了解足球的观众先得了解下越位规则等背景知识,然后才能在最基础的意义上"看懂"场上22个人在干什么。至于懂球的观众,打开电视直接看便是。这个比喻的缺陷在于,看球和解读文本不够相似。解读文本要在头脑中过一遍作者的思路,这更像是自己到球场上去复现球员的动作。所以不如用踢球来类比文本解读:我们不能一天到晚都在了解规则(背景知识),这只是最基础的准备工作,关键是要上场去模仿球星的技术动作(进入文本,跟着作者的思路走一遍)。

一种糟糕的做法是,错把智力层面的障碍当成背景知识障碍,在该干脑力活的地方大干搜罗资料的体力活。有时甚至让人怀疑这是逃避心理作祟,即不愿直面艰巨的思考,总想着能在哪里找到现成的解答。[①] 可以用一个稍有些极端的类比来揭示这里的问题:学不会数学往往不是因为没有找到足够多的文献,而是陷入了最直白意义上的学不会,即智力不够无法领会。总之,"这里就是罗陀斯,就在这里跳吧。"

除了逃避思考,沉迷历史还可能会导致胡思乱想。毕竟,有历史兴趣不等于有敏锐的历史感。博学好古的读者在解读文本时也可能会脱离作者所处的历史现场,作思想史漫游。比如看到一个词,不是根据作者所处的时代、所在的学术脉络,乃至不是根据文本中的明确用法、直接定义来理解,而是不断联想思想史上的各种用法、各种相似语词,特别是自己感兴趣的一些说法,读什么书都逮着机会翻来覆去讲这些。充其量,这是提供了一堆无助于理解文本的琐碎知识,并导致文本阅读无法深入,一直在松垮垮往外闲扯。在最糟糕的情况下,这类读者还会因此觉得自己读到了作者的深刻暗示,脑补出一大堆缺乏常识、缺乏历史感、缺乏文本依据的"微言大义"。

一般来说,作者总想把话讲得尽可能清楚周密,怕读者读不懂,怕引起误解。因此绝大多数时候,文本中那些不加解释的词汇就是在很直白的意义上使用的,作者的实际意思就是他在自己的写作语境中明明白白表达的那个意思,实在没那么多神秘的深意可挖。有时确实会出现暗讽、用以回避审查的婉转表达,以及作者写作时疲惫松懈,或单纯的能力局限等,导致某些地方思路诡异、用词不当。但这些是例外而非常态。常态是默认状态,例外则需要有可靠的证据来证明其存在,亦即需要仔细分辨,究竟是自己没读懂作者平平正正的论述,还是真出现

① 与之类似的一种习惯是,总想以福柯式的口吻,把某一学术传统瓦解掉,认为其知识地位是权力塑造的,且服务于这种权力关系。然后宣告,真正有洞见的思想在另一条被埋没的思想脉络里。有时确实是这样,但这样的情况很少。在比较健康的学术脉络中,阻隔我们和真理的不是权力关系,而是智力和努力。

了例外情形。没有切实体会过高质量阅读和写作的人，才会总是幻想作者在文本中埋藏了一些诡谲的深意。[①] 很多问题本身很难，再聪明的人，也要费尽努力才能想明白一点点。写出一篇清晰流畅的文章也很难。把初步写好的内容增增减减、东搬西挪，以呈现出一个系统的形态，这是非常费劲的。这些都是非常朴素的难，毫无神秘之处。体会过这种难，便很容易判断出，许多文本，无非就是一堆主题相近的材料松垮垮凑在一起。探究这类文本谋篇布局有何深意未免可笑，明明作者也没想明白自己到底要写什么。

因此，相比胡思乱想地“读深”，如其所是地读浅不仅更对，其实也

---

① 无论是剑桥学派还是施特劳斯学派，都高估了作者意图对于文本解读的意义。这个问题千头万绪，需另文处理，这里简要交代几个要点。

学术作品有一个明确的目标，即求真。当然，作者本人不一定关心真理。但只要在进行学术创作，他就不得不承认事实和理性的权威。因此我们可以区分两种写作意图：内在于学术创作的意图是证明自己的观点为真，外在意图则多种多样，比如为了评职称，为了展现自己的聪明才智，为了避免庸众的迫害，为了对抗政敌等。这里的关键是，求真是学术的内在要求，明确拒绝求真意味着自绝于学术。类似于，大部分律师站上法庭只是为了胜诉，而非为了让真相水落石出，但只要上了法庭，他便不得不遵循求真的逻辑，制度设计逼着他遵循。

区分两种意图有助于我们理解，为何对于理论取向的读者而言，即便不怎么了解作者的外在意图，我们也可以理解文本。区分这两种情形：(a)我把《政府论》当成当时英国政局的一部分来看，把《政府论》的写作视为洛克的政治行动；(b)我关心的是《政府论》中的论证是否成立。要理解(a)情形意义上的“《政府论》在干什么”，确实得了解洛克的外在意图，但我们不需要对英国政治史有太多了解，不需要知道洛克那些年如何卷入了英国高层的政治斗争就能知道，《政府论》是在论证正当政府如何建立，什么时候才能正当地反抗政府。无论洛克写这些是不是在为对付詹姆斯二世作准备，我们都能知道他给出了什么论证，以及这些论证是否有效。他的政治意图和论证效力在逻辑上相互独立。坏的意图可能会在经验层面影响论证的品质，但并非必然如此。这就像即便某位律师毫不关心真相，只想打赢官司赚钱，这也并不必然导致他会给出糟糕的法律论证。论证的品质取决于各种因素，律师并不高尚的外在意图只是一个有可能起作用的因素，且不见得只会起负面作用。从理论而非历史视角出发，文本内容就像一个独立的模块，可以脱离作者的外在意图来认识。

一种反驳是，外在意图会影响文本的写作策略，使得作者给出的真实论证和字面上呈现出来的论证之间存在差异。此时，只有了解作者的外在意图，我们才能读出他的真实论证。并且，鉴于真实的论证理论价值更高(不一定如此，例如和字面意思相比，某些政治文献背后的真实意思并没有更高的理论价值，只是富含政治斗争信息)，理论读者有必要把这层论证读出来。因此，不了解外在意图会阻碍我们吸收文本的理论精华。诸如此类的情形确实存在。重要的是要认识到，① 这并无任何神秘之处，而就是一个需要具体情况具体分析的“心史”问题；② 破解意图不是目的，破解意图是为了揭示论证，除非你关心的不是理论本身，而是理论家顾影自怜的姿态。

更难。这里的关键不在表面上的深或浅,而在“如其所是”,偏离后者的深与浅都是误读。如何才能读得“如其所是”呢?原理层面很简单:妥帖地重构作者的运思过程,就像做缝合手术那样,把文本中的一筋一脉嫁接回它诞生的那个世界,体会作者写作时的从容俏皮或滞涩无力,诚实坦荡或造作卖弄,然后尽量把自己的感想和作者的实际想法区分开来。原理说来简单,实际操作见真章。它需要朴素扎实的努力,需要分寸感、判断力。我们很容易把学问的高下理解为掌握了多少高端技能,但真正拉开差距的往往是这些平平无奇的基本功。

(三)非历史的理论读法?

上文主张,“问题—论证”模式赞同这一常识,即应该联系语境来解读文本。于是我们还要面对相反的批评:这只是一种思想史读法,理论读法特别是哲学读法应该去语境化。这种区分无法成立。所谓理论读法,大致意思是读文献最终要为自己做理论服务,而非停留于了解作者的想法。但无论以理论研究还是人物阐释为最终目标,只要眼下的工作是读书,那就应该先进入所读之书的语境。这里不必去讨论理论研究是否在不断进步。进步与否和“该读什么文献”相关,和“怎么读文献”关系不大。需要对付的是这种想法:存在一个超时空的理性空间,至少最一流的理论家都能从自己所处的具体语境中超脱出来,进入其中对话。我们来具体思考下这可能是一个什么样的空间。首先,他们在里面用什么语言交流?古汉语,现代英语等?为了听懂这些语言,是否至少最初的翻译者得先进入对方的语言环境?其次,他们都关心什么问题?雅典人关心政体,孔孟关心政道,他们有共同话题吗?第三,他们都接受相同的论证规则吗?诉诸上帝有效吗?诉诸皇明祖训、领导讲话呢?等等。超时空的理性空间也许存在,但人类历史上绝大多数文献的作者都不住在里面。

反驳者也许会说,以上这些他都可以同意。仅仅在这种意义上为语境化阅读辩护他没什么意见,这些都是些非常琐碎的真理。他的反语境化立场真正反对的是相对主义。他认为,即便绝大多数号称普遍有效的理论都站不住脚,我们也不能排除普遍主义的可能性,因此要允许一种超出语境的解读空间。这个话本身是对的,但打错了靶子。支持语境化解读和支持相对主义不完全是一回事。在解读文本时坚持语境化并不意味着读者本人必然是相对主义者,也不意味着由此读出来的文本内容必然不是普遍有效的。当然,语境化解读确实会撕下许多理论的普遍性面纱,但这是件好事。

另一种反驳更为具体。它不反对语境化解读本身,而是反对现实中存在的一种糟糕的语境化解读实践:一直谈背景,没有真正进入文本去提炼、检讨论证。被批评的一方大概会反驳说,他们其实也关心论证,谈背景归根到底是为了更好地进入论证。只是他们眼中通往论证的道路太过崎岖,有一大堆背景障碍要克服。① 因此他们反过来认为那些天天把论证挂在嘴边的人文本解读做得很差,拿自己的条条框框去切割文本内容。我相信,只要抛弃对对手立场的漫画化理解,以同情的态度重构对方的观点,那么在抽象层面,分歧不会太大:讲论证的不会否认要了解背景,谈背景的不会否认要进入论证。分歧往往出现在实操层面:背景知识到底够没够,论证重构究竟有没有曲解文本,诸如

---

① 高估历史之于文本解读意义的人,往往把"还没有掌握文本中的论证方案"等同于"还缺乏足够的背景知识"。如上一小节所述,积累到一定程度后,背景知识往往无法再帮助我们进一步理解文本。此时我们需要做出一种智力而非材料层面的努力,才能获得更深的理解。

还有一个问题是,要理解到何种程度,我们才能从理解、阐释工作转入理论研究?思想史研究中有大量难以解决的争议,如霍布斯的政治哲学究竟以权利还是义务为基础,格劳秀斯的理论和基督教思想之间的断裂是否被高估。熟悉这类争议的读者往往认为,那种检讨既有论证、发展新论证的做法是非常轻浮的。要明白经典文本究竟提出了什么论证,这其实非常非常难。这种阐释性研究几乎是没有终点的:不难想象,关于"《利维坦》中的……应该如何理解"之类的研究永远可以持续下去。但这个反驳显然被高估了,它源于一种误解,即理论研究必须以无可争议的文本解读为基础。当思想史研究中出现较为稳定的竞争性解读方案时,这些方案中的每一种大概率都有足够的理论价值。如果我们关心的是理论问题本身,而非历史事实,那么便可以基于某一解读进行论证检讨和理论更新,而无须无望地等待所有思想史问题都得到解决。

在此,还可以补充一个论据。很多文本,特别是前分析哲学的文本,其思考、写作的精度注定了会不可避免地存在阐释层面的争议。有时候,坦率承认作者自己也没想清楚便是最合乎实际的选择。事实上,二手文献提供的解读方案,理论品质很可能已经超过了作者的原始方案。

此类。把一些实操层面的具体分歧上升为“哲学立场不同”之类的，其实是在给愚蠢打掩护：把一些简简单单的对与错，包装成源于深刻分歧的不同观点。

还有一种主张去语境阅读的理由是这样的：我知道要准确理解文本原意，就得进入它的具体语境，但这么做太费劲了，没必要，毕竟我其实不关心对文本的理解是否准确，只关心它对我是否有理论启发。这是一种高度实用主义的读法，它无所谓是否出现了误读，只要有用，误读也无妨。这个理由本身不见得没有道理，对或不对，取决于更具体的问题：这么做是不是容易变成民哲，一直在重新发明轮子？如果文本原意没那么重要，又何必去读这个文本，去读当代的作品和教材，或者搞搞头脑风暴岂不是更加多快好省？

接下来我们处理第二种批评：“问题—论证”模式适用面很窄，只适合用来解读本身就以这种风格写作的文本。

二、并非以“问题—论证”风格写作的文本也可以这样解读吗？

(一) 以理解为目的的重构

“问题—论证”模式并不适用于一切文本。本文仅仅主张，关心论证的读者，面对承担论证任务的文本(比如抒情诗显然不在此列)，应该遵循“针对问题、亮明观点、给出论证”这一模式来解读。这类文本如果没按这一风格写作，我们便可批评它写作糟糕，进而根据“问题—论证”模式梳理、重构文本。但这不就是典型的语境错置吗？并非如此。语境化并不意味着粗鄙的相对主义，结合语境理解文本并不等于原封不动接受文本。很多时候，未经读者积极改写的文本是无法理解的。在解读阶段，我们要根据一些最基本的思维和写作规则来改写文本，例如不暗换主题、讲论证、遵循“一篇文章谈一个问题”。改写就是在将文本内容“转码”为可理解的格式，而这些规则定义了理解的基本格式。改写的基本形式如下：

> 他其实想写这个问题，只是经常写着写着扯到别的地方去了，所以这个文本其实可以当成几篇松散关联着的小文章来读；第一篇“小文章”谈的是什么问题，提供了哪些论证，这些论证呈现为非常粗糙的形态，可以改写成更清晰的样子；这篇“小文章”如何过渡到了下一篇“小文章”……

如果是写作技术较为优秀的文献，重构论证基本就是提炼概括，不必这么费劲。但即便面对写作糟糕因而需要积极改写的文本，改写依然以清晰展现文本内容为目的，特别是要清晰展现作者不清晰在哪里，最好说明为何会不清晰。这类似于看一副凌乱的素描，有经验的欣赏者可以判断，这一笔本来想画啥，那块黑影又想描绘什么。借助这种解说，画面上乱七八糟的线条、色块变得可理解了。这项工作常常很难，且越是糟糕的文本越难。千万别因这种意义上的难以理解而误认为文本很深刻。理解肤浅但混乱的思路常常比理解深刻且清晰的思路更难。

在进行这项工作时，我们遵循的仅仅是一些最基础的思维和写作规则。这是在重构论证，虽然其中也涉及评估（如“这儿写乱了，他实际想说的是……”；姑且称之为评估写作），但这和评估论证不是一回事。重构论证意在以尽可能清楚的方式呈现文本内容，评估论证在这一步完成后进行。在评估阶段，我们会诉诸常识、逻辑规则、经验证据等，对论据和推理形式作细致检查，看论据站不站得住脚，能不能从论据推出论点。因此相较于论证重构阶段，论证评估阶段会引入更多更具体的评判标准。由此也会引发许多质疑，比如我们的逻辑工具是不是比古人的更好，我们的常识是不是自以为是的偏见，等等。大部分人都至少是温和的普遍主义者，愿意承认至少逻辑学等形式学科，以及自然科学、社会科学等经验学科存在显而易见的进步，而这些学科和文科高度相关。形式学科不用多说，科学也大大相关。比如大部分用以证明种族、性别优劣的"科学"证据都被科学的发展证伪了。身处逻辑发达、科学昌明的现代世界,我们即便纯智力层面远比不上柏拉图,也可以轻松且可靠地批评他笔下的苏格拉底用了各种错误的论证方法,给出的诸多论据都站不住脚——不要急着反驳,先想想反驳这个观点需要承担多大的论证负担。[①]

除了重构论证和评估论证,我们还可以借助另一组区分来进一步澄清文本解读是什么、不是什么。这就是"解读××的理论"和"给出××式的理论",重构论证可以同时服务于这两项目标。如果相较原始文本(假设它的作者叫"金泽")的内容,你在重构阶段作了大量改进,但重构后的论证和金泽的原始观点保持着较强的相似性,那么你是给出了一种金泽式的理论。而如果改进幅度不大,那么改进后的论证还是署金泽的名字。在作这类解读时我们往往会说"金泽的意思其实是……",而非"这类论证客观上更好的形态应该是……"。这不是说金泽实际想到过这个说法,而是说,我们相信金泽听到这种解读之后会说"对对,我想说的就是这个意思"。这种情况和"给出××式的理论"的微妙区别在于,此时你不是抛开金泽自己上场,而是选择当金泽的思想助产师,引导他说出他事实上没能说出,但多想一两步就能说出的话。这当然已经是"解读"的极限了,半是解读半是读者自己的创作。最典型的解读是消极呈现作者写作这些内容时内心实际出

① 借助理解和评估这对概念,插入谈一种比较复杂的语境错置现象。它源于去历史化的错误理解,但主要暴露在评估阶段。举例来说,在古典时代,事实这个概念内在地包含评价属性,因此亚里士多德从事实(如人的自然本性)推规范(如人应该如何生活)是内部自洽的。上来就批评这种推理犯了自然主义谬误便是典型的语境错置。不是说我们不能批评它,但对它的批评不同于对当代文献的批评。我们先得进入亚里士多德的语境,特别是他的概念系统,敏感于我们和亚里士多德的背景知识差异。于是我们会发现,我们和亚里士多德的分歧发生在更基础的层面:我们接受不同的事实概念。正确的批评不是亚里士多德犯了自然主义谬误(这意味着想当然认为亚里士多德也在纯描述性意义上使用事实概念),而是他笔下的事实概念带着站不住脚的目的论预设。我们跳出这个例子,一般化地表述下两种不同的批评:承认某个论证在它预设的背景知识之下说得通,但这些背景知识陷入了系统性的错误,因此归根到底这个论证也站不住脚;意识不到它预设的背景知识和读者自己接受的背景知识不同,进而语境错乱地直接批评具体的论证。这是一种对"知识语境"的敏感性,它有助于我们快速锁定分歧发生在哪个层面。

现过的想法。[①]

(二) 为何不如其所是地理解?

上文主张,面对承担论证任务的文本,即便它不是以"问题—论证"模式写作的,我们也可以用这种模式来解读。一种可能的质疑是,这种读法只适合理论取向而非比如说史学取向的研究者。我不否认区分理论视角和史学视角,以及社会科学视角是有意义的,但这并不意味着不同视角下的人有不同的阅读方法。

社会科学家,以及某些史学家(典型的是认为思想只是社会深层结构反映的史学家)并不怎么关心文本探讨的理论问题本身,而是把这个文本看作某种深层结构的症候,通过这个文本,去挖掘背后的意识形态、文化无意识、权力结构、经济基础之类的内涵。也就是说,本文所说的用以辅助理解文本的背景知识,在这些学科视角下恰恰是真正的研究对象,文本内容反倒成了提示性、辅助性的存在。但我并不认为,这意味着这些学者应该使用另一种文本解读模式。理论视角和史学、社会科学视角的区别体现在文本解读完成后进一步的分析方向不同:一个走向理性法庭,一个走向历史社会。至于文本解读本身,则都适用"问题—论证"模式。当然,非理论取向的读者也许不必读得那么深入。但这只是程度差别而非模式差别。

反对我这种观点的理由大概是这样的:理论取向的研究者读书是为了了解、检讨、利用某理论问题上既有的论证方案,因此确有必要以"问题—论证"模式解读文本;史学、社会科学取向的研究者读这些书就是为了如其所是地把握文本内容,以还原社会历史事实,当代的、读者个人的问题意识、思维模式、概念框架越少介入越好,而"问题—论证"模式意味着读者思考的强势介入。

---

① 还有一种比较复杂的情况是这样的:重构后的论证相较文本上的原始内容有大量改进,但这么做是为了更清晰地呈现文本的内容。此时,既给出了金泽式的理论,又是在解读金泽的理论。我们通过把金泽的理论解读为金泽式论证的低劣版本而使它变得可理解了(联系前面讲解凌乱的画的例子)。

问题在于,所谓如其所是地把握文本究竟是什么意思?消极地、忠实于作者地把整本书一字不改记住?每次提及这本书都把文本内容完整过一遍?但这恰恰是没理解的表现。理解至少意味着获得一种结构感,即一堆杂乱的文字信息在自己的头脑中变成了层次分明、板块清晰的有机整体,可以从容概括。又或者是这种稍精致些的反驳:确实要读出这样一个有机整体,但方法是"书读百遍,其义自现","问题—论证"模式得出的只会是读者自以为的结构,而非文本内部实际的结构。这是一种很常见的天真想法,并且很多理论取向的读者也会陷入这种误区。他们会主张,当解读对象是经典文本时,即便是理论取向的读者,也应该"书读百遍,其义自现"。

"阅读即猜测",面对说理性文献,如果不是先根据有限的信息猜测作者在谈什么问题、给出何种论证,我们如何进入文本?要做的就是在这些猜测的引导下去阅读,在初步的猜测与文本内容的互动过程(亦即通过猜测的引导使文本变得可理解,通过文本证据验证、调整、细化这些猜测)中,形成对文本的可靠理解。这是一个"假说—验证"过程,它和"问题—论证"模式不矛盾。前者谈的是文本解读作为一个过程如何展开,后者谈的是文本解读最终要以何种思维结构呈现。面对承担论证任务的文献,"假设—验证"过程要围绕"问题—论证"模式展开:起点是阅读前非常粗糙的"问题—论证"猜测,终点是读完后非常扎实的"问题—论证"重构。真正尊重经典的做法是把这一过程做得尽可能扎实。不要急于求成,要系统精确地吸收文本信息,把各种可能的解读方案都考虑一遍,综合比较其优劣,择一善者而从之。特别是,要舍得放弃已经跟随了很久的解读方案。别幻想存在另一种解读模式——往往是这种幻想:不带任何前见,头脑一片空白面对文本,通过仔细反复的阅读,让文本内容不断冲击消极接受信息的大脑,然后可靠的理解慢慢浮现出来。这只是在放任不自觉的猜想松垮垮地引导自己,就着一两句话脑补出一些显然不靠谱的解读来。拒绝这种"白板"幻想和在解读过程中保持开放的思维并不矛盾。后者意味着多作大胆假设,探索多种解读方案,而非一条道走到黑。总之,在阅读过程中,读者本人的前见必然会起作用。所谓“如其所是的理解”，只能通过读者前见和文本内容的反复对话不断趋近。“问题—论证”模式恰恰是启动这种对话的正确方式。

可能会有这样一种让步批评：确实，一些文本，特别是历史上的文本，不会刻意交代写作主题、谋篇布局、研究方法等，因此确实要以“假说—验证”的逻辑来阅读，但也有大量文本明确交代了这些，何必再自己提出不靠谱的假说呢？这个批评把假说想得太窄、太死板了。假说并非空想，而是根据已有的信息和基本原理构造出来的；虽然有些文本给出了更多的信息，限缩了猜测的空间，但不可能有哪个文本给出彻底完整的信息。已说出的信息总是依托更多没说出的信息，明确写出来的文本内容只是冰山一角。阅读过程并非先看到部分，再拼接出整体，而是直接在整体中理解部分。这个整体的构造离不开读者的猜想、假设，阅读过程便是作为局部的文本内容和基于猜想构造出来的文本整体之间的解释学循环，循环的终点是双方融为一体。

(三) 两个琐碎的指控

对“问题—论证”模式的一个常见指控是，解读者作了很多拆解重构，看着特别分析特别讲逻辑，但其实基本的阅读理解能力都不过关，只是基于某种脱离语境的、机械生硬的或干脆就是愚蠢的误解，热热闹闹装模作样分析论证了半天，还不如随便找个中文水平合格的人来简单阅读下得出的解读靠谱。这种批评即便成立，也不构成对本文立场的反驳。因为这只是没操作好罢了，并不能证明这套模式本身是错的。

确实有必要把本文的立场和一些糟糕的分析论证风格区分开来。后者比较典型的是学了点入门级别的逻辑学、批判性思维，然后看到什么文本都忍不住操弄一番。很多话没必要讲得那么呆板机械，其含义在具体语境中是很清楚的。这里的关键是要有读者意识，亦即敏感于面对不同的人，什么话可以略过，什么话必须得说，要以什么样的方式说。不可能把任何类型的读者都照顾到。如果缺乏读者意识，或者追求让一切人看懂、反驳一切可能的质疑，那写出来的东西肯定非常难看。从读者的角度来说，要敏感于作者预设的读者是谁，敏感于有些话是作者真没说明白，还是在他的写作语境中没必要写得那么啰嗦。千万别把讲逻辑、重论证混淆为爱抬杠、爱抠字眼、爱钻牛角尖，以为听不懂人话、写东西缺乏读者意识才是逻辑好的表现，那只是语文差罢了。在文科领域，最好把逻辑理解为语文能力的基础要素。逻辑不好难免理解和表达能力低下，单纯逻辑好也不足以保证理解、表达能力强。

另一个指控是，"问题—论证"解读模式会简化文本。经典中每句话都大有深意，总结出干巴巴的论证结构必然会简化乃至扭曲文本。这种质疑虚空立靶、不值一提。解读是和原文相配合的，绝不是说有了这类读书总结便可以彻底抛开原文了。它只是在勾勒骨架、细描关键点。这类似于地理学家基于具体的走访测量画出地图，必要时在画面上"人为地"标注比例尺、等高线，用不同的颜色表示不同的省份，分割出几大阶梯、几大板块之类的，以此获得对——比如说——长江的准确全面的认识。你会指控地图简化、扭曲了现实中的长江吗？还是说，它帮助我们克服了目力所及的局限，使我们对长江有了更好的认识？

真正简化、扭曲文本的是相反的读书模式，即不作梳理重构，单纯使劲读。其实我很难想象，不作梳理重构的话，还能朝哪使劲——大概类似于沿着长江从头到尾走一遍，不去刻意记录，更拒绝使用画地图等方法，单纯瞪大眼睛使劲看，一种生理意义上的使劲？读书不去提炼框架线索，只会马上忘了前面的内容，也不预先了解后面的内容，就猛盯着眼前几句话挖啊挖啊挖，以为挖出了什么深意——那只会是作者的只言片语在读者狭隘心灵中激起的杂乱回声。

三、结　　语

行文至此，我们可以对"问题—论证"解读模式作系统说明了。面对承担论证任务的文本，我们要① 先判断文本和自己的时空、专业距离，如有必要，先作系统的语境重构；② 如无须作语境重构，或已完成这项工作，便可进入文本，按"问题—论证"模式进行解读。如果是思维混乱、写作散漫的文本，必须做大量积极的改写。在这一步，我们还会时不时遇到背景知识障碍。此时，③ 我们还得绕回语境重构层面，理解作者写某些话的未言明或未明言的原因或理由。这一切完成之后即可评估论证，但评估论证已经不算文本解读了，它是基于文本解读展开的下一步工作。

一个可能的误解是，②是简单的梳理，③是更深层的追问。但事实上，③是服务于②的，准确讲来不是“下一步”，而是在第二步遇到障碍后停下来返回第一步，亦即前文所说的语境重构和文本解读的循环往复。它不见得比第二步复杂深刻。至少在解读有智力挑战的文本时，③终究只是在补充背景。更难的当然是在背景知识障碍都解决后依然会面临的“看不懂”，而这是第二步必须面对的。[①]

本文的不少说法都挺独断。但与其说是不加证明，不如说是把一部分证明的任务留给了有缘分的读者。信还是不信，很大程度上取决于每个人在漫长的阅读经验中形成的一般性判断，乃至对世界的基本理解。[②] 因此有时放弃进一步说理是正确的，这恰恰是有读者意识的表现。很多问题都是这样，很多文章只能写给范围模糊的“我们”看。

---

① 不过确实可能存在一种非常诡异的情形：某个作者创造了一个无比复杂的术语系统，谈什么问题都非常累，要读完他的一大堆相关作品才能大致掌握由这套术语构成的游戏，但虽然如此费劲，他对问题的处理却谈不上多高明。类似于，要学会刺绣很费劲，但花那么大力气也不见得比机器三秒钟完成的东西好，甚至远远不如。阅读这类文本会面临巨大的背景知识障碍，并且部分表现为智力障碍，因为掌握那套术语游戏对读者的记忆力、精细的概念区分能力等都提出了很高的要求。但不能由此推出它思想品质高，只能说它性价比很低，用非常费劲的方式说了一些本质上挺肤浅的见解。这种时候需要讲点“第一性原理”，从问题本身出发重新思考下，有没有必要谈得那么费劲，换个方式谈是不是就会云开雾散。

② 例如可以思考下在相对主义、整体主义问题上的分歧：在多大程度上，不同时空都自成一个独特的文化世界，文本、命题、概念等都得作为这个有机联系的文化世界中的一部分来把握，没法零敲碎打地理解。

约稿函与体例

《法哲学与政治哲学评论》为同济大学法学院法哲研究中心主办的学术集刊，已完整出版9辑。本刊以纯粹的学术为根本，希望通过关注中国问题、借鉴西方经验、反思自我处境、重申价值问题，以开放和包容的态度，促进汉语学界有关法哲学和政治哲学基础理论与现实议题的讨论和研究。本刊侧重原创性基础理论作品与经典文献译介，设有专题研讨、研究论文、经典评介、圆桌笔谈等栏目，既欢迎来自法理学、法律史（思想史与制度史）、政治哲学以及伦理学等学科的同仁踊跃投稿，也欢迎具有理论旨趣的部门法与社科法学研究。

本刊自第9辑由同济大学出版社出版，每年2辑，每辑文章将收录于中国知网等数据库。来稿请发送至编委会邮箱：legalphilosophy@126.com，并请在邮件正文或附件中提供自己的真实姓名、身份学历、工作单位/院校以及联系方式（电话与电子邮箱）。稿件字数不设上限，欢迎长文投稿。注释体例参照《法学引注手册》（北京大学出版社2020年版）。本刊承诺，对于每篇符合要求的投稿，编委会都会跟踪记录，并在30日内及时反馈评审与录用结果。本稿约长期有效。

体　　例

一、正文体例

（一）文稿请按题目、作者、正文次序撰写。节次或内容编号请按“一”“二”……之顺序排列。

（二）正文每段第一行空两格。独立引文左缩进两格，以不同字体标志，上下各空一行，不必另加引号。

（三）避免使用特殊字体、编辑方式或个人格式。

二、注释体例

（一）文章采用脚注，每页重新编号；编号序号以此为：①，②，③……

（二）统一基本规范（包括标点符号）

主要责任者（两人以上用顿号隔开；以下译者、校订者同）（编或主编）：《文献名称》，译者，校订者，出版社与出版年，第X页。

（三）注释例

1. 著作类

邓正来：《规则·秩序·无知：关于哈耶克自由主义的研究》，生活·读书·新知三联书店2004年版，第371页。

康德：《实践理性批判》，邓晓芒译，杨祖陶校，人民出版社2003年版，第89—90页。

2. 论文类

邓晓芒：《康德论道德与法的关系》，载《江苏社会科学》2009年第7期，第1—7页。

3. 报纸类

沈宗灵：《评"法律全球化"理论》，载《人民日报》，1999年12月11日第6版。

4. 文集和选集类

康德：《论通常的说法：这在理论上可能是正确的，但在实际上是行不通的》，载康德：《历史理性批判文集》，何兆武译，商务印书馆1990年版，第202—203页。

5. 英文类

(1) 英文著作

John Rawls, *A Theory of Justice*, Cambridge, M. A.: Harvard University Press, 1971, pp. 13-15.

(2) 文集中的论文

Niklas Luhmann, *Quod Omnes Tangit: Remarks on Jürgen Habermas's Legal Theory*, trans. Mike Robert Horenstein, in Habermas on Law and Democracy: Critical Exchanges, Michael Rosenfeld and Andrew Arato (eds.), University of California Press, 1998, pp. 157 - 172.

(四) 其他文种

从该文种注释体例或习惯。

(五) 其他说明

1. 非引用原文,注释前加“参见”(英文为“See”);如同时参见其他著述,则再加“又参见”。

2. 应用资料非原始出处,注明“转引自”。

3. 翻译作品注释规范保留原文体例。

图书在版编目(CIP)数据

刑法的哲学基础. 上 / 吴彦主编. -- 上海 : 同济大学出版社, 2025. 6. --(法哲学与政治哲学评论).

ISBN 978-7-5765-1579-4

Ⅰ. D914. 01

中国国家版本馆 CIP 数据核字第 2025C3C098 号

本书得到同济大学"中央高校基本科研业务费专项资金"资助

法哲学与政治哲学评论　第 10 辑

刑法的哲学基础(上)

吴　彦　**主　编**

责任编辑　熊磊丽　　**责任校对**　徐逢乔　　**封面设计**　张　微

出版发行　同济大学出版社　　www.tongjipress.com.cn

（地址：上海市四平路 1239 号　邮编：200092　电话：021-65985622）

经　　销　全国各地新华书店、网络书店

排版制作　南京展望文化发展有限公司

印　　刷　苏州市古得堡数码印刷有限公司

开　　本　710 mm×1000 mm　1/16

印　　张　20.5

字　　数　285 000

版　　次　2025 年 6 月第 1 版

印　　次　2025 年 6 月第 1 次印刷

书　　号　ISBN 978-7-5765-1579-4

定　　价　90.00 元